CADERNOS
DE LITERATURA DE VIAGENS

CADERNOS
DE LITERATURA DE VIAGENS

**1 – Acervo da Literatura de Viagens
da Biblioteca do Palácio Nacional de Mafra**

Colecção *Cadernos*

TÍTULO
Cadernos de Literatura de Viagens
Número 1 – 2008
CLEPUL (Centro de Literaturas de Expressão Portuguesa das Universidades de Lisboa), na Faculdade de Letras de Lisboa / FCT (Fundação para a Ciência e Tecnologia)
CLEPUL 3

COMISSÃO DIRECTIVA E EDITORIAL
Fernando Cristóvão
Maria Adelina Amorim
Maria Lúcia Garcia Marques
Susana Brites Moita

COMISSÃO REDACTORIAL
Fernando Cristóvão
Maria Adelina Amorim
Maria Lúcia Garcia Marques
Maria José Craveiro
Investigadores do CLEPUL 3

FICHA TÉCNICA
Pesquisa e Catalogação
Mafalda Nobre
Sofia Calhandro
Teresa Amaral
Elaboração de índices / Informatização
Mafalda Nobre
Teresa Amaral

SECRETARIADO TÉCNICO
Maria João Coutinho
Simion Doru Cristea

EDIÇÃO E DISTRIBUIÇÃO
EDIÇÕES ALMEDINA. SA
Av. Fernão Magalhães, n.º 584, 5.º Andar
3000-174 Coimbra
Tel.: 239 851 904
Fax: 239 851 901
www.almedina.net
editora@almedina.net

PRÉ-IMPRESSÃO I IMPRESSÃO I ACABAMENTO
G.C. GRÁFICA DE COIMBRA, LDA.
Palheira – Assafarge
3001-453 Coimbra
producao@graficadecoimbra.pt

Abril, 2009

DEPÓSITO LEGAL
291949/09

Os dados e as opiniões inseridos na presente publicação são da exclusiva responsabilidade do(s) seu(s) autor(es).

Toda a reprodução desta obra, por fotocópia ou outro qualquer processo, sem prévia autorização escrita do Editor, é ilícita e passível de procedimento judicial contra o infractor.

ÍNDICE GERAL

Critérios de Ordenamento dos Índices 7

Introdução – **A Literatura de Viagens e o acervo da Biblioteca do Palácio Nacional de Mafra** 9

    1. Uma perspectiva para a Literatura de Viagens 9
    2. A Biblioteca do Palácio Nacional de Mafra 11
    3. Metodologia 16

Índice Alfabético de Autores e de Obras Anónimas 19

Índice Geral de Obras 171

Índice Remissivo dos Autores Citados 199

Índice de datas de publicação 205

Índice de Locais de Impressão/ Edição 209

CRITÉRIOS DE ORDENAMENTO DOS ÍNDICES

– Este acervo é apresentado, primeiramente, por ordem alfabética de autores e de obras anónimas nela incorporadas.

– No "Índice Geral de **Obras**", a ordem numérica que o acompanha remete para uma informação completa de autor, local, data, etc.

– O "Índice Remissivo de **Autores** Citados" remete, pela sua indicação numérica, para uma informação completa no "Índice Alfabético de Autores e de Obras Anónimas".

– O "Índice de **Datas** de Publicação" remete, pela sua indicação numérica, para informação completa, quer das obras datadas quer das não datadas [s.d.].
Neste mesmo índice, as datas de publicação impressas a **negrito**, indicam a existência de mais de uma obra nesse mesmo ano.

– Finalmente, um "Índice de **Locais** de Impressão/ Edição" remete, através de indicação numérica, para uma informação completa das obras.

INTRODUÇÃO
A Literatura de Viagens e o acervo da Biblioteca do Palácio Nacional de Mafra

1. Uma perspectiva para a Literatura de Viagens

Vai para duas décadas que em cursos de Mestrado, na Faculdade de Letras de Lisboa e, posteriormente, em investigação feita no âmbito do Centro de Literaturas de Expressão Portuguesa das Universidades de Lisboa (CLEPUL), pelo grupo então designado por "Linha 3", a Literatura de Viagens foi escolhida como principal área de pesquisa e de publicação.

Metodologicamente, partiu-se do princípio de que neste tipo de pesquisa, uma coisa é o estudo do tema "viagens" na Literatura (abrangendo todas as épocas e Literaturas) e outra, significativamente diferente, é a "Literatura de Viagens" europeia, subgénero próprio que, ao longo dos tempos, tem conhecido várias etapas: a da Literatura de Viagens Tradicional, a da Nova Literatura de Viagens, a da Novíssima Literatura de Viagens.

Em nosso entender, a primeira é a das viagens de expansão política, religiosa, económica e científica, e vai do século XV ao século XIX; a segunda corresponde à Literatura de Viagens do turismo, grandes reportagens de guerra ou de procura de novos paraísos naturais; a terceira, ainda em formação, é aquela em que a Internet e o telemóvel são os principais suportes comunicativos para um tipo de narrativa em que a imagem predomina sobre o texto, e a réplica do destinatário é quase sempre solicitada.

Acrescente-se, ainda, que a leitura que fazemos da Literatura de Viagens é de âmbito largo, pois a tomamos como um subgénero compósito em que, sob a regência da Literatura, nele cabem também a História e a Antropologia.

Observe-se, ainda, que nos textos identificados como Literatura de Viagens, pode acontecer que nenhuma viagem lá seja relatada, pois não só ela é susceptível de relato, mas aquilo a que a ela estiver ligado directa ou indirectamente.

Do mesmo modo, convém ter presente que nos séculos XVI e XVII o conceito de Geografia era mais amplo que o actual, tal como o de atlas ou de *Theatrum Mundi*...

Tem sido pois, nestas perspectivas metodológicas, que se elaboraram os vários projectos: "Condicionantes" que deu origem à publicação *Condicionantes Culturais da Literatura de Viagens*, de 1999, e *O Olhar do Viajante*, de 2003; projecto "Marcas" para inventariar algumas marcas de estruturas, metaforismos e temas recorrentes típicos deste subgénero, nas suas três etapas: da "Literatura Tradicional da Viagens", da "Nova Literatura da Viagens" da "Novíssima Literatura da Viagens"; projecto "Colectânea" onde se faz a publicação de textos de viagem pouco conhecidos e de alguma bibliografia tanto sobre o tema como sobre outras matérias que devem merecer a atenção dos estudiosos da literatura de viagens, especialmente de investigadores universitários que preparam dissertações na área.

Para iniciar a colecção foi escolhida uma bibliografia que ultrapassa em muito este desígnio prático e utilitário de outros cadernos futuros, por se tratar de uma conjunto inédito de grande riqueza e variedade.

Publicação esta tanto mais oportuna quanto sobre ele não existe catálogo impresso. Foi graças a colaboração dos responsáveis da Biblioteca do Palácio Nacional de Mafra que foi possível apresentar esta edição.

FERNANDO CRISTÓVÃO[*]

---

[*] Professor Catedrático da Universidade Clássica de Lisboa; Vice-Presidente do CLEPUL, Coordenador da edição.

2. A Biblioteca do Palácio Nacional de Mafra

A Biblioteca do Palácio Nacional de Mafra, situada na ala nascente do Monumento, ao nível do quarto piso, ocupa a mais vasta e nobre de todas as salas do edifício com cerca de 85m de comprimento e 9,5m de largura.

Pavimentada em pedra liós de varias cores, tem no centro uma abóbada apoiada sobre quatro arcos, fechada sobre uma pedra-mármore onde se vê esculpido um rosto humano representando o sol.

A preocupação estética que preside à decoração desta sala, bem representativa da atenção prestada no tempo ao aspecto ornamental, demonstra ainda os desígnios de uma política de fortalecimento da imagem do estado, possibilitada pelo afluxo do ouro do Brasil, que permitiu à coroa uma acção mecenática importante no campo das artes e das letras.

D. João V enviou ao estrangeiro emissários especiais encarregues de adquirir tudo o que *"de melhor e de mais novo"* aí se imprimisse, encomendando também muitos volumes a livreiros estrangeiros radicados em Lisboa, como Gendron e Reycend.

Muitas dessas obras foram destinadas a Mafra, numa ideia de eclectismo e de reforma das mentalidades, consubstanciada numa Biblioteca Monástico-Real muito rica em conteúdos.

A atestar a importância desta Biblioteca uma Bula do Papa Bento XV, datada de 1745, proíbe sob pena de excomunhão *"a todas as pessoas de qualquer estado ou condição, que, em nenhum tempo e de nenhum modo, retirassem, desviassem ou emprestassem da livraria sem licença do rei de Portugal, quaisquer impressos ou manuscritos nela depositados."*

Os livros de Mafra estiveram inicialmente guardados em duas Casas da Livraria, situados noutro local do edifício.

Será durante a permanência em Mafra dos Cónegos Regrantes de Santo Agostinho, entre 1771 e 1792, que serão encomendadas ao arquitecto Manuel Caetano de Sousa, as duas ordens de estantes de madeira, em estilo "Rocaille", que forram totalmente as paredes. No entanto, os crúzios apenas utilizaram as primitivas Casas da Livraria e, posteriormente, as duas grandes salas que antecedem a Biblioteca.

O projecto inicial, que não chegou a ser concluído, previa o revestimento da talha a folha de ouro e a colocação dos retratos de autores clássicos nos medalhões que encimam as estantes. Tal facto, não diminuiu no entanto, o sentido estético do espaço, antes contribuiu para uma valorização do livro, sendo perfeita a harmonia entre as cores do chão e das estantes.

A transferência dos livros para a Biblioteca iniciou-se já com os Franciscanos de retorno a Mafra, a pedido do então bibliotecário P^e M^e Fr. João de S. José que, no ano de 1794, solicita ao Príncipe Regente, futuro D. João VI, a devida autorização. No entanto, nesta primeira fase, as obras foram arrumadas sem grande ordem ou critério.

No ano de 1797, sendo bibliotecário o P^e M^e Fr. Joaquim da Conceição, vulgo Vila Viçosa, deu-se início à primeira tentativa de sistematização das obras e à preparação de um novo catálogo, pois o existente não só se aplicava a duas salas diferentes, como estava desactualizado. Mas a morte de Fr. Vila Viçosa vem interromper este trabalho.

Com as Invasões Francesas e durante a permanência das tropas neste Real Convento, ficou a Casa da Livraria sem bibliotecário permanente, tendo sido alvo de alguns furtos por parte dos ocupantes.

Expulsos os franceses, é nomeado bibliotecário Fr. João de Sant'Anna que será o responsável pela organização temática dos livros nas estantes e pela redacção do novo catálogo onomástico, que ainda hoje é a principal referência para quem consulta esta biblioteca.

Para a sua arrumação, este bibliotecário segue um modelo cosmológico cristão intencional servindo-se, como escreve no prefácio do Catálogo da Real Livraria de Mafra[1], daquilo que designou como a regra das quatro ordens:

Em primeiro lugar, a regra cosmosófica, como representação da Ordem do Mundo, dividindo a sala em dois hemisférios, sendo o norte reservado às matérias sagradas e o sul às ciências profanas.

Assim, a norte instalou as matérias respeitantes ao *Trivium* ou ramo literário, com as matérias que definiam estas três disciplinas nas escolas medievais – a Gramática, a Retórica e a Dialéctica. A primeira disciplina compreendendo a etimologia, a ortografia e a prosódia, a

---

[1] Frei João de Santa Anna, "Prefácio" do *Catálogo da Real Livraria de Mafra*, 1819.

segunda as matérias jurídicas, morais e históricas e a terceira, os elementos de filosofia, como a lógica e os problemas dela decorrentes.

E a sul o *Quadrivium,* ou ramo científico, abrangendo a aritmética, a geometria, a música e a astronomia.

Depois, e intimamente ligada com a primeira, a organização por matérias.

Em terceiro lugar, a arrumação de acordo com a dimensão das prateleiras das estantes, ou seja as obras maiores nas inferiores e as menores nas superiores, tentando, sempre que possível, fazer corresponder os temas das estantes inferiores com os das superiores.

E finalmente, a regra cronológica, das obras mais antigas para as mais recentes, dentro de cada tema, por estante e por autor.

Por cima de cada estante, uma inscrição em pergaminho, indica a temática que lhe corresponde.

Fogem a estas regras os *"livros volantes de encher",* ou seja sermonários antigos e livros de moral, dos quais existiam várias colecções repetidas, que Fr. João diz ter utilizado para encher estantes demasiado vazias e aos quais chamou assim *"... porque em todo o tempo se podem mudar p^a outra parte..."*[2]

Verificando ainda que as estantes superiores 49, 50 e 51 estavam também vazias, encheu-as com livros proibidos, *"no que nenhum escrupulo pôde haver, porque como elles estão debaixo de chave, depende do Bibliothecario ter as portas da varanda fechadas, ou não os dar a quem os pedir."*

Deu a estas estantes o título *Miscellanea Varia,* pondo por baixo um P. *"... por não declarar que ali estão os prohibidos, o que talvez excitaria mais o apetite de se lerem."*[3]

Esta *Casa da Livraria* possui um valioso acervo de cerca de 37.000 volumes, grande parte dos quais encadernados no próprio convento, numa oficina aqui fundada pela Ordem Franciscana, como se comprova pela inscrição da palavra Mafra na lombada de um número significativo de obras.

A Biblioteca integra obras compreendidas entre os séculos XV e XIX, de onde se destacam, pela sua raridade, a colecção de incunábulos, como as *"Orationes"* de Cícero datadas de 1472 e de que

---

[2] Idem, ibidem.
[3] Frei João de Sant' Anna, "Prefácio" do *Catálogo da Real Livraria de Mafra,* 1819.

apenas a Biblioteca Nacional de Paris possui outro exemplar, a 1ª edição das *"Antiquitates Romanorum"* de Dionísio de Halicarnaso, a *"Opera Omnia"* de Homero, também uma 1ª edição datada de 1448, ou ainda a célebre *"Crónica de Nuremberga"* de Schedel, impressa naquela cidade no ano de 1493 por Anthoni Koberger, um dos maiores editores do tempo ou a primeira *Enciclopédia,* conhecida como de Diderot et D'Alembert.

Embora em número limitado, tem ainda considerável interesse a colecção de manuscritos, de que se destacam os Livros de Horas iluminados do séc. XV e vários códices também iluminados.

A transposição da mentalidade cultural do século XVIII está aqui muito bem representada, pelo que expressões como "Século das Luzes", "Saber Enciclopédico" ou "Iluminismo" têm neste local a sua melhor tradução, ao abranger temáticas tão diferenciadas como: teologia, direito civil e canónico, história, geografia, viagens, matemática, arte, música, medicina, etc.

Todo este acervo se insere no contexto mais amplo do incremento e aperfeiçoamento da imprensa no século XVIII, motor de desenvolvimento e difusão de ideias. É notória a vontade que se tem de divulgar, pelo que as folhas de rosto são autênticos mananciais de informação, não só através dos dados inscritos como também na escolha dos elementos que as decoram.

Dos manuscritos desta Casa da Livraria faz ainda parte um importante núcleo de partituras de autores portugueses e estrangeiros, como João de Sousa Carvalho, Marcos Portugal, João José Baldi, entre outros.

Algumas destas foram expressamente escritas para os seis órgãos da Basílica, apenas aqui podendo ser executadas.

Antes de Fr. João de Sant' Anna, outro bibliotecário houve que prestou importante serviço a esta Biblioteca.

Trata-se de Fr. Matias da Conceição, filho de Manuel de Carvalho e de D. Joana de Carvalho, que nasceu na vila de Palmela, do Patriarcado de Lisboa, tendo professado na Ordem de S. Francisco no Convento de Loures, a 9 de Outubro de 1704.

Transferido para Mafra, foi nomeado bibliotecário de uma das casas da livraria.

"Bibliófilo entusiasta e dotado de um impecável espírito de organização..." como escreve Guilherme Assunção[4], reuniu ao longo de

24 anos – 1736 a 1760 – um importante número de folhetos, agrupados por assuntos em 164 volumes encadernados, sob o título de *Biblioteca Volante*. Alguns destes volumes integram mais de cem folhetos.

Numa página manuscrita do primeiro volume desta colecção, o frade explica a razão deste nome:

> "*Damos a este genero de escritos a denominação de Biblioteca Volante, pella celeridade com q depois de impressos desaparecem, pois antes de um anno de existência não he facil achallos, se naõ em maõs de alguns curiosos, q, por preço algu, os querem largar. p^a se alcançarem, os q neste, e em outros tomos offereço aos leitores, se multiplicaras as diligências, e se fizeraõ as indagaçoens mais exquisitas. Deste trabalho naõ espero nem vitupério, nem louvor; louvor, naõ porq naõ o mereço, nem o procuro; vitupério, taõbém naõ, porq o estilo, e assumptos desta obra, nada he meu. Porem, se a implacável austeridade dos leitores começar a roer, perguntando, p^a q he esta papellada na Livraria? Responderei, q a minha tenção naõ he obrigar aos Zoilos e Aristarcos, a q gastem o seu tempo em os ler. Se naõ gostarem da lição fechem o livro, restituaõ ao seu lugar, q naõ faltaraõ outros de animo mais sincero, q gostem, do q elles se enfadaõ, e colhaõ fruto, do q se julga, por inutil, escusado.*"[5]

Frei Matias da Conceição não se limitou à busca e recolha destes folhetos, alguns encontrados em circunstâncias extravagantes, como ele próprio anota num dos volumes, "*Em hum barril de alcatraõ.*" Quando encontrava uma obra que o proprietário não queria ceder, solicitava o seu empréstimo para a copiar, razão pela qual se encontram 47 manuscritos, divididos pelos diversos volumes.

De referir ainda a contribuição de Guilherme Assunção, que durante a sua permanência como Bibliotecário desta *Livraria* nas décadas de 1950/60, efectuou diversos levantamentos temáticos do seu acervo

É curioso verificar, no entanto, que após o trabalho exaustivo e metódico de Frei João de Sant'ana, de que resultou o catálogo manuscrito em oito volumes, se registaram poucas alterações na arrumação do espaço ao longo do tempo.

---

[4] Guilherme Assunção, *A Biblioteca Volante de Frei Matias da Conceição*, Mafra, 1949, p. 2.

[5] Fr. Matias da Conceição, *Biblioteca Volante*, Tomo 1, Mafra, f.1.

É apenas no século XX, mais precisamente na década de 30, que algumas mudanças são efectuadas e quase sempre por razões de ordem estética, tendo-se então disposto os livros nas estantes por ordem crescente de alturas. Nos dois últimos anos tem sido desenvolvido um trabalho de re-arrumação respeitando na integra a sua organização original.

Uma palavra final para o excelente estado de conservação de todo o espólio, só conseguido por uma confluência de factores ambientais aqui presentes: a baixa amplitude térmica, o facto de toda a biblioteca estar revestida a madeira e por último a existência de uma colónia de morcegos que ajudem a controlar e prevenir o aparecimento de pragas de bibliófagos, reproduzindo aqui um ecossistema perfeito.

TERESA AMARAL[*]
ISABEL YGLESIAS DE OLIVEIRA[**]

3. Metodologia

3.1. *O acervo de viagens desta Biblioteca*

Ao ser-nos proposto este projecto de levantamento e tratamento documental de obras integradas na temática Literatura de Viagens imediatamente se nos deparou um problema – o grande acervo documental. Num universo de 136 estantes, grande parte delas possui obras com interesse para este levantamento. Foi então estabelecida uma metodologia de trabalho:

- Levantamento das estantes directamente relacionadas com o tema;
- Verificação obra a obra (este procedimento é obrigatório, pois com muita frequência na mesma encadernação encontram-se várias obras, nem todas com o mesmo tema);

---

[*] Bibliotecária do Palácio Nacional de Mafra
[**] Técnica Superior do Palácio Nacional de Mafra

- Catalogação, segundo todas as normas internacionais de tratamento de livro antigo, e sua posterior informatização;
- Elaboração de índices de: autores, títulos, locais de impressão e datas.

Embora tenha sido desenvolvido um trabalho sistemático de pesquisa das obras, temos sempre de considerar a hipótese de não estarem aqui todas as referências sobre viagens existentes nesta Biblioteca.

À partida foram excluídas estantes cujo conteúdo, em princípio fugia completamente do assunto pretendido. No entanto, das 136 estantes (54 no piso inferior e 82 na galeria) 12 foram investigadas num total de 2755 livros.

TERESA AMARAL[*]

---

[*] Bibliotecária do Palácio Nacional de Mafra

ÍNDICE ALFABÉTICO DE AUTORES E DE OBRAS ANÓNIMAS

A presente ordem alfabética de autores e de obras anónimas, num total de 635 espécies, do acervo de Literatura de Viagens da Biblioteca, é acompanhada de uma numeração seguida, para que as consultas a fazer, partindo dos outros índices (de obras, de autores, de datas e de locais de impressão / edição), possa fazer-se com facilidade e segurança.

A

1. ABELIN, Jean-Philippe, 1600-1634

Theatrum Europaeum... / Beschrieben durch M. Joannem Philippum Abelinum. – Gedructt zu Franctfurt am Mann: ben Daniel Fievet, 1662-1720. – 19 vol. ([4], 1147, [16] p., [15] grav. desdobr., [2] map. desdobr., [12] plantas desdobr.; [4], 724, [20] p., [22] grav. desdobr., [13] map. desdobr., [13] plantas desdobr.; [9], 1027, [17] p., [22] grav. desdobr., [5] map. desdobr., [13] plantas desdobr.; [4], 904, [18] p., [1] grav., [15] grav. desdobr., [1] map. desdobr., [30] plantas desdobr.; [2], 1084, [13] p., [6] map. desdobr., [31] plantas desdobr., [69] grav., [21] grav. desdobr., [1] planta; [12], 1208, [34] p., [9] map. desdobr., [24] plantas desdobr., [47] grav., [17] grav. desdobr., [1] planta; [4], 1100, [36] p., [2] map. desdobr., [27] grav., [8] grav. desdobr., [1] planta desdobr.; [4], 1278, [26] p., [7] plantas desdobr., [17] grav. desdobr., [3] planta, [2] grav., [1] map. desdobr.; [6], 1560, [64] p., [1] map., [3] map. desdobr., [20] grav., [13] grav. desdobr., [5] planta desdobr.; [1], 982, [26], 620, [20] p., [2] f. desdobr., [3] map. desdobr., [18] grav., [11] grav. desdobr., [3] planta desdobr.; [6], 1300, [30] p., [11] map. desdobr., [1] map., [51] grav., [6] grav.desdobr., [24] planta desdobr., [1] planta; [2], 1146, [36] p., [8] map. dcsdobr., [36] grav., [8] grav. desdobr., [11] planta desdobr.; [4], 1363, [48] p., [27] grav., [15] grav. desdobr., [16] plantas desdobr., [1] planta; [6], 889, [73] p., [18] grav., [5] grav. desdobr., [6] map. desdobr., [22] plantas desdobr., [1] planta; [4], 876, [28] p., [3] map. desdobr.,

[21] grav., [3] grav. desdobr., [6] plantas desdobr.; [6], 1147, 468 p., [1] map., [5] map. desdobr., [17] grav., [14] grav. desdobr., [10] planta desdobr. , [4] planta; [8], 318, 352, 340, [30] p., [11] grav., [14] grav. desdobr., [20] planta desdobr., [1] planta, [2] map. desdobr.; [2], 322, 294, 392, [60] p., [1] map. desdobr., [15] planta desdobr., [4] grav. desdobr., [6] grav.; [2], 808, 562, [54] p., [7] planta, [13] planta desdobr., [8] grav., [2] grav. desdobr., [3] f., [5] f. desdobr., [1] map.: il.; 36 cm. – Obra composta por 19 volumes. – Título da colecção estabelecido após consulta de bibliografia. – O volume XIX não tem data. – Erros de paginação em todos os volumes com excepção dos volumes XV e XVI

BPNM 1-32-7-13 / 1-32-9-9

2. AFFERDEN, Francisco de, 1653-1709

El atlas abreviado ò compendiosa geographia del mundo antiguo, y nuevo conforme à las ultimas pazes Generales del Haya ilustrada con quarenta y dos Mapas: la dedica al Atlante Catholico D. Carlos segundo el Rey Nuestro Señor, que lo es de Ambos / Don Francisco de Afferden, Doctor en ambos Derechos.... – Tercera edicion. -En Amberes: por viuda de Henrico Verdussen, Mercadera de Libros, 1725. – [4], 230, [2] p., [43] map.; 20 cm

BPNM 2-52-7-4

3. ALBERTI, Léandre, Dominicano, 1479-1552

Descriptio Totius Italiae: qua Situs, Origines, Imperia Civitatum & oppidorum cum nominibus antiquis & recentioribus, item mores populoum agrorúmq; conditiones edisseruntur fed & praeterea clari homines à quibus illustrata regio ipsa est, item montes... / F. Leandri Alberti Bononiensis: Interprete Guilielmo Kyriandro Hoeningenio I. C. – Coloniae: Apud Theodorum Baumium, 1567. – [19], 815, [50] p.; 31 cm. – Erro de paginação

BPNM 1-32-10-1

4. ALBERTI, Léandre, Dominicano, 1479-1552

Descrittione Di Tutta L'Italia e Isole pertinenti ad essa.: nella quale si contiene il fito di essa, l'origine, e le signorie delle Città, e de castelli; co i nomi antichi, e moderni; i costumi de popoli, e le conditioni de paesi. / Fra Leandro Alberti Bolognese. – In Venetia: Apresso, Gio. Battista Porta, 1581. – 2 vol. ([30] , 501; 96, [4] f.); 22 cm. – Os dois volumes estão encadernados juntos

BPNM 2-52-5-1

5. ALBERTI, Léandre, Dominicano, 1479-1552

Descrittione di tvtta Italia: nella quale si contiene il Sito di essa, l'origine, & le Signorie della Cità, 6 della Castella co i Nomi Antichi 6 Moderni, i Costumi de Popoli, le condicioni de paesi... / di F. Leandro Alberti. – In Bologna: per Anselmo Giaccarelli, 1550. – 2 vol. ([31], 262 f.; f. 263-469); 30 cm. – Erros de paginação nos 2 volumes

BPNM 2-52-11-1/2

6. ALBUQUERQUE, Afonso de, 1500-1580

Commentarios do Grande Afonso Alboqverqve, Capitam Geral qve foy das Indias Orientaes em tempo do muito poderoso Rey dom Manuel, o primeiro deste nome. – Nouamente emendados & acrescentados pelo mesmo auctor, conforme as informaçoes mais certas que agora teue. – Em Lisboa: Com licença impresso por Ioao de Barreira impressor delrey nosso Senhor, 1576. – [2], 578 p.; 27 cm. – Erro de paginação

BPNM 1-33-12-7

7. ALMADA, Francisco Vaz de

Tratado do Sucesso que teve a Nao S. Joam Baptista: e jornada que fez a gente que della escapou, desde trinta & tres graos no Cabo da Boa Esperança, onde fez Naufragio, atè Sofala, vindo sempre marchando por terra. – Em Lisboa: Por Pedro Craesbecck Impressor delRey, 1625. – 95, [1] p.; 22 cm. – Na mesma encadernação mais 5 obras. – A menção de responsabilidade foi atribuída pelo catalogador com base na dedicatória da obra

BPNM 2-55-3-32 (1º)

8. ALMEIDA, Manoel de

Histoire de la haute Ethiopie / ecrite sur les lieux par le R. P. Manoel D' Almeida: extraite & traduit de la copie Portugaise du R. P. Baltazar Tellez. – [S.l.: s.n., s.d.]. – 16 p.; 37 cm. – Esta obra é constituída por 2 volumes divididos em quatro partes cada uma delas constituída por várias peças nem todas completas. O rosto comum aos 2 volumes é «*Relations de divers voyages curieux qui n'ont point este publie'es Et qu'on a traduit ou tiré des Originaux des Voyageurs François, Espagnols, Allemands, Portugais, Anglois données au public par les soins de feu M. Melchisedec Thevenot*»

BPNM 1-32-12-6 (10º)

9. ALMEIDA, Manuel de, Padre Jesuíta, 1581-1646

Historia Geral de Ethiopia a Alta ov Preste Ioam e do qve nella obraram os Padres da Companhia de Iesvs: composta na mesma Ethiopia / pelo Padre Manoel D'Almeyda; Abreviada com nova releyçam e Methodo pelo Padre Balthezar Tellez. -Em Coimbra: Na Officina de Manoel Dias, 1660. – [34], 736 p.; 30 cm

BPNM 1-33-12-2

10. AMBASSADE DE S' CHAHROK, FILS DE TAMERLAN ET D' AUTRES PRINCES SES VOISINS, A L' EMPEREUR DU KHATAI

Ambassade de S' Chahrok, fils de Tamerlan et d' autres princes ses voisins, a l' empereur du Khatai. – [S.l.: s.n., s.d.]. – 16 p.; 37 cm. – Esta obra é constituída por 2 volumes divididos em quatro partes cada uma delas constituída por várias peças nem todas completas. O rosto comum aos 2 volumes é «Relations de divers voyages curieux qui n'ont point este publie'es Et qu'on a traduit ou tiré des Originaux des Voyageurs François, Espagnols, Allemands, Portugais, Anglois données au public par les soins de feu M. Melchisedec Thevenot»

BPNM 1-32-12-6 (20º)

11. ANDRADE, Jacinto Freire de, 1597-1657

Vida de Dom Joao de Castro Qvarto Viso-Rey da India / Escrita por Iacinto Freyre de Andrada. – Em Lisboa: Na Officina Craesbeeckiana, 1651. – [54], 444 p., [1] grav.; 30 cm. – Contém uma gravura de D. João de Castro

BPNM 1-33-8-13

12. APIANUS, Petrus, 1495-1551

Cosmographicvs liber Petri Apiani mathematici, iam denuo integritatircstitutus per Gemmam Phrysium: item eiusdem Gemmae Phrysij Libellus de Locorum describendorum ratione, & de eorum distantifs inucniendis, nunq ante hac visus / Petri Apiani: Gemmam Phrysium. – Antuerpiae: sub scuto Basilieli Gregoriu Bontiu: Ioan Grapheus typis cudebat , [1533?]. – LXVI fl.: il.; 20 cm. – Data da publicação retirada do colofão

BPNM 2-52-5-21

13. APIANUS, Petrus, 1495-1552

Cosmographia, sue descriptio vniversi orbis, Petri Apiani & Gemmae Frisy, mathematicorum insignium, iam demum integritati suaes restituta. Adiecti funt alij, tum gemae frisy, tum aliorum auctorum eius argumenti *tractatus ac libelli varij, quorum seriem versa pagina demonstrat.* – Antuerpiae: Apud Ioan. Bellerum ad insigne Aquilae au reae, 1584. – [14], 478, [3] p., [1] f.: il.: 24 cm. – Erro de paginação

BPNM 2-52-10-2

14. ARAUJO**, António José da Costa**

[*Nova Relaçao da Viagem, que fez o Corsario de Guerra Nossa Senhora da Estrella, para Cacheu, e derrota que seguio ao porto de Bizau, Capitulaçoens de paz que ahi fizemos com Gentio, e combate que depois com elle tivemos*] / A. J. C. A. B.. – [S.l.: s.n., s.d.]. – 8 p.; 21 cm. – Na mesma encadernação mais 44 obras. – Título atribuído pelo catalogador após análise da obra. – Pertence à colecção Biblioteca Volante

BPNM 2-55-8-5 (1º)

15. ARGENSOLA**, Bartolome Leonardo de, 1566-1631**

Conquista De Las Islas Malucas / Escrita por el Licen. Bartolome Leonardo de Argensola. – En Madrid: por Alonso Martin, 1609. – [8], 407 p.; 30 cm

BPNM 1-35-11-3

16. ASIAE EVROPAE [.] ELEGANTISS DESCRIPTIO MIRA FESTIUITATE TUM UETENTUM RECENTIUM RES MEMORATU DIGNAS COMPLECTENS

Asiae Evropae [.] elegantiss descriptio mira festiuitate tum uetentum recentium res memoratu dignas complectens: maxime quae sub Frederico III apd Europeos Christiani cum Turcis, Prutenis, Soldano, & caeteris hostibus fidei.... – [S.l.]: Imp. ad quadriennium, 1531. – [14], 499 p., [1] grav.; 15 cm. – Erro de paginação

BPNM 2-52-2-5

17. ASIAE NOVA DESCRIPTIO IN QVA PRAETER PROVINCIARVM SITVS, ET POPULARVM MORES, MIRA DETEGVNTVR, ET HACTENVS INEDITA...

Asiae nova descriptio in qva praeter provinciarvm sitvs, et popularvm mores, mira detegvntvr, et hactenvs inedita.... – Lvtetiae Parisiorvm: Apud Sebastianvm Cramoisy, regis ac Reginae Architypographum et Gabrielem Cramoisy, 1656. – [14], 350 p.; 36 cm

BPNM 1-32-11-14

18. L'ASIE DE BARROS OU L'HISTOIRE DES CONQUESTES DES PORTUGAIS AUX INDES ORIENTALES

Asie de Barros ou l' histoire des conquestes des portugais aux indes orientales. – [S.l.: s.n., s.d]. – 16 p.; 37 cm. – Esta obra é constituída por 2 volumes divididos em quatro partes cada uma delas constituída por várias peças nem todas completas. O rosto comum aos 2 volumes é «*Relations de divers voyages curieux L' qui n'ont point este publie'es Et qu'on a traduit ou tiré des Originaux des Voyageurs François, Espagnols, Allemands, Portugais, Anglois données au public par les soins de feu M. Melchisedec Thevenot*»

BPNM 1-32-12-6 (19º)

19. ATLANTE PARTENOPEO

Atlante Partenopeo: overo raccolte di Tavole Geografiche degli Autori Piu Classici et Accurati, corrette et aumentate secondo le relationi piu Moderne. – In Napoli: da Paolo Petrini, [s.d.]. – 64 map.: toda il.; 50 cm

BPNM 2-42-14-13

20. ATLAS ANGLOIS OU DESCRIPTION GENERALE DE L'ANGLETERRE

Atlas anglois ou description generale de L'Angleterre: contenant une description geographique de chaque province, les genealogies des plus illustres familles, & les archevêchés & evêchés. – A Londres: Chez David Mortier, 1715 .– 16, [1] p., [40] map.; 53 cm. – Na mesma encadernação a obra «Nouveau Theatre de la Grande Bretagne...»

BPNM 2-42-15-14

21. ATLAS Ô COMPENDIO GEOGRAPHICO DEL GLOBO TERRESTRE

Atlas ô compendio geographico del globo terrestre: dividido en Imperios, Reynos, Republicas, Estados, Provincias, Islas, Capitales, Arzobispados, Obispados, Religiones y Rios. – [S.l.]: a costa de Pedro Gendron, 1756. – 31, 21 f., [2] f. desdobr.; 21 x 27 cm

BPNM 2-52-7-8

22. LA ATLAS DEL MUNDO O EL MUNDO AGUADO

La Atlas del Mundo o El Mundo Aguado: enseña Todas las Entradas de los Puertos y de las Costas halladas y conosidas del Mundo.... – Nueuamente dado a la lus. – En Amsterdam: Con Henricque Doncquer, [16—?]. – [6] p., [45] map.: toda il.; 47 cm

BPNM 1-32-2-9

23. ATTAMEN, Paucas

Atlas Minor sive Geographia Compendiosa qua Orbis Terrarum/per Paucas Attamen. –Amstelodami: ex Officina Nicolai Visscher, [s.d.]. –[63] map.: toda il.; 54 cm

BPNM 2-42-15-15

24. AZEVEDO, Luís Marinho de, ? –1652

Primeira parte da fvndaçao, antiguidades, e grandezas da mui insigne cidade de Lisboa e seus varoens illvstres em sanctidade, armas, & letras. Catalogo de sevs prelados e mais covsas ecclesiasticas, & politicas ate o ano 1147, em que foi ganhada aos Mouros por ElRey D. Afonso Henriques / escrita pelo Capitao Lvis Marinho de Azevedo natural da mesma cidade. -Em Lisboa: Na Officina Craesbeckiana, 1552. – [14], 396, [2] p., [1] f.; 29 cm

BPNM 1-33-12-12

B

25. BAGATTA, Giovanni Bonifazio

Admiranda Orbis Christiani Quae Ad Christi Fidem Firmandam... / Jo. Bonifacius Bagatta. – Post Editionem Venetam: Secunda in Germania. – Augustae Vindelicorum & Dilingae: Sumptibus Joannis Caspari Bencard, Viduae & Confortum, 1741. – 2 vol. ([22], 494, [42] p.: [10], 542, [38] p.); 36 cm. – Erro de paginação

BPNM 1-32-4-4/5

26. BAIÃO, José Pereira, Padre, 1690-1743

Portugal cuidadoso, e lastimado com a vida, e perda do Senhor Rey Dom Sebastiao, o desejado de saudosa memoria: historia chronologica de suas acçoens, e successos desta monarquia em seu tempo suas jornadas a Africa, batalha, perda, circunstancias, e consequencias notaveis della: dividida em cinco livros / escrita e offerecida ao muito alto e muito poderoso Rey D. Joao V Nosso Senhor pelo Padre Jozé Pereira Bayao, presbytero do Habito de S. Pedro... .– Lisboa Occidental: Na officina de Antonio de Sousa da Sylva, 1737. – [20], 784 p.; 31 cm. – Erro de paginação

BPNM 1-33-5-14

27. BALDAEUS, Philippus, 1632-1672

Naauwkeurige Beschryvinge van Malabar en Choromandel Der zelver aangrenzende Ryken: En het machtige Eyland Ceylon Nevens een omstandige en grondigh doorzochte ontdekking en wederlegginge van de Afgoderye der Oost-Indische Heydenen... / Door Philippus Baldaeus. – T'Amsterdam: By Johannes Janssonius van Waasberge en Johannes van Someren, 1672. – [16], 198, [8], 132, [2], 188, [16] p., [27] grav., [3] map. desdobr., [3] f. desdobr., [3] map.: il.; 33 cm. – Existe uma folha manuscrita logo no início da obra antes da folha de rosto. – Entre a página 44 e a 45 estão 8 páginas não contadas

BPNM 1-32-11-13

28. BAÑUELOS Y CARRILLO, Hieronimo

Relations des Isles Philippines / Fait par L' amirante D. Hieronimo de Bañvelos y Carrillo: Melchisedec Thevenot. – [S.l.: s.n., 1696?]. – 40 p.; 37 cm – Esta obra é constituída por 2 volumes divididos em quatro partes cada uma delas constituída por várias peças nem todas completas. O rosto comum aos 2 volumes é «Relations de divers voyages curieux qui n'ont point este publie'es Et qu'on a traduit ou tiré des Originaux des Voyageurs François, Espagnols, Allemands, Portugais, Anglois données au public par les soins de feu M. Melchisedec Thevenot». – Erro de paginação

BPNM 1-32-6-5 (23º)

29. BARLAEUS, Gaspard, ? –1648

Casparis Barlaei, rervm octennivm in brasilia et alibi nuper gestarum, sub praefectura illustrissimi comitis I. Mavritii, nassoviae, &c. comitis, nunc vesaliae gubernatoris & equitatus foe deratorum belgii ordd. Sub Avriaco Ductoris, historia. – Amstelodami: Ex Typographeio Ioannis Blaev, 1647. – [8], 340, [8] p., [25] map., [28] grav.; 46 cm. – Erro de paginação

BPNM 1-32-3-9

30. BARREIROS, Gaspar, ? – 1574

Chorographia de alguns lugares que estao em hum caminho, que fez Gaspar Barreiros o anno de MDXXXVJ: começando na cidade de Badajoz em Castella, até à de Milam em Italia, com algumas outras obras, cujo catalogo vai escrito com nomes dos ditos lugares na folha seguinte / Gaspar Barreiros. – Coimbra: Por Joao Alvares impressor da Universidade, e por mandado do Doctor Lopo de Barros do Desembargo delRey Nosso Senhor, 1561. – [26] p., 247 f., [188] p.; 20 cm. – Erro de paginação

BPNM 2-52-4-12

31. BARROS, João de, 1496-1570

L' Asia del S. Giovanni di Barros, Consigliero del Christianissimo Re di Portogallo: de' fatti de'Portoghesi nello scoprimento, & conquista de Mari & terre di Oriente: nella quale oltre le cose appartenenti alla militia, si ha piena cognitione di tutte le Città, Monti, & Fiumi delle parti Orientali, con la descrittione de paesi, & costumi di quei popoli: Dal S. Alfonso Vlloa. – In Venetia: Apresso Vincenzo Valgrisio, 1562. – [9], 200 f.; 21 cm. – Obra traduzida da língua portuguesa para a língua italiana

BPNM 2-55-3-26

32. BARROS, João de, 1496-1570

Decada primeira da Asia de Ioao de Barros: dos feitos qve os portvgveses fezerao no Descobrimento & conquista dos mares & terras do Oriente. – Lisboa: Impressa per Iorge Rodriguez: A acusta de Antonio Gonçalvez, mercador de livros, 1628. – 4 vol. ([4], 208; [3], 231; [7], 262 f.; [30], 711 p.); 30 cm. – No 4º volume na folha de rosto "...illvstrada com notas e taboas geographicas por Ioao Baptista Lavanha". – Erros de paginação nos 4 volumes. – No 2º volume na última página existem anotações manuscritas mas estão riscadas. – No 3º volume, no colofão, a zona da data encontra-se rasurada

BPNM 1-33-11-5/8

33. BARROS, João de, 1496-1570

Dell' Asia la Seconda Deca del S. Giovanni di Barros Consigliero del Christianissimo Re di Portogallo: de Fatti de' Portoghesi nello scoprimento, & conquista de' Mari, & Terre di Oriente: nellaquale seguendo la materia della prima Deca, si trattando le guerre fatte da' Portoghesi co i Principi Orientali, & si descriuono le Città, & Fiumi di quelle bande: Dal S. Alfonso Vlloa. – In Venetia: Apresso Vincenzo Valgrisio, 1562. – [6], 228 f.; 21 cm. – Obra traduzida da língua portuguesa para a língua italiana

BPNM 2-55-3-27

34. BATAVIA ILLUSTRATA SEU DE BATAVORUM INSULA, HOLLANDIA, ZELANDIA, FRISIA, TERRITORIO TRAIECTENSI ET GELRIA

Batavia Illustrata seu de Batavorum Insula, Hollandia, Zelandia, Frisia, Territorio Traiectensi et Gelria: Petri Scriverii. – Lugduni Batavorum: Apud Ludovicum Elzevirium, 1609. – [6], 232, 184 p.; 21 cm. – A página 156 da segunda parte da obra contém anotações manuscritas

BPNM 2-57-6-9

35. BAUDRAND, Michel Antoine, 1633-1700

Geographie ordine litterarum disposita / Michaelis Antonii Baudrand. – Parisiis: Apud Stephanum Michalet, typographum, viâ Jacobaeâ ad insigne sancti Pauli, 1681-1682. – 2 vol. ([2], 688; 696, [6] p.): 39 cm. – O 1º volume tem data de 1682 e o 2º de 1681. – Erro de paginação no 1º volume

BPNM 1-32-4-8/9

36. BEAULIEV

Memoires du voyage aux indes orientales / du General Beauliev dressés par luy-mesme: Melchisedec Thevenot. – [S.l.: s.n., 1696?]. – 128 p., [1] map. desdobr.; 37 cm. – Esta obra é constituída por 2 volumes divididos em quatro partes cada uma delas constituída por várias peças nem todas completas. O rosto comum aos 2 volumes é «*Relations de divers voyages curieux qui n'ont point este publie'es Et qu'on a traduit ou tiré des Originaux des Voyageurs François, Espagnols, Allemands, Portugais, Anglois données au public par les soins de feu M. Melchisedec Thevenot*»

BPNM 1-32-12-5 (22º)

37. BEAUPLAN, Guillaume de, ca. 1600- ca. 1675

Description D'Ukranie, Qui Sont plusiers Prouinces du Royaume de Pologne: Contenues Depuis les confins dela Moscouie, iusques aux limites dela Transilvanie / Par le Sieur de Beauplan. – A Roven: Chez Iacques Cailloué, 1660. – [6], 112 p., [1] map. desdobr., [2] f. desdobr.: il.; 20 cm. – Erro de paginação

BPNM 2-52-6-13

38. BELLE-FOREST, Francoys, 1530-1583

La cosmographie universelle de tout ce monde: comprenant la Grece, avec les descriptions anciennes & modernes, tant du plant que noms des villes & regions comme l'histoire & descrivant les deux Asies selon leur estendue raretez, richesses & histoire de l'estat des royaummes outre ce qui eu a esté cy devant descouvert. Plus y est adioustee l'Affrique, autant doctment qui veritablement. Comme aussi y est descript briefuement & entierement l'histoire geographique de tout les tenes decouvertes vers l'occident, & outre l'Equateur, & és parties septentrionales, avec les isles, peuples, nations, & leurs loix, religions & façons de vivre. Aussi ce qui est de rare tant au plat – pays, qu'es isles plus eslongnees & moins cogneres de nostres. / par Francoys de Belle-

Forest Comingeois. – Paris: chez Nicolas Chesneau, 1575. – [186] p., 2235 colns., [3] f. desdobr.: il.; 35 cm

BPNM 1-32-7-10

39. BELLI, Francesco

Osservazioni nel viaggio di D. Francesco Belli. – In Venetia: appresso Gio. Pietro Pinelli..., 1632. – [14], 189, [5] p.: 21 cm. – Na mesma encadernação a obra *"Dvi libri del Veneto Senato, di Gvglielmo Boccarini, doue si tratta in ottaua rima della edificatione di Venetia..."*

BPNM 2-52-5-4 (1º)

40. BERNIER, François, ? –1688

Voyages de François Bernier Docteur en Medecine de la Faculté de Montpellier Contenant la Description des Estats du Grand Mogol, De L'Hindoustan, du Royaume de Kachemire, &c.: Tome Premier. – A Amsterdam: Chez Paul Marret, 1699. – 2 vol. (320 p., [1] map. desdobr.: 358 p., [3] grav., [6] grav. desdobr., [2] map. desdobr.): il.; 16 cm

BPNM 2-52-3-19/20

41. BERREDO, Bernardo Pereira de, ? –1748

Annaes historicos do estado do Maranhao, em que se da noticia do seu descobrimento, e tudo o mais que nelle tem succedido desde o anno em que foy descuberto até o de 1718: offerecidos ao Augustissimo Monarca D. Joao V Nosso Senhor / escritos por Bernardo Pereira de Berredo, do Conselho de S. Magestade, Governador, e Capitao General, que foy do mesmo Estado, e de Mazagao. – Lisboa: Na officina de Francisco Luiz Ameno, impressor da Congregaçao Cameraria da Santa Igreja de Lisboa, 1749. – [24], 710 p.; 30 cm

BPNM 1-33-12-3

42. BESCHRYVING VAN SPANJEN EN PORTUGAL...

Beschryving van Spanjen en Portugal.... – Te Leyden: By Pieter Vander Aa, 1707. – [10], 80, 84, 128, 52, 56, [64] p., [1] map. desdobr., [1] grav. desdobr.: il.; 36 cm. – Muitas das gravuras são as mesmas que estão na obra *"Galerie Agreable du Monde"*. – Cada capítulo tem a sua própria paginação. – Tem gravuras sobre a inquisição e os autos de fé

BPNM 1-32-12-16

43. BEUTER, Pedro António, ?-1510

Coronica General de toda España...: donde se tratan los estraños acaecimietos que del diluuio de Noe hasta los tiempos del Rey Don Iayme de Aragon, que gano Valencia... / compuesta por el Doctor Pero Anton Beuter. – En Valencia: en casa de Pedro Patricio Mey, 1604. – 2 vol. ([14], 205; [16], 318 p.); 30 cm. – A 1ª parte é sobre Valencia. – A 2ª parte é sobre Aragão, Catalunha e Valencia. – Erro de paginação na 1ª parte. – A primeira e segunda parte da obra estão juntas na mesma encadernação

BPNM 1-35-4-7

44. BLAEU, Joan, 1596-1673

America, Quae Est Geographiae Blavianae Pars Qvinta: liber vnvs. volvmen vndecimvm. – Amstelaedami: Labore & sumptibus Ioannis Blaev, 1662 . – 287, [2] p., [23] map.: il.; 56 cm

BPNM 2-42-15-11

45. BLAEU, Joan, 1569-1673

Atlas Mayor o Geographia Blavia que Contiene les Cartes, y descripciones de Partes Orientales de Europa / [Juan Blaeu]. – En Amsterdam: En la Officina Blaviana, [s.d.]. – 119, 64, 89, 74 p., [1] map. desdobr., [30] map. desdobr., [2] plantas: il.; 57 cm

BPNM 2-42-14-3

46. BLAEU, Joan, 1596-1673

Atlas Mayor o Geographia Blaviana que contiene las cartas y descripciones de Francia y Helvetia. – En Amsterdam: Y la Oficina de Juan Blaev, 1668. – [10], LVJ, 317, 107, [3] p., [64] map.: il.; 57 cm

BPNM 2-42-14-9

47. BLAEU, Joan, 1569-1673

[El Atlas Universal y Cosmographico de los Orbes Celestes y Terrestre / Juan Blaeu]. – [S.l.: s.n., s.d.]. – [26], VJ, 98 p., 44, 70, [1] f., LIJ p., [5] grav., [1] planta, [47] map.: il.; 57 cm. – Título atribuído pelo catalogador. – Paginação variada

BPNM 2-42-14-2

48. BLAEU, Joan, 1569-1673

Novvm ac Magnvm Theatrum Vrbivm Belgicae Liberae ac foederatae... / a Ioanne Blaev, Amstelaedamensi. – [S.l.: s.n., s.d.]. – 2 vol. (582; 462 p.): toda il.; 53 cm

BPNM 2-42-14-11/12

49. BLAEU, Joan, 1596-1673

Nuevo Atlas de los Reynos de Escocia e Yrlanda. – Amstelodami: Apud Ioannem Blaev, 1662. – [10], 232, 82, [2] p., [55] map.; 57 cm

BPNM 2-42-14-7

50. BLAEU, Joan, 1596-1691

Nuevo Atlas del Reyno de Ingalaterra. – Amsterdami: Apud Iohannem Blaev, 1662. – [12], 447, [3] p., [56] map.: il.; 57 cm

BPNM 2-42-14-6

51. BLAEU, Joan, 1596-1673

Paises Baxos o Belgia dividida en dos partes: la primera contiene las Provincias que obedecen a la Magestad Catholica de los reyes de Hespaña en la segunda se descriven las Regiones Confederadas. – En Amsterdam: Y casa de Ivan Blaev, 1663. – [6], 296, 164, [4] p., [60] map.: il.; 57 cm

BPNM 2-42-14-5

52. BLAEU, Joan, 1596-1673

Parte del Atlas Mayor o Geographia Blaviana que contiene las cartas y descripciones de Italia. – En Amsterdam: Y la Officina de Juan Blaeu, 1669. – [10], 330, [4] p., [56] map.: il.; 57 cm

BPNM 2-42-14-8

53. BLAEU, Joan, 1596-1673

Parte del Atlas Mayor o Geographia Blaviana que contiene las Cartas y Descripciones de Españas. – En Amsterdam: Y la Officina de Juan Blaeu, 1672 . – [18] p., 124 colns., 418, [4] p., [3] grav. desdobr., [4] grav., [22] map.; 57 cm. – O início da paginação é feita por colunas e passa a ser por páginas a partir da pág. 124

BPNM 2-42-14-10

54. BLAEU, Joan, 1596-1691

Parte del Atlas Mayor, o Geographia Blaviana, que contiene las tabelas y descripciones de Alemania. – En Amsterdam: y la Officina de Juan Blaev, 1662 . – [4], 384, [4] p., [93] map.; 57 cm. – A paginação alterna entre numérica e alfanumérica

BPNM 2-42-14-4

55. BLEDA, Jaime, ca 1550-1622

Coronica de los moros de España: diuidida en ocho Libros / Por el Padre Presentado Fray Iayme Bleda.... – En Valencia: En la Impression de Felipe Mey, 1618. – [64], 1072 p.; 31 cm. – Erro de paginação

BPNM 1-35-4-13

56. BOCCARINI, Guglielmo

Dvi libri del venneto senato: doue si tratta in ottaua rima della edificatione di Venetia & delli fatti heroi della Sereniss. Republica / di Gvglielmo Boccarini. – In Venetia: Appresso Domenico Farri, 1583. – 44 f.; 22 cm. – Na mesma encadernação a obra "Osservazioni nel viaggio di D. Francesco Belli". – Erro de paginação

BPNM 2-52-5-4 (2º)

57. BOIS, Abraham du

La geographie moderne, naturelle, historique & politique, divisée en quatre tomes, avec plusieurs cartes & une table des matieres... / par le Sr. Abraham du Bois, geographe. – A la Haye: Chez Jacques Vanden Kiescon: Chez Gerard Block, 1736. – 2 vol. ([24], 528 p., [5] grav., [80] map.; p. 825 – 908, [60] map.); 25 cm

BPNM 2-52-8-1/2

58. BOISSARD, Jean Jacques, 1528-1602

Topographia Romae Cum tabulis Geographicis, imaginibus Antiquae et Nouae Urbis, Inscriptionibus, marmoribus... / Iani Iacobi Boissardi [et al]. – Francofurti: In Bibliopoleio Bryano apud Matthaeum Merianum, 1627. – [6] p., [1] map. desdobr., 18, 70 p., [35] grav., [1] grav. desdobr., [2] map., [39] f., p. 55-194, [7], [16], 42 p., f. 43-150: il.; 34 cm. – Obra dividida em três partes. – No início da obra as páginas foram impressas na horizontal. – Erro de paginação

BPNM 1-32-4-2

59. BONFRERIUS, Jacques, 1573-1643

Onomasticom Urbium et Locorum Sacrae Sripturae: sev liber de Locis Hebraicis Graecè primùm ab Eusebio Caesariensi... / Opêra Jacobi Bonfrerii: Recensuit & animadversionibus suis auxit Joannes Clericus: Accessit huic Editioni Brocardi Monachi. – Amstelodami: Excudit Franciscus Halma, Typogr., 1707. – [10], 192 p., [2] map. desdobr.; 45 cm. – Erro de paginação. – Na mesma encadernação a obra «*Geographia Sacra...*»

BPNM 1-32-3-12 (2º)

60. BONTEKOE, Willem Ysbrantsz

Relation ou Iornal du voyage de Bontekoe aux Indes Orientales: Melchisedec Thevenot. – [S.l.: s.n., 1696?]. – 46 p.; 37 cm. – Esta obra é constituída por 2 volumes divididos em quatro partes cada uma delas constituída por várias peças nem todas completas. O rosto comum aos 2 volumes é «*Relations de divers voyages curieux qui n'ont point este publie'es Et qu'on a traduit ou tiré des Originaux des Voyageurs François, Espagnols, Allemands, Portugais, Anglois données au public par les soins de feu M. Melchisedec Thevenot*»

BPNM 1-32-12-5 (17º)

61. BOSCHINI, Marco, 1613-1678

Il Regno Tutto di Candia: Delineato à Parte, à Parte, et Intagliato /Marco Boschini. – [Venetia: s.n., 1645]. – [2] p., [1], 61 grav.: toda il.; 32 cm. – Dados relativos à impressão foram retirados da dedicatória da obra

BPNM 1-32-11-2

62. BOSMAN, Willem, 1672- ?

Voyage de Guinée contenant une description nouvelle & trés-exacte de cette côte où l'on trouve & où l'on trafique l'or, les dents d'elephant, & les esclaves: de ses pays, royames & republiques, des moeurs des habitants, de leur religion, gouvernement, administration de la justice, de leurs guerres, mariages, sepultures &c... / par Guillaume Bosman depuis peu conseiller & premier Marchand dans le château de St. George d'Elmina, & Sous-Commandeur de la côte. – A Londres: Chès David Mortier, Libraire dans le Strand, 1705. – [14], 520 p., [18] map. desdobr.; 17 cm

BPNM 2-52-3-1

63. BOYM, Michel

Briefve relation de la chine, et de la notable conversion des personnes royales de cet estat / faicte par le tres R. P. Michel Boym de la Compagnie de Iesvs: Melchisedec Thevenot. – [S.l.: s.n., 1696?]. – 30 p., [5] f.; 37 cm. – Esta obra é constituída por 2 volumes divididos em quatro partes cada uma delas constituída por várias peças nem todas completas. O rosto comum aos 2 volumes é «*Relations de divers voyages curieux qui n'ont point este publie'es Et qu'on a traduit ou tiré des Originaux des Voyageurs François, Espagnols, Allemands, Portugais, Anglois données au public par les soins de feu M. Melchisedec Thevenot*»

BPNM 1-32-6-5 (27º)

64. BOYM, Michel

Ek tes kosma monachoy chrstianikes topografias: Melchisedec Thevenot . – [S.l.: s.n., 1696?]. – 9 p.; 37 cm. – Foi feita a transliteração do título para caracteres romanos. – Esta obra é constituída por 2 volumes divididos em quatro partes cada uma delas constituída por várias peças nem todas completas. O rosto comum aos 2 volumes é «*Relations de divers voyages curieux qui n'ont point este publie'es Et qu'on a traduit ou tiré des Originaux des Voyageurs François, Espagnols, Allemands, Portugais, Anglois données au public par les soins de feu M. Melchisedec Thevenot*». – Todo o texto tal como o título está escrito em grego

BPNM 1-32-6-5 (13º)

65. BRANDT, Gerard, 1626-1685

La Vie de Michel de Ruiter Duc, Chevalier, Lieutenant Amiral Général de Hollande & de Oüest-Frise. Où est comprise L' Histoire Maritime des Provinces Unies, depuis l'An 1652 jusques à 1676 / Gerard Brandt. – A Amsteram: De L' Imprimerie de P. & J. Blaeu, [etc], 1698. – [4], 717, [17] p., [7] grav.: il.; 36 cm . – Obra traduzida da língua holandesa para a língua francesa

BPNM 1-36-3-2

66. BRAUN, George, 15?-1622

Civitates orbis terrarrum / Georgio Braunio. – Coloniae Agrippinae: Apud Bertramum Bochholtz, sumptibus auctorum, 1599. – [16], 58, [27] p., [116] f.: il.; 42 cm. – A folha de rosto apresenta um pórtico com duas figuras humanas. – Obra publicada em seis volumes. – O catalogador optou por catalogá-las separadamente

BPNM 1-32-4-14

67. BRAUN, George, 15? – 1622

De Praecipvis, totivs vniversi vrbibvs, liber secvndvs / Georgio Braunio. – Colonia Prostant: Antuerpiae: Apvd Avctores: Apvd Philippvm, [1599?]. – [266] p.: il.; 42 cm. – Folha de rosto emoldurada por um pórtico decorado com figuras. – Obra publicada em seis volumes. – O catalogador optou por catalogá-las separadamente. – A data foi atribuída tendo como base a data do 1º volume visto ser uma colecção de 6 volumes

BPNM 1-32-4-15

68. BRAUN, George, 15?-1622

Theatri Praecipuarum Totius Mundi Urbium: Liber sextus / Braunio Georgius . – Colonia Agrippinae: [s.n.], 1618. – [2], 58, [4] f. , [58] grav.: il.; 42 cm. – Obra publicada em seis volumes. – O catalogador optou por catalogá-las separadamente

BPNM 1-32-4-19

69. BRAUN, George, 15? –1622

Vrbivm praecipvarvm mvndi theatrvm qvintvm / avctore Georgio Bravnio Aggripinate. – [Coloniae Agripinae: Apud Bertranum Bochholtz, sumptibus auctorum, 1599]. – [16], 278 p., [1] map. desdobr.: il.; 42 cm. – Folha de rosto emoldurada por um pórtico decorado com figuras. – Obra publicada em seis volumes. – O catalogador optou por catalogá-las separadamente. – Dados relativos à impressão retirados do colofão do 1º volume

BPNM 1-32-4-18

70. BRAUN, George, 15?-1622

Vrbivm Praecipvarvm totivs mvndi / Georgio Braunio. – [Coloniae Agrippinae: s.n., 1599]. – [11] f., 59, [8] f., [59] grav.: il.; 42 cm. – Folha de rosto emoldurada por um pórtico decorado com figuras. – Obra publicada em seis volumes. – O catalogador optou por catalogá-las separadamente. – Dados relativos à impressão retirados do fim do prefácio

BPNM 1-32-4-16

71. BRAUN, George, 15?-1622

Urbium Praecipuarum Totis Mundi: Liber Quartus / Braun Gcorgius. – Coloniae Agrippinae: Iani Mellari Palmerii in Tophographicos Bravanii, et Hogenbergii, 1599. – [4], 59 f. , [59] grav., [8] f.: il.; 42 cm. – Obra publicada em seis volumes. – O catalogador optou por catalogá-las separadamente

BPNM 1-32-4-17

72. BRIET, Philippe, Jesuíta, 1601-1668

Parallela Geographiae veteris et novae / Auctore Philippo Brietio. – Parisiis: Sumptibus Sebastiani Cramoisy, Regis & Reginae Regentis Architypographi et Gabrielis Cramoisy, 1648. – [32], 512 p., [11] map.: il.; 26 cm. – Na folha de rosto existia qualquer coisa escrita mas que foi apagada e existe agora uma frase manuscrita logo a seguir ao título. – Contém anotações manuscritas nas margens das páginas

BPNM 2-52-10-5

73. BRITO, Bernardo Gomes de, 1688-17?

Historia Tragico-Maritima: em que se escrevem chronologicamente os Naufragios que tiverao as Naos de Portugal, depois que se poz em exercicio a Navegaçao da India / Por Bernardo Gomes de Brito. – Lisboa Occidental: Na Officina da Congregaçao do Oratorio, 1735-1736. – 2 vol. ([14], 479 p.; [14], 538 p.); 22 cm. – Tomo I "Naufragio do Galeao gande S. Joao na Terra do Natal, no anno de 1552"; "Naufragio da Nao S. Bento no Cabo da Boa Esperança, no anno de 1554"; "Naufragio da Nao Conceiçao nos Baixos de Pero dos Banhos, no anno de 1555"; "Relaçam do Sucesso que tiverao as Naos Aguia, e Garça, no anno de 1559"; "Naufragio da Nao Santa Maria da Barca, no anno de 1559"; "Naufragio da Nao S. Paulo na Ilha de Samatra, no anno de 1561". – Tomo II "Naufragio que passou Jorge de Albuquerque vindo do Brazil no anno de 1565"; "Naufragio da Nao Santiago no anno de 1585"; "Naufragio da Nao S. Thomè na Terra dos Fumos no anno de 1589"; "Naufragio da Nao Santo Alberto no Penedo das Fontes no anno de 1596"; "Relaçam da Viagem, e Successos da Nao S. Francisco no anno de 1596"; "Tratado das Batalhas, e Successos do Galeao Santiago com os Olandezes no anno de 1602"

BPNM 2-55-3-30/31

74. BRONIOWSKI, Martinus

[*In tartariam nomine Stephani i Polonie, regis legati: Tartariae descriptio ante hagin lvcem nvmqva edita cum tabula geographica eiusdem chersonettis Tauricae item Tanssylvaniae ac Moldaviae...* / Martinii Broniovii de Biezdzfedea]. – Coloniae Agripinae: In officina Birckmannica sumptibus Arnoldi Mylly, 1595. – 75 p., [4] map.; 30 cm. – A folha de rosto e o indice são manuscritos

BPNM 2-52-10-19

75. BUCELIN, Gabriel, 1599-1691

Germania Topo=Chrono=Stemmato=Graphica Sacra et Prophana: Brevi compendio multa distincte explicantur / R.P.F. Gabrielis Bucelini. – Ulmae: Apud Iohannem Gorlinum Bibliopolam, 1662. – [18], 423, [276] p., [40] grav.; 32 cm. – Na folha de rosto estão duas palavras riscadas

BPNM 1-32-1-11

76. BULLARUM COLLECTIO QUIBUS

Bullarum Collectio Quibus: serenissimis Lusitaniae, Algarbiorumque Regibus Terrarum omnium, atque Insularum ultra mare transcurrentium, sive jam acquirentur.... – Ulyssipone: In Typographia Regia Valentini A' Costa Deslandes, 1707. – 270, 48 p.; 20 cm. – Na parte final da obra aparece um apêndice intitulado "Appendix Ad Praecedentes Constitutiones, Brevia, & Decreta"

BPNM 2-55-3-10

C

77. C.***

Atlas Historique ou Nouvelle Introduction A l'Histoire, à la Chronologie & à la Geographie Ancienne & Moderne... / Par Mr. C. L; Avec Dissertations sur l'Histoire de chaque Etat Par Mr. Gueudeville. – Seconde Edition Reveuë corrigée & augmenté. – A Amsterdam: Chez les Freres Chatelain: Chez L'Honoré & Châtelain, 1713-1719. – 6 vol. ([98], 82 p., [18] grav., [3] grav. desdobr., [11] map., [11] map. desdobr., [1] planta; [88], 90 p., [19] grav., [6] grav. desdobr., [5] map., [7] map. desdobr.; [100] p., p. 91-162; [14] grav., [2] grav. desdobr., [9] map., [5] map. desdobr.; [118], 14, 37, 10, 8, 8, 8, 12 p., [14] grav., [4] grav. desdobr., [5] map., [11] map. desdobr.; [12], 176 p., [36] grav., [1] grav. desdobr., [10] map., [5] map. desdobr., [4] f.; IV, [4], 166 p., [18] grav., [3] grav. desdobr., [3] map., [13] map. desdobr., [3] f.); 45 cm. – O tomo II «*Qui comprend l'Allemagne, la Prusse, la Hongrie, & la Boheme*». – Tomo III «*Qui comprend la Grande Bretagne, l'Irlande, la Suisse, la Savoye, la Lorraine & la Republique de Venise*». – Tomo IV «*Qui comprend le Dannemark, la Suede, la Pologne, la Moscovie, la Turquie, &c.*». – Tomo V «*Qui comprend l'Asie en géneral & en particulier...*». – Tomo VI «*Qui comprend l'Afrique & l'Amerique Septentrionale & Meridionale*». – Erros de paginação nos tomos IV e V

BPNM 1-32-2-11/16

78. C. ***

Suplément a L'Atlas Historique: contenant Diverses piéces de Chronologie, de Genealogie, d'Histoire, & d'autres Sciences qui avoient été omises dans les précédens Volumes... / Par Mr. C. ***; Avec des Dissertations sur chaque sujet par Mr. H. P. de Limiers. – A Amsterdam: Chez L'Honore & Châtelain Libraires, 1720. – IV, [4], 106 p., [5] grav., [26] grav. desdobr., [5] map. desdobr., [4] f., [3] f. desdobr.; 45 cm. – Esta obra é o VII volume da colecção «Atlas Historique», mas foi catalogado separadamente devido às diferenças existentes na folha de rosto uma vez que o título não é o mesmo nem o dissertador. – Erro de paginação

BPNM 1-32-2-17

79. CABREIRA, José de, ?-1638

Naufragio da Nao N. Senhora de Belem: feito na terra do Natal no cabo de Boa Esperança, & varios sucessos que teve o Capitao Joseph de Cabreyra, que nella passou à India no anno de 1633 fazendo o officio de Almirante daquella frota atè chegar a este Reyno / Escritos pelo mesmo Joseph Cabreyra . – Em Lisboa: Por Lourenço Craesbeeck Impressor d' ElRey , 1636. – 69, [1] p.; 22 cm. – Na mesma encadernação mais 5 obras

BPNM 2-55-3-32 (4º)

80. CALVETE DE ESTRELLA, Juan Cristobal, 15?-1593

El Felicissimo Viaie D' El Muy Alto y Muy Poderoso Principe Don Phelippe, Hijo d'el Emperador Don Carlos Quinto Maximo, desde España à sus tierras dela baxa Alemaña: con la descripcion de todos los Estados de Brabante y Flandes: escrito en quatro libros / por Iuan Christoual Caluete de Estrella. – En Anuers: en casa de Martin Nucio, 1552. – [7], 335, [19] f.; 28 cm. – Contém anotações manuscritas na folha de rosto

BPNM 1-35-7-25

81. CAMBDEN, Guillaume, 1551-1623

Britannia sive Florentissimorvm Regnorvm Angliae Scotiae, Hiberniae, et Insularum adiacentium ex intima antiquitate Chorographica descriptio... / Gvilielmo Camdeno Authore. – Londini: Impensis Georgii Bishop & Ioannis Norton, 1608. – [32], 860 p., [54] map.; 35 cm

BPNM 1-36-4-9

82. Cardenas Z Cano, Gabriel

Ensayo Cronologico para la Historia General de la Florida: contiene los Descubrimientos, y principales sucesos, acaecidos en este Gran reino, à los Españoles, Franceses, Suecos, Dinamarqueses, Ingleses, y otras naciones entre si, y con los indios... desde el año de 1512 que descubrio la Florida, Juan Ponce Leon, hasta el de 1722 / escrito por Don Gabriel de Cardenas z Cano. – En Madrid: En la Oficina Real, y à costa de Nicolas Rodriguez Franco, 1723. – [38], 366, [56] p., [1] f. desdobr.; 31 cm. – Na mesma encadernação a obra «La Florida del Inca...»

BPNM 1-35-11-2 (1º)

83. Cardim, Antonio Francisco, Padre Jesuíta, 1596-1659

Relaçam da Viagem do Galeam Sao Lovrenço e sua perdiçao nos bayxos de Moxincale em 3. de Setembro de 1649 / Escrita pelo Padre Antonio Francisco Cardim. – Em Lisboa: Por Domingos Lopes Roza, 1651. – 43 p.; 22 cm. – Na mesma encadernação mais 5 obras

BPNM 2-55-3-32 (6º)

84. Cardozo, Luiz, ?-1762

Diccionario Geografico, ou Noticia Historica de todas as Cidades, Villas, Lugares e Aldeas, Rios, Ribeiras, e Serras dos Reynos de Portugal, e Algarve, com todas as cousas raras, que nelle se encontrao, assim antigas, como modernas... / P. Luiz Cardozo. – Lisboa: Na Regia Officina Sylviana, e da Academia Real, 1747-1751. – 2 vol. ([40], 754; [34], 776 p.); 30 cm. – Existe outra colecção com a cota 1-32-7-3/4

BPNM 1-32-7-1/2

85. Careri, Gio. Francesco Gemilli, 1631-1724

Giro Del Mondo: Parte Prima Contenente le cose píu ragguardevoli vedute Nella Turchia / D. Gio. Francesco Gemelli Careri. – In Napoli: Nella Stamperia di Giuseppe Roselli, 1699. – [34], 450, [8] p., [1] grav. desdobr., [4] grav.: il.; 17 cm

BPNM 2-52-1-21

86. CARERI, Gio. Franscesco Gemelli, 1631-1724

Giro Del Mondo: Parte Seconda Contenente le cose píu ragguardevoli vedute Nella Persia / D. Gio. Francesco Gemelli Careri. – In Napoli: Nella stamperia di Giuseppe Roselli, 1699. – [22], 342, [8] p., [3] grav.: il.; 17 cm

BPNM 2-52-1-22

87. CARERI, Gio. Franscesco Gemelli, 1631-1724

Giro Del Mondo: Parte Terza Contenente le cose píu ragguardevoli devute Nell'Indostan / D. Gio. Franscesco Gemelli Careri. – In Napoli: Nella Stamperia di Giuseppe Roselli, 1700. – [6], 374, [10] p., [16] grav: il.; 17 cm. – Contém anotações manuscritas na folha de rosto e nas margens

BPNM 2-52-1-23

88. CARERI, Gio. Francesco Gemelli, 1631-1724

Giro Del Mondo: Parte Quarta Contenente le cose píu ragguardevoli vedute Nella Cina / D. Gio. Franscesco Gemelli Careri. – In Napoli: Nella Stamperia di Giuseppe Roselli , 1700. – [14], 525, [11] p., [3] grav. desdobr., [1] grav.: il.; 17 cm

BPNM 2-52-1-24

89. CARERI, Gio Franscesco Gemelli, 1631-1724

Giro Del Mondo: Parte Quinta Contenente le cose píu ragguardevoli vedute Nell'Isole Filippine / D. Gio. Francesco Gemelli Careri. – In Napoli: Nella Stamperia di Giuseppe Roselli, 1700. – [6], 354, [6] p., [2] grav.: il.; 17 cm

BPNM 2-52-1-25

90. CARERI, Gio. Francesco Gemelli, 1631-1724

Giro Del Mondo: Parte Sesta Contenente le cose píu ragguardevoli vedute Nella Nuova Spagna / D. Gio Franscesco Gemelli Careri. – In Napoli: Nella Stamperia di Giuseppe Roselli, 1700. – [12], 486, [10] p., [1] map. desdobr., [2] grav. desdobr., [10] grav.: il.; 17 cm

BPNM 2-52-1-26

91. CARLLEVARIIS, Luca

Le Fabriche, e Vedute di Venetia / Luca Carlevariis. – In Venetia: Appresso Gio: Battista Finazzi: a San Gio: Grisostomo, [1703]. – 102 p.: toda il.;

29 x 41 cm. – A data da publicação foi retirada da dedicatória da obra. – Erro de paginação

BPNM 2-52-13-6

92. CASTANHEDA, Fernão Lopes de, c. 1500-1559

Historia del descubrimiento y Conquista dela India por los Portugueses / compuesta por Hernan Lopez de Castañeda. – En Anvers: En casa de Martin Nucio, 1554. – 220, [6] f.; 15 cm. – Obra traduzida da língua portuguesa para língua castelhana. –Existe outro exemplar da obra com a cota 2-55-1-3

BPNM 2-55-1-5

93. CASTANHEDA, Fernão Lopez de, ? – 1559

Historia do Descobrimento e Conquista da India pelos Portuguezes / feita por Fernao Lopez de Castanheda: fielmente reimpressa por Francisco José dos Santos Marrócos. – Lisboa: Na Offic. de Simao Thaddeo Ferreira, 1797. – 2 vol. (XXV, [2], 216; XI, 252 p.); 18 cm

BPNM 2-55-1-25/26

94. CASTILLO, António de, Padre, ? –1699

El devoto peregrino, viage de tierra santa / compuesto por el P. F. Antonio de Castillo,predicador apostolico Padre de la Provinciade S. Iuan y Comissario General de Ierusalem. – En Madrid: en la imprenta Rl, 1654. – [22], 436, [4] p., [4] map. desdobr.: il.; 21 cm. – Erro de paginação

BPNM 2-52-6-5

95. CASTRO, João Baptista de, Padre, 1700-1755

Mappa de Portugal: Parte Primeira comprehende a situaçao, etymologica, e clima do Reino: memoria de algumas povoações que se extinguirao: descripçao circular: divisao antiga, e moderna: montes, rios, fontes, caldas, fertilidade mineraes, moedas, lingua, genio, e costumes Portuguezes / Pelo Padre Joao Bautista de Castro. – Lisboa: Na Offic. de Miguel Manescal da Costa, Impressor do Santo Officio, 1745. – [14], 334 p.; 16 cm. – O catalogador optou por catalogá-las separadamente

BPNM 2-55-2-26

96. CASTRO, Joao Baptista de, Padre, 1700-1755

Mappa de Portugal: Segunda Parte contém a origem, e situaçao dos primeiros povoadores da Lusitania: entrada, e dominio dos Fenice, Carthaginezes, Romanos, Godos e Mouros: erecçao da Monarquia Portugueza, e as principaes acçoes de seus augustos Monarcas, Rainhas, Principes, e Infantes; governo da Casa Real, e outras noticias politicas / Pelo Padre Joao Bautista de Castro. – Lisboa: Na Offic. de Miguel Manescal da Costa, Impessor do Santo Officio, 1746. – [6], 407, [1] p.; 16 cm. – O catalogador optou por catalogá-las separadamente

BPNM 2-55-2-27

97. CASTRO, João Baptista de, Padre, 1700-1755

Mappa de Portugal: Terceira Parte trata do estabelecimento, e progressos da Religiao em Portugal; das Ordens Militares, que nelle existem, e das que se extinguirao; de todas as Ordens Religiosas, e mais Congregraçoes, com a expressao dos Conventos, e Mosteiros, que tem cada huma, e annos das suas fundaçoes; Pontificies, e Cardeaes Portuguezes; Varoes insignes em santidade, e virtude; Reliquias notaveis; e Imagens milagrosas / Pelo Padre Joao Bautista de Castro. – Lisboa: Na Offic. de Miguel Manescal da Costa, Impressor do Santo Officio, 1747. – [14], 446 p.; 16 cm. – O catalogador optou por catalogá-las separadamente

BPNM 2-55-2-28

98. CASTRO, João Baptista de, Padre, 1700-1755

Mappa de Portugal: Quarta Parte mostra a origem das Letras, e Universidades neste Reino: os Escritores mais famosos, que tem havido nelle em todo o genero de literatura: o Militar, com os Presidios, e Forças de mar, e terra: os Varoes mais insignes em armas: e algumas victorias assinaladas, que os Portuguezes tem alcançado de varias naçoes / Pelo padre Joao Bautista de Castro. – Lisboa: Na Officina de Miguel Manescal da Costa, Impressor do Santo Officio, 1749. – [18], 349 p.; 16 cm. – O catalogador optou por catalogá-las separadamente

BPNM 2-55-2-29

99. CASTRO, João Baptista de, Padre, 1700-1755

Mappa de Portugal: Quinta Parte recopila em Taboas Topograficas as principaes Povoacoes da Provincia da Estremadura; e descreve as partes mais notaveis da Cidade de Lisboa antes, e depois do grande terremoto / Pelo Padre

João Bautista de Castro. – Lisboa: Na Officina Patriarcal de Francisco Luiz Ameno, 1758. – [14], 745, [14] p.; 16 cm. – O catalogador optou por catalogá-las separadamente

BPNM 2-55-2-30

100. Castro, João Baptista de, Padre, 1700-1755

Roteiro Terrestre de Portugal: em que se Ensinao por Jornadas, e summarios nao só os caminhos, e as distancias, que ha de Lisboa para as principaes terras das Provincias deste Reino, mas as derrotas por travessia de humas a outras povoaçoes delle / Pelo Padre Joao Bautista de Castro. – Lisboa: Na Officina de Miguel Manescal da Costa, Impressor do Santo Officio, 1748. – [22], 216 p.; 18 cm

BPNM 2-55-2-31

101. Castro, João Baptista de, Padre, 1700-1755

Roteiro Terrestre de Portugal: em que se Expoem, e Ensinam por jornadas e summarios nao só as viagens, e as distancias, que ha de lisboa para as principaes terras das Provincias deste Reyno, mas as derrotas por travessia de humas a outras povoaçoes delle / O P. Joao Bautista de Castro. – Augmentado nesta terceira ediçao pelo seu mesmo Autor. – Coimbra: Na Officina de Luiz Secco Ferreira, 1767. – [16], 186 p.; 14 cm. – Contém anotações manuscritas na folha de rosto

BPNM 2-55-1-4

102. Cellarius, Christophe, 1638-1707

Notitia Orbis Antiqvi sive Geographia Plenior Ab Ortu Rerumpublicarum ad Constantinorum tempora Orbis terrarum faciem declarans... / Christophorvs Cellarivs; Alteram hand editionem annotationibus varii generis partim e scriptis veterum partim e recentiorum obseruationibus illustrauit & auxit L. Io. Conradvs Schwartz. – Lipsiae: Apud Ioh. Friderici Gleditschii, B. Fil., 1731-1732. – 2 vol. (1088, [82] p., [1] grav., [20] map. desdobr.; 20, 970, [73] p., [16] map. desdobr.); 25 cm. – O 1º volume contém um retrato do autor. – Erro de paginação no 2º volume

BPNM 2-52-10-3/4

103. Chambre, Marin. Cureau de la, 1594-1669

Discours Sur Les Causes Du Desbordement Du Nil / De La Chambre. – A Paris: Chez Claude Barbin, 1646. – [28], 272 p.; 26 cm

BPNM 2-52-9-7

104. CHARDIN, 1643-1713

Voyages de Monsieur Le Chevalier Chardin, en Perse, et autres lieux de L'Orient... – A Amsterdam: Chez Jean Louis de Lorme, 1711. – 3 vol. ([6], 279 p., [7] grav., [9] grav. desdobr., [1] map. desdobr., [1] f.; 454 p., [8] grav., [7] grav. desdobr.: 254, [26] p., [42] grav. desdobr.); 26 cm. – Erro de paginação no 2º volume

BPNM 2-52-9-4/6

105. CHAVES, Baltazar Manuel de, 1707-?

Annal Indico Historico do Governo do Illustrissimo e Excellentissimo Senhor Marquez de Tavora...: terceira parte offerecida ao mesmo senhor / Pelo Doutor Balthazar Manoel de Chaves, physico mór do Estado da India. – Lisboa: Na Offic. dos Herd. de Antonio Pedrozo Galram, 1754. – [6], 96 p.; 21 cm. – Pertence à colecção Biblioteca Volante. – Existem mais dois exemplares encadernados juntos com a cota 2-55-3-24

BPNM 2-55-3-23 (9º)

106. CHESNE, Andre du, 1584-1640

Histoire Generale D' Angleterre, D' Escosse, et D' Irlande: contenant les choses memorables & remarquables auenuës aux Isles & Royaummes de la grande Bretagne, d'Irlande, de Man & autres adjacentes... / Le tout fidellement recueilly par Andre dv Chesne.... – A Paris: Chez Iean Petit-Bas, 1614. – [35], 1444 p.; 34 cm. – Erro de paginação

BPNM 1-36-4-8

107. CHEVREAU, Urbain, 1613-1701

Histoire du monde / par M. Chevreau. – Troisieme edition, revue, corrigée & augmentée de la suite de l'histoire des empereurs d'occident... / par M. L'Abbé de Vertot. – A Amsterdam: Chez David Mortier, 1717. – 8 vol. ([12], 564, [4]; 540; 695; 492; 538; 622; 458; [12], 520 p.); 18 cm

BPNM 2-62-5-1/8

108. CHIUSOLE, Antonio, 1679-1755

Il Mondo Antigo, Moderno, e Novissimo, Ovvero Trattato dell' Antiga, e Moderna Geografia: con tutte le Novità occorfe circa la Mutazione de' Dominj ftabiliti nelle Pagi di Utrecht, Bada, Passarowitz, Vienna ec / Da Antonio Chiusole. – Opera utile tanto a' Principianti, quanto a tutti i dilettanti dello

Studio Geografico, in questa terza edizione riveduta, corretta, rifirmata, accresciuta più di un terzo delle altre precedenti, e nuovamente data in luce. – In Venezia: Appresso Gio: Battista Recurti, 1739. – 3 vol. ([14], 408 p.; p. 411-816; p. 819-1365, [3] p.); 18 cm. – Erro de paginação

BPNM 2-52-4-8/10

109. CHRONICA DOS FEYTOS, VIDA, E MORTE DO INFANTE SANTO D. FERNANDO, QUE MORREO EM FEZ

Chronica dos Feytos, Vida, e morte do Infante Santo D. Fernando, que morreo em Fez; Revista e Reformada agora de novo pelo Padre Fr. Jeronymo de Ramos da Ordem dos Prégadores. – Terceyra impressao feyta à custa de Joao Rodrigues mercador de livros às portas de Santa Cathatina. – Lisboa Occidental: Na Officina de Miguel Rodrigues, 1730. – [18], 348 p.; 15 cm

BPNM 2-55-2-23

110. [CHRONICA, E VIDA DELREY DOM AFFONSO O V DE PORTVGAL DESTE NOME, E DOS REYS O DVODECIMO]

[*Chronica, e Vida DelRey Dom Affonso o V de Portvgal deste nome, e dos Reys o Dvodecimo*]. – [S.l.: s.n., s.d.]. – 250, [4] p.; 29 cm. – Título atribuído pelo catalogador com base na 1ª folha da obra uma vez que esta não tem folha rosto

BPNM 1-33-7-15

111. LOS CINCO LIBROS PRIMEROS DELA CORONICA GENERAL DE ESPAÑA

Los cinco Libros Primeros Dela Coronica general de España; que recopilaua el maestro Floria de Ocapo.... – En Alcala: En casa de Iuan Iñiguez de Lequerica, 1578 . – 222, [8] f.; 32 cm. – Erro de paginação

BPNM 1-35-4-2

112. Clavius, Cristoph, 1538-1612

Christophori Clauii Bambergensis, ex Societate Iesu In Sphaeram Joannis De Sacro Bosco Comentarius Nunc tertio ab ipso auctore recognitus, e plerisque in locis locupletatus / Christopphori Clavii Bambergensis. – Romae: Ex Officina Dominici Basae, 1585. – [30], 483 p.: il.; 21 cm. – Anotações manuscritas nas margens

BPNM 2-52-7-7

113. CLUVIER, Philippe, 1580-1623

Philippi Cluveri introductionis in universam geographiam, tam veterem quam novam libri VI cum integris Johannis Bunonis, Joh.Frid.Hekelii & Joh.Reiskii & selectis Londinensibus notis.Textum ad optimas Editiones recognovit; Pauca Cluverii, multa interpretum sphalmata obelo notavit; Bunoniania tabulis geographicis passim emendatis novas accuratiores addidit; Praefationemque de Cluverii fatis & scriptis historico-criticam; cum praecognitis geographicis praefixit. – Augustinus Bruzen la Martiniere, sapientissimi hispaniarum indiarumque Regis Philippi V geographus Editio omnivm locvpletissima. – Amstelaedami: Apud Petrum de Coup, 1729. – [40], 688, [60] p., [3] grav., [48] map. desdobr.; 24 cm. – Existem dois exemplares desta obra mas com encadernações diferentes. – Erro de paginação. – Na folha de rosto encontra-se uma anotação manuscrita:"Prohib° D°.4 Março 1709"

BPNM 2-52-7-22/23

114. COLLECÇAO DE LIVROS INEDITOS DE HISTORIA PORTUGUEZA, DOS REINADOS DE D. JOAO I, D. DUARTE E D. JOAO II

Collecçao de Livros Ineditos de Historia Portugueza, dos Reinados de D. Joao I, D. Duarte e D. Joao II; Publicados de Ordem da Academia Real das Sciencias de Lisboa por José Corrêa da Serra. – Lisboa: Na Officina da mesma Academia, 1790-1793. – 3 vol. (XI, 626, [2] p.; 635, [3] p.: 615, [4] p., [2] grav.); 31 cm. – Erros de paginação nos volumes 1 e 2

BPNM 1-33-6-10/12

115. COLLECÇAO DE LIVROS INEDITOS DE HISTORIA PORTUGUEZA

Collecçao de Livros Ineditos de Historia Portugueza; Publicados de Ordem da Academia Real das Sciencias de Lisboa pela Commissao de História da mesma Academia. – Lisboa: Na Officina da mesma Academia, 1824. – 621 p.; 30 cm

BPNM 1-33-6-14

116. COLLECÇAO DE LIVROS INEDITOS DE HISTORIA PORTUGUEZA, DOS REINADOS DE D. DINIS, D. AFFONSO IV E D. FERNANDO

Collecçao de Livros Ineditos de Historia Portugueza, dos Reinados de D. Dinis, D. Affonso IV e D. Fernando; Publicados de Ordem da Academia Real das Sciencias de Lisboa pela Commissao de História da mesma Academia. – Lisboa: Na Officina da mesma Academia, 1816. – 7 p., p. VII-XXXVII, 641, [4] p.; 30 cm

BPNM 1-33-6-13

117. COMMINGS, J. A.

Elementos ou primeiras liçoes de Geographia e Astronomia / de J. A. Commings: Traduzido do inglez, reformado, e consideravelmente augmentado para uso dos meninos portuguezes, servindo como d'introducçao aos estudos geographicos e astronomicos por J. J. D'A.. – Lisboa: Na Impressao de Eugenio Augusto, 1828. – 116 p., [9] map.; 21 cm. – Na mesma encadernação a obra "*Compendio de Chronologia Mathematica e Historica...*"

BPNM 2-53-3-2 (1º)

118. CONCEIÇÃO, Nuno da, Padre Franciscano, 1590-1635

Relaçam da Viagem, e Sucesso que teve a Nao Capitania Nossa Senhora do Bom Despacho: de que era Capitao Francisco de Mello, vindo da India no anno de 1630 / Escrita pelo Padre Fr. Nuno da Conceiçam. – Lisboa: Na Officina de Pedro Crasbeeck, 1631. – [6], 47 p.; 22 cm. – Na mesma encadernação mais 5 obras

BPNM 2-55-3-32 (3º)

119. COOK, Jacques, 1728-1779

Troisiéme Voyage De Cook, ou Voyage a L' Ocean Pacifique, ordonné par le Roi D' Angleterre: pour fair des Découvertes dans l' Hémisphere Nord, pour déterminé la position & l' entendue de la Côté Ouest de l' Amérique Septentrionale, sa distance de l' Asie, & résoudre la question du passage au Nord / Les Deux premiers Volumes de l' original ont composés par le Capitaine Jacques Cook, & le troisiéme par le Capitaine Jacques King. – A Paris: Hôtel de Thou, 1785. – 4 vol. ([138], 437, [3] p., [4] grav., [10] grav. desdobr., [5] map. desdobr., [1] planta; 422 p., [3] grav., [8] grav. desdobr., [2] map., [1] map. desdobr.; 488 p., [6] grav., [20] grav. desdobr., [3] map. desdobr., [1] planta, [2] plantas desdobr.; 552 p., [7] grav., [9] grav. desdobr., [3] map. desdobr., [1] planta desdobr., [1] f. desdobr.); 27 cm. – Obra traduzida do inglês para o francês

BPNM 2-52-11-17/19 e 2-52-12-1

120. COOK, Jacques, 1728-1779

Voyage Dans L' Hémisphère Austral, et Autour du Monde: fait sur les Vaisseaux de Roi, L' Aventure, & la Résolution, en 1772, 1773, 1774 & 1775 / Jacques Cook: M. Hodges. – A Paris: Hôtel de Thou, 1778. – 4 vol. ([48], 460 p., [5] grav., [7] grav. desdobr., [1] map., [2] map. desdobr.; [4], 432 p., [8] grav., [8] grav. desdobr., [2] map., [1] map. desdobr.; [4], 374 p., [7] grav., [9] grav. desdobr., [1] map., [3] map. desdobr.; [4], 413, [3] p., [1] grav., [3] grav. desdobr.,

[1] map., [2] map. desdobr., [1] f. desdobr.); 27 cm. – Obra traduzida do inglês para o francês

BPNM 2-52-11-12/15

121. COREAL, François

Voyages de François Coreal aux Indes Occidentales: contenant ce qu'il y a vû de plus remarquable pendant son séjour depuis 1666 jusqu'en 1697 avec une relation de la Guiane de Walter Raleigh & le voyage de Narborough à la mer du sud par Detroit de Magellaqn. – A Amsterdam: Chez J. Frederic Bernard, 1722. – 3 vol. (332 p., [5] map. desdobr., [3] grav. desdobr., [2] map., [1] grav.; 302, [2] p., [2] map. desdobr., [1] grav. desdobr., [1] grav.; 278, [2] p., [3] map. desdobr.); 17 cm

BPNM 2-52-2-13/15

122. CORONELLI, Padre

Globi Celeste e Terraquco / P. Coronelli. – In Venetia: [s.n.], 1693. – [50] f.: toda il.; 33 cm. – Contém gravura do autor

BPNM 1-32-11-15

123. CORONELLI, Marc-Vincent, ? –1718

Memoires Historiques & Geographiques du Royaume de la Moree, Negrepont, & des Places Maritimes jusques à Thessalonique... / Par P. M. Coronelli. – A Amsterdam: Chez Wolfgang, Waesberge, Boom, & van Somerem, 1686. – [8], 232, [8] p., [6] map., [35] grav.; 15 cm.

BPNM 2-52-2-6

124. COSTA, António Carvalho da, Padre, 1650-1715

Compendio Geographico Distribuido Em Tres Tratados, O Primeiro, da projecçam das Espheras em plano, construcçam dos Mappas universais, & particulares, & fabrica das Cartas Hydrographicas: o segundo da Hydrographia dos Mares: o terceiro da descripçam Geographica das terras, com varias proposiçoens pertencentes a esta materia / Composto por P. António Carvalho da Costa. – Lisboa: Na Officina de Joao Galrao , 1686. – [12], 150 p., [1] f. desdobr.: il.; 21 cm. – Erro de paginação

BPNM 2-52-7-6

125. Costa, António Carvalho da, Padre, 1650-1715

Corografia Portugueza e Descripçam Topografica do famoso reyno de Portugal, com as noticias das fundaçoes das Cidades, Villas, & Lugares, que contém... / Author O P. Antonio Carvalho da Costa. – Lisboa: Na officina de valentim da Costa Deslandes, Impressor de Sua Magestade, & à sua custa impresso: Na Officina Real Deslandesiana, 1706-1712. – 3 vol. ([13], 534; [4], 642; [13], 671 p.); 30 cm. – Erro de paginação no 2º volume

BPNM 1-33-9-7/9

126. Couto, Diogo do, 1542-1616

Cinco livros da decada doze da Historia da India / por Diogo do Covto Chronista & Guarda Mór da Torre do Tombo do Estado da India. – Em Pariz: Tirados a luz pello Capitao M. el Frz de Villa Real..., 1645. – 248, [6] p.; 32 cm

BPNM 1-33-11-4

127. Couto, Diogo do, 1542-1616

Decadas da Asia: que tratam dos Mares, que descobriram Armadas, que desbaratarao, Exercitos, que vencerao, e das acçoens heroicas, e façanhas bellicas, que obrarao os Portuguezes nas Conquistas do Oriente... / Escritas por Diogo do Couto, Cronista, e Guarda Mór da Torre do Tombo do Estado da India . – Lisboa Occidental: Na Officina de Domingos Gonsalves, Impresor dos Monges Desclaços desta Corte, 1736. – 3 vol. ([30], 605: [11] p., p. 607-931, 75; [14], 625 p.); 32 cm. – Nesta última impressão accrescentadas com Indices muy copiosos

BPNM 1-33-11-1/3

128. Couto, Diogo do, 1542-1616

Observaçoes sobre as principaes causas da decadencia dos Portuguezes na Asia escritas por Diogo do Couto, em forma de dialogo com o titulo de Soldado Pratico; publicadas de ordem da Academia Real das Sciencias de Lisboa por Antonio Caetano do Amaral. – Lisboa: Na Offic. da Acad. Real das Sciencias, 1790. – XIV, [2], 161, 110 p.; 21 cm

BPNM 2-55-3-21

129. Coutinho, José Joaquim da Cunha de Azeredo, 1742-1821

Ensaio economico sobre o comercio de Portugal e suas colónias oferecido ao Serenissimo Principe do Brazil Nosso Senhor e publicado de ordem da Academia Real das Sciencias / pelo seu socio Joze Joaquim da Cunha de Azeredo

Coutinho. – Lisboa: Na oficina da mesma Academia, 1794. – III, 153, [4] p.; 21 cm. – Existe outro exemplar desta obra mas é uma 3ª edição com data de 1828 e tem a cota BPNM 2-54-8-10

BPNM 2-55-3-20

130. CROIX, A. Pherothée de la

Nouvele Metode pour aprendre la Geographie Universele... / par le Sieur De La Croix. – Troisiéme Edition.... – A Lyon: Chez Leonard Plaignard, 1717. – 5 vol. ([16], 401 p., [1] grav., [5] grav desdobr., [3] map. desdobr.; 421, [10] p., [2] grav., [15] map. desdobr.; 489, [6] p., [5] grav., [6] map. desdobr.; 436 p., [7] grav., [7] map. desdobr.; 522, [10] p., [32] grav., [6] map. desdobr.): il.; 17 cm. – Erros de paginação em todos os volumes com excepção do último

BPNM 2-52-1-16/20

131. CROIX, Nicolle de la, 1716-1760

Géographie moderne, précedée d'un petit traité de la sphére & du Globe: ornée de traits d'histoire naturelle & politique, & terminée par une Géographie Sacrée, & une Geographie Ecclésiastique, où l'on trouve tous les Archevêqués & Evêchés de l'Eglise Catholique, & les principaux des Eglises Schismatiques: avec une table des longitudes & latitudes des principalles villes du Monde...: tome second / par M. l'Abbé Nicolle de la Croix. – Nouvelle édition, revue, corrigée, & considérablement augmentée. – A Paris: Chez Hérissant Fils, libraire, 1777. – XIJ, 599 p.; 18 cm. – Só existe este volume. – Contém anotações manuscritas em algumas páginas

BPNM 2-52-7-24

132. CRONICAS DELREY DO IOAM DE GLORIOSA MEMORIA O I

Cronicas DelRey Do Ioam de Gloriosa Memoria o I: deste nome, e dos Reys de Portvgal o X e as dos Reys D. Dvarte, e D. Affonso o V. – Em Lisboa: Por Antonio Aluarez, Impressor DelRey N. Senhor, 1643. – [6], 406, 61, 250, [4] p.; 29 cm. – Na mesma encadernação a obra "Avtos do Levantamento..."

BPNM 1-33-7-10 (1º)

133. CUBERO SEBASTIAN, Pedro, 1645- ?

Descripcion general del mundo y notables sucessos que han sucedido en el con la armonia de sus tiempos, ritos, ceremonias, costumbres, y trages de sus naciones, y varones ilustres que en èl ha avido / escrito por el dotor Don Pedro

Cubero Sebastián. – En Valencia: Por Vicente Cabrera, impressor, y librero de la ciudad en la Placa de la Seo, 1697. – [14], 342 p.; 20 cm

BPNM 2-52-4-14

134. CURITA, Geronimo

Anales de la Corona de Aragon... / compvestos por Geronymo Gvrita. – En Caragoça: en el Colegio de S. Vicente Ferrer, por Lorenço de Robles. A costa de los Administradores del General, 1610. – [11], 454 f.; 30 cm. – Esta colecção é composta por 7 volumes. – O catalogador optou por catalogá-las separadamente . – Erro de paginação

BPNM 1-35-4-18

135. CURITA, Geronimo

Los cinco libros postreros de la primera parte de los Anales de la Corona de Aragon / compuestos por Geronymo Curita.... – En Caragoça: en el Colegio de San Vicente Ferrer, por Iuan de Lanaja, y Quartanet. A costa de los Administradores del General, 1610. – 3 vol. ([7], 458; [11], 326; [7], 371 f.); 30 cm. – Erros de paginação

BPNM 1-35-4-19 e 1-35-5-1/2

136. CURITA, Geronimo

Historia del Rey Don Hernando el Catholico de las Empresas, y Ligas de Italia / compuesta por Geronymo Cvrita. – En Caragoça: en el Colegio de S. Vicente Ferrer, por Lorenço de Robles. A costa de los Administradores del General, 1610. – 2 vol. ([6], 351; [6], 407 f.); 30 cm. – Erros de paginação. – Na mesma encadernação do tomo 2 a obra *"Apologia de Ambrosio de Morales..."*

BPNM 1-35-5-3/4

D

137. DAN, Pierre, Padre, ?-1649

Histoire de Barbarie et de ses Corsaires des Royavmes, et des villes D'Alger, de Tvnis; de Sal', & de Tripoly... / Par le R. P. Fr. Pierre Dan.... – Seconde edition reueuë & \augmentée de plusieurs Pieces, par le mesme Auteur

. – A Paris: Chez Pierre Rocolet, Imprimeur & Libraire ordinaire du Roy, 1649. – [32], 489, [27] p.; 35 cm. – Erro de paginação

BPNM 1-36-8-4

138. DANIEL, Gabriel, Padre

Viage de el Mundo de Des-Cartes / P. Gabriel Daniel. – Segunda Edicion . – En Madrid: En la Imprenta del Reyno, [s.d.]. – [2], 432 p.; 21 cm. – Obra traducida do francês para o espanhol

BPNM 2-52-4-20

139. DAPPER, Olfert, ? –1690

Asia of Naukeurige Beschryving van Het Rijk des Grooten Mogols En een groot gedeelte van Indien...: Beneffens een volkone Beschryving van geheel Persie, georgie, Mengrelie en andere Gebuur-gewesten... / Beschreven door Dr. Olfert Dapper. – t'Amsterdam: By Jakob van Meurs Boek-verkooper en Plaetsnyder, op de Keizers-graft, schuin over de Wester-kerk, in de stadt Meurs, 1672. – 379, [3], 184, 43, [9] p., [4] map., [28] grav.: il.; 33 cm. – Esta obra está dividida em 3 partes que constam da primeira folha de rosto. – Apresentam paginações diferenciadas. – Erro de paginação

BPNM 1-32-11-5

140. DAPPER, Olfert, ?-1690

Beschryving Des Keizerryks van Taising of Sina... / Door Dr. O. Dapper. – t' Amsterdam: By Jacob van Meurs, 1670. – [7] grav., 163 p.: il.; 33 cm. – Na mesma encadernação a obra "*Gedenkwaerdig Bedryf Der Nederlandsche Oost-Indische Maetschappye, op de Kuste en in het Keizerrijk van taising of Sina...*" . – Erro de paginação

BPNM 1-32-11-10 (2º)

141. DAPPER, Olfert, ?-1690

Gedenkwaerdig Bedryf Der Nerderlandsche Oost-Indische Maetschappye, op de Kuste en in het Keizerrijk van Taising of Sina Behelzende Het Tweede Gezandschap aen den Onder-koning Singlamong en Veldheer Taising Lipoui Door Jan van Kampen en Konstantyn Nobel... / Beschreven door Dr. O. Dapper . – t' Amsterdam: By Jacob Van Meurs, 1670. – [4] p., [25] grav., [1] map., [5] grav. desdobr., 504, [6] p.: il.; 33 cm. – Na mesma encadernação a obra "*Beschryving des Keizerryks van taising of Sina...*". – Erro de paginação

BPNM 1-32-11-10 (1º)

142. DAPPER, Olfert, ? –1690

Naukeurige Beschrijvinge der Afrikaensche Eylanden: als Madagaskar, of Sant Laurens, Sant Thomee, d'eilanden van Kanarien, Kaep verd, Malta en andere / door Dr. O. Dapper: vertoont in de Benamingen, Gelegentheit, Steden, Revieren, Gewassen, Dieren, Zeden, Drachten, Talen, Rijkdommen, Godsdiensten en Heerschappyen.... – t'Amsterdam: By Jacob van Meurs, op de Keysers-gracht, in de Stadt Meurs, 1676. – 121, [7] p., [3] map., [6] grav.: il.; 33 cm. – Erro de paginação. – Na mesma encadernação a obra "Naukeurige Beschrijvinge der Afrikaensche Gewesten van Egypten, Barbaryen, Lybien, Biledulgerid..."

BPNM 1-32-11-6 (2º)

143. DAPPER, Olfert, ? –1690

Naukeurige beschrijvinge der afrikaensche gewesten van egypten, barbaryen, lybien, biledulgerid, megroslant, guinea, ethiopien, abyssinie: vertoont in de beramingen, grenspalen, revierem, steden, gewassen, dieren, zeeden, drachten, talen, rijkdommen, godsdiensten en heerschappyen. Met lantkaerten en talen, rijkdommen, godsdienstenafbeeldingen van steden, drachten & c... / door Dr. O. Dapper. – Amsterdam: by Jacob van Meurs, op de Keysers-Gracht, in de stadt meurs, 1676. – [4], 428, 349 p., [2] map. desdobr., [31] map.: il.; 33 cm. – Na mesma encadernação a obra "Naukenrige beschrijvinge der Afrikaendesche ey landen als Magaskar, of Sant Laurens, Sant Thome, dei Landen van Kanarien, Kaep Verd, Malta"

BPNM 1-32-11-6 (1º)

144. DAPPER, Olfert, ? –1690

Naukerige Beschryving der Eilanden in de Archipel der Middelantsche Zee en ontrent dezelve, gelegen: Waer onder de voornaemste Cyprus, Rhodus, Kandien, Samos, Scio, Negroponte, Lemnos, Paros, Delos, Patmos, en andere, in groten getale... / Door Dr. O. Dapper. – t'Amsterdam: Voor Wolfgangh, Waesbergen, Boom, Someren en Goethals, 1688. – [12], 92, 320, 40, [8] p., [1] map. desdobr., [5] map., [22] grav.: il.; 33 cm. – Erro de paginação

BPNM 1-32-11-8

145. DAPPER, Olfert, ? –1690

Naukerige Beschryving van Asie Behelsende De Gewesten van Mesopotamie, Babylonie, Assyrie, Anatolie of Klein Asie: Beneffens Eene volkome Beschrijving van gantsch Gelukkigh, Woest, en Petreesch of Steenigh

Arabie... / Door Dr. Olfert Dapper. – t'Amsterdam: Bay Jacob van Meurs, 1680. – [12], 357, [3], 324, [8] p., [2] grav. desdobr., [3] map., [9] grav.: il.; 33 cm

BPNM 1-32-11-11

146. Dapper, Olfert, ? –1690

Naukeurige Beschryving van gantsch Syrie, en palestyn of Heilige Lant: Behelsende de Gewesten van Fenicie, Celesyrie, Kommagene, Pierie, Cyrestika, Seleucis, Ka[b]iotis, Chalibonitis, Chalcis, Abilene, Apamene, laodicis, palmyrene, & c... / Door Dr. O. Dapper. – t'Amsterdam: By Jacob van Meurs, Boekverkoper, 1677. – [12], [10], 581, [11] p., [5] map., [30] grav., [4] map. desdobr., [1] grav. desdobr.: il.; 33 cm

BPNM 1-32-11-7

147. Dapper, Olfert, ? –1690

Naukerige Beschryving van Morea, eertijts Peloponneseus en de Eilanden, gelegen onder de kusten van Morea, en binnen en buiten de Golf van Venetien: Waer onder de voornaemste Korfu, Cefalonia, sant Maura, Zanten, en andere in grooten getale. Behelzende derzelver Lantschappen, steden, rivieren, poelen, bergen, gewassen, dieren, & c... / Door Dr. O. Dapper. – t'Amsterdam: Voor Wolfgangh, Waesbergen, Boom, Someren en Goethals, 1688. – [12], 40, 168, [12], 164, [12] p., [2] map. desdobr., [3] map., [1] grav. desdobr., [10] grav.: il.; 33 cm. – Erro de paginação

BPNM 1-32-11-9

148. D'Avity, Pierre, 1573-1635

Description generale de l'Afrique, seconde partie dv monde avec tovs ses empires, royames estats, et repvbliqves... / faicte par Pierre D'Avity seigneur de Montmartin, Gentilhomme ordinaire de la chambre du Roy. – A Paris: Chez Clavde Sonnivs, & Denys Bechet, 1643. – [6], 621, [14] p. , [1] map. desdobr.; 36 cm. – Na mesma encadernação a obra «Description generale de l'Ameriqve troisiesme partie dv monde...»

BPNM 1-32-6-17 (1º)

149. D'Avity, Pierre, 1573-1635

Description generale de l'Amerique, troisieme partie dv monde avec tovs ses empires, royames estats, et repvbliqves... / faicte par Pierre D'Avity seigneur de Montmartin, Gentilhomme ordinaire de la chambre du Roy. – A Paris: Chez

Clavde Sonnivs, & Denys Bechet, 1643. – [1] map. desdobr., [2], 189, [6] p.; 36 cm. – Erro de paginação. – Na mesma encadernação a obra «*Description generale de l'Afriqve seconde partie dv monde...*»

BPNM 1-32-6-17 (2º)

150. D'AVITY, Pierre, 1573-1635

Description generale de l'Asie, premiere partie dv monde avec tovs ses empires, royames estats, et repvbliqves... / faicte par Pierre D'Avity seigneur de Montmartin, Gentilhomme ordinaire de la chambre du Roy. – A Paris: Chez Clavde Sonnivs, & Denys Bechet, 1643. – [6], 872, [20] p., [1] map. desdobr.; 36 cm

BPNM 1-32-6-16

151. D'AVITY, Pierre, 1573-1635

Description generale de l'Evrope, quatriesme partie dv monde avec tovs ses empires, royames estats, et repvbliqves... / faicte par Pierre D'Avity seigneur de Montmartin, Gentilhomme ordinaire de la chambre du Roy. – A Paris: Chez Clavde Sonnivs, & Denys Bechet, 1643. – 3 vol. ([6], 895, [22] p., [3] map. desdobr.; [10] p., [1] map. desdobr., 460, [40] p.; [6] p., [1] map. desdobr., 1051, [47] p.); 36 cm

BPNM 1-32-6-13/15

152. D'AVITY, Pierre, 1573-1635

Le monde ou la description general de ses qvatre parties auec tous ses empires, royaumes, etats et repvbliqves... / composé par Pierre D'Avity Seigneur de Montmartin, Gentilhomme ordinaire de la chambre du Roy. – Seconde edition, reueuë, corrigée & augmentée au tome de la France, par F. Manchin natif d'vsez en Languedoc, Aduocat à Montpellier. – A Paris: Chez Clavde Sonnivs, & Denys Bechet, 1643. – [26], 358 p., [1] map. desdobr.; 36 cm. – Erro de paginação

BPNM 1-32-6-12

153. DE LA ISLAS DE SALOMON

De la islas de Salomon. – [S.l.: s.n., s.d.]. – p. 5-48; 37 cm. – Esta obra é constituída por 2 volumes divididos em quatro partes cada uma delas constituída por várias peças nem todas completas. O rosto comum aos 2 volumes é «*Relations de divers voyages curieux qui n'ont point este publie'es Et qu'on a traduit ou tiré des Originaux des Voyageurs François, Espagnols, Allemands, Portugais, Anglois données au public par les soins de feu M. Melchisedec Thevenot»*

BPNM 1-32-12-6 (24º)

154. DE NIEUVE EN ONBEKENDE WEERELD: OF BESCHRYVING VAN AMERICA EN ,T ZUIDLAND, VERVAETENDE D`OORSPRONG DER AMERICAENEN EN ZUIDERLANDERS, GEDENKWAERDIGE TOGTEN DERWAERS, GELEGENHEID DER VASTE KUSTEN, EILANDEN, STEDEN, STERKTEN, DORPEN, TEMPELS,...

De nieuve en onbekende weereld: of beschryving van america en ,t zuidland, vervaetende d`oorsprong der americaenen en zuiderlanders, gedenkwaerdige togten derwaers, gelegenheid der vaste kusten, eilanden, steden, sterkten, dorpen, tempels... / door Arnoldus Montanus. – Amsterdam: By Jacob Meurs Boek-Verkooper en Plaet-Snyder, op. de Kaisars-graft, schuim over de westermarkt, inde stad meurs , 1671. – [6], 585, [27], [33] p., [35] grav., [1] grav. desdobr., [16] map., [2] map. desdobr.: il.; 33 cm

BPNM 1-32-11-4

155. Déchaux, Ignace de Jesus Carme, Missionario e Vigário da Casa de Santa Maria dos Remédios

Relation des chrestiens de S. Iean / faite par le pere Ignace de Iesus Carme Déchaux, Missionaire & Vicaire de la Maison de Sainte Marie des Remedes à Bassora. – [S.l.: s.n., s.d.]. – 18 p.; 37 cm. – Esta obra é constituída por 2 volumes divididos em quatro partes cada uma delas constituída por várias peças nem todas completas. O rosto comum aos 2 volumes é «*Relations de divers voyages curieux qui n'ont point este publie'es Et qu'on a traduit ou tiré des Originaux des Voyageurs François, Espagnols, Allemands, Portugais, Anglois données au public par les soins de feu M. Melchisedec Thevenot»*

BPNM 1-32-12-6 (22º)

156. DECOUVERTE DE QUELQUES PAYS QUI SONT ENTRE L' EMPIRE DES ABYSSINS & LA COSTE DE MELINDE

Decouverte de quelques pays qui sont entre l' empire des Abyssins & la coste de Melinde. – [S.l.: s.n., s.d.]. – 8 p.; 37 cm. – Esta obra é constituída por 2 volumes divididos em quatro partes cada uma delas constituída por várias peças nem todas completas. O rosto comum aos 2 volumes é «*Relations de divers voyages curieux qui n'ont point este publie'es Et qu'on a traduit ou tiré des*

Originaux des Voyageurs François, Espagnols, Allemands, Portugais, Anglois données au public par les soins de feu M. Melchisedec Thevenot»

BPNM 1-32-12-6 (13º)

157. DELFINATO, Nicolo de Nicolai del

Le navigationi et viaggi nella Turchia / di Nicolo de Nicolai del Delfinato: novamente tradotto di francese in volgare da Francesco Flori da Lilla, arithmetico. – In Anversa: Apresso Guiglielmo Silvio Stampatore Regio, 1627. – [12], 325, [36] p.: il.; 20 cm

BPNM 2-52-6-9

158. DESCRIPÇAO DA FAMOZA ILHA DE MALTA

Descripçao da famoza Ilha de Malta: sua situaçao, extensao, fortificaçoens, e habitaçao pelos Cavaleiros de S. Joao de Jerusalem. O como elles ahi forao habitar, e adonde estiverao primeiro antes que nella fossem sua rezidencia.... – Lisboa: Na Officina de Ignacio Nogueira Xisto, 1761. – 8 p.; 21 cm. – Na mesma encadernação mais 54 obras. – Pertence à colecção Biblioteca Volante

BPNM 2-55-8-7 (21º)

159. DESCRIPTION ABREGÉE, GÉOGRAPHIQUE ET HISTORIQUE DU BRAVANT HOLANDOIS ET DE LA FLANDRE HOLLANDOISE

Description Abregée, Géographique et Historique du Bravant Holandois et de la Flandre Hollandoise: contenant un détail précis de la distribution de ces Pays, de leur Situation, Climat, Gouvernement, Forces, nombre & moeurs des habitans, &c. – A Paris: Chez Claude Jean-Baptiste Bauche: Chez Laurent D' Houry, 1748. – [10], 314, [6], 8 p., [7] plantas desdobr.; 17 cm

BPNM 2-52-3-23

160. DESCRIPTION DE LA VILLE DE LISBONNE

Description de la Ville de Lisbonne: oú l'on traite de la Cour de Portugal, de la Langue Portugaise, & des Moeurs des Habitans; du Gouvernemet, des Revenus du Roi, & de ses Forces par Mer & par Terre; des Colonies Portugaises, & du Commerce de cette Capitale. – A Paris: Chez Pierre Prault, 1730. – [30], 268 p.; 18 cm. – A folha de rosto e a de guarda têm sinais de vandalização

BPNM 2-55-1-23

161. DESCRIPTION EXACTE DES ISLES DE L'ARCHIPEL, ET DE QUELQUES AUTRES ADJACENTES

Description exacte des Isles de L'Archipel, et de quelques autres adjacentes: dont les principales sont Chypre, Rhodes, Candie, Samos, Chio, Negrepont, Lemnos, Paros, Delos, Patmos, avec une grand nombre d'autres...: traduite du Flamand D' O. Dapper. – A Amsterdam: Chez George Gallet, 1703. – [2], 556, [3] p., [16] map., [14] grav., [1] planta: il.; 37 cm. – Erro de paginação

BPNM 1-32-1-13

162. DICAEARCHI GEOGRAPHICA QUAEDAM SIVE DE VITA GRAECIAE

Dicaearchi Geographica quaedam sive de vita graeciae: eiusdem descriptio Graeciae, versibus iambicis ad theophrastum cum lat. interpretatione atque annot. Henr. Stephani & eius dialogo qui inscriptus est Dicaearchi Sympractor . – [Genebra?]: Excudebat Henr. Stephanvs, 1589. – [10], 128, [8], 120 p.; 17 cm . – Edição bilingue em latim e grego. – O local de impressão foi atribuído baseado numa anotação manuscrita existente na folha de rosto. – Erro de paginação

BPNM 2-52-1-13

163. Dionisio de Alexandria, Santo, fl. 260

Dionysii Alex et Pomp. melae Situs orbis descriptio. Aethici Cosmographia C. I. Solini Polyistor: in Dionysii poematium commentarij Evstathii interpretatio eusdem poematij ad verbum, ab [?] scripta necnon annotationes eius in idem, & quorundam aliorum. In Melam annotationes Ioannis Oliuarii in Aethicvm Scholia Iosiae Simleri in Solinvm Emendationes Martini Antonii Delrio. – [S.l.]: Excudebat [?], 1577. – [4], 158, [22], 47, 152 p.; 26 cm. – Há uma frase no título que não se consegue ler porque está riscada. – Edição bilingue em latim e grego. – O nome do impressor encontra-se riscado. – Erro de paginação. – Existem algumas partes riscadas em toda a obra

BPNM 2-52-10-6

164. D'Oliveira

Memoires historiques, politiques et litteraires, concernant le portugal et tous ses dependances: avec la bibliotheque des ecrivains et des historiens de ces etats / Par Mr. le Chevalier D'Oliveyra, Gentil-Homme Portugais. – A la Haie: Ches Adrien Moetjens, 1743. – 2 vol. ([30], 384 p.; [12], 384 p.); 16 cm. – Existe outro exemplar com a cota 2-55-1-15/16

BPNM 2-55-1-11/12

E

165. ECHARD, Laurent, 1670-1730

Diccionario Geographico: o Descripcion de Todos los Reynos, Provincias, Islas, Patriarchados, Obispados, Ducados, Condados, Marquesados, Ciudades Imperiales, y Anseaticas, Puertos, Fortalezas, Ciudadelas, y otros lvgares considerables de las qvatro partes del Mvndo, con la noticia de los Reynos, Provincias, y Territorios en que se hallan... / escrita primeiramente en el idioma Inglès por Lorenzo Echard: Traducida al Francès de la XIII Ediccion de Londres por Mr. Vosgien:...y ahora nuevamente al Castellano de la ultima impression de Paris, con varias correcciones, y adicciones...por D. Juan de La-Serna. – En Madrid: En la Imprenta de la Viuda de Peralta, [1750]. – 2 vol. ([16], 425; 423 p.); 21 cm. – A data foi retirada do colofão do 2º volume

BPNM 2-52-5-9/10

166. ECHARD, Laurent, 1670-1730

Dictionnaire géographique-portatif: ou description des royaummes, provinces, villes, patriarchats, évéches, duchés, comtés, marquisats, villes imperiales et anseatiques, ports, forteresses, citadelles et autres lieux considerables parties du Monde... / Traduit de l'anglois sur la treiziéme édition de Laurent Echard: Avec des additions & des corrections considérables par Monsieur Vosgien. – Nouvelle Edition, revue, augmentée, & corrigée. – A Paris: Chez Didot, libraire & imprimeur, 1757. – XIIJ, [3], 643 p.: 20 cm. – Erro de paginação

BPNM 2-52-5-25

167. ELEMENS DE GEOGRAPHIE

Elemens de geographie. – [S.l.: s.n.], 1740. – [2], 141, [1] p.; 20 cm

BPNM 2-52-5-22

168. ELEMENTA LINGUAE TARTARICAE

Elementa linguae tartaricae. – [S.l.: s.n., s.d.]. – 34 p.; 37 cm. – Esta obra é constituída por 2 volumes divididos em quatro partes cada uma delas constituída por várias peças nem todas completas. O rosto comum aos 2 volumes é «*Relations de divers voyages curieux qui n'ont point este publie'es Et qu'on a traduit ou tiré des Originaux des Voyageurs François, Espagnols, Allemands,*

Portugais, Anglois données au public par les soins de feu M. Melchisedec Thevenot»

BPNM 1-32-12-6 (23º)

169. ELLIS, M. Henri, 1721-1806

Voyage de la Baye de Hudson: Fait en 1746 & 1747, pour la Découverte du Passage du Nord-Ouest... / De M. Henri Ellis, Gentilhomme, Agent des Proprietaires pour cette Expédition. – A Paris: Chez Ballard fils, Imprimeur Libraire: Chez Antoine Boudet, Imprimeur Libraire, 1749. – 2 vol. (p. XVIIJ-LVJ, 182 p., [1] map. desdobr., [3] grav. desdobr.; 319 p., [6] grav. desdobr.); 17 cm. – Obra traduzida do inglês

BPNM 2-52-2-18/19

170. ESTRABÃO, ca 60 a.c.-ca 25 d.c.

Strabonis Rerum Geographicarum libri septem.... – Basileae: Ex Officina Henricpetrina, 1571. – [118], 977, [5] p.: il.; 32 cm. – Obra com título paralelo em grego. – Obra bilingue em latim e grego

BPNM 1-32-7-5

171. ESTRABÃO, ca 60 a. C.- ca 25 d.c.

Strabonis Rerum Geographicarum Libri XVII: Notae Integrae G. Xylandri, Is Casauboni, F. Morellii, Jac. Palmerii, Selectae vero scriptis P. Merulae, J. Meursii, Ph. Cluverii, L. Holstenii, Cl. Salmasii, S. Bochartii, Is. Vossii, E. Spanhemii, Ch. Cellarii Aliorumque. – Accedunt huic editioni, ad Casaubonianam III expressae. – Amstelaedami: Apud Joannem Wolters, 1707. – 2 vol. ([38], 677, [1]; [2] p., p.681 – 1329, [98] p.); 33 cm. – Edição bilingue em latim e grego. – Erro de paginação. – Anotações manuscritas na folha de guarda

BPNM 1-32-7-6/7

F

172. FEIO, Bento Teixeira , fl. 1650

Relaçam do Naufragio que fizeram as Naos Sacramento, & nossa Senhora da Atalaya, vindo da India para o Reyno, no Cabo de Boa Esperança; de que era Capitao mòr Luis de Miranda Henriques, no anno de 1647 / Bento

Teyxeyra Feyo. – Em Lisboa: Impressa na Officina de Paulo Craesbeeck, 1650
. – 87 p.; 22 cm. – Na mesma encadernação mais 5 obras

BPNM 2-55-3-32 (5º)

173. Fer., N. de

L' Atlas Curieux le Monde Réprésente dans des cartes générales et particuliéres du ciel et de la terre: divisé tant en ses quatre principales parties que par états et Provinces et orné par des plans et descriptions des Villes Capitales et Principales et des plus Superbes Edifices qui les embelissent comme sont les Eglises, les palais les Maisons de Plaisance, les Jardins, les Fontaines, &c / Par N. de Fer. Géographe de Monseigneur le Dauphin. – [S.l.: s.n., 1723?]. – 4 vol. ([202] f., [7] plantas desdobr., [1] grav. desdobr.; [140] f., [1] map. desdobr.; [196] f., [6] map. desdobr., [1] planta desdobr.; [204] f., [1] planta desdobr.): toda il.; 28 cm. – Existe uma numeração manuscrita nos 4 volumes mas o catalogador optou por fazer a contagem uma vez que esta numeração incluía também as folhas desdobráveis

BPNM 2-52-10-7/10

174. Fernández de Medrano, Sebastian, 1646-1705

Geographia o moderna descripcion del mundo, y sus partes, dividida en dos tomos / y compuesta por Don Sebastian Fernandez de Medrano General de Batalla, y Director de la Academia Real y Militar del Exercito de los Payses Baxos. – Amberes: por Henrico y Cornelio Verdussen, Mercaderes de Libros, 1709. – 2 vol. ([16], 274 p., [6] map. desdobr.; 296, [8] p., [7] map. desdobr.); 18 cm. – Os dois volumes estão juntos na mesma encadernação. – Erro de paginação no 2º volume

BPNM 2-52-7-3

175. Ferreras, Jean de, 1652-1735

Histoire Generale D'Espagne / traduite de l'Espagnol de Jean de Ferreras; par M. Hermilly: Enrichie de notes historiques & critiques, de Vignettes en taille-douce, & des Cartes Géographiques. – A Paris: Chez Gissey [etc], 1751. – 10 vol. (10, 38, CXXXIX, 507 p., [2] map. desdobr.; 62, [2], LXV, 744 p., [1] map. desdobr.; XLIJ, LVIIJ, [2], 582 p., [1] map. desdobr.; 34 p., p. 461-460, p. 35-36, LXIX, 609 p., [1] map. desdobr.: 31, LVJ, 592 p., [2] map. desdobr.; 39, LV, 696 p., [2] map.; 24, [2], LXJ, 615 p.; 8, [2], LXJ, 683 p.; 20, L, 682 p.; XLVJ, 419, 120, 91 p., [1] map. desdobr.); 26 cm. – Erros de paginação nos tomos I, III, IV e V. – No tomo IV as páginas 201-208 e 459-462 foram encadernadas 2 vezes

BPNM 1-35-3-4/13

176. FLORIS, Pierre Will

Iornal / de Pierre Will Floris: Melchisedec Thevenot. – [S.l.: s.n., 1696?]. – p. 17-35; 37 cm. – Esta obra é constituída por 2 volumes divididos em quatro partes cada uma delas constituída por várias peças nem todas completas. O rosto comum aos 2 volumes é «*Relations de divers voyages curieux qui n'ont point este publie'es Et qu'on a traduit ou tiré des Originaux des Voyageurs François, Espagnols, Allemands, Portugais, Anglois données au public par les soins de feu M. Melchisedec Thevenot*»

BPNM 1-32-12-5 (16º)

177. FONSECA, Felix Feliciano da, fl. 1753

Relaçao de hum grande combate, e vitoria que contra o gentio e arabio conseguio a armada que do porto de Goa sahio de guarda costa em Julho de 1753 commandada pelo valeroso Ismalcan, commandante de dez Galias / Escripto por Feliz Feliciano da Fonseca. – Lisboa: [s.n., s.d.]. – 8 p.; 21 cm. – Pertence à colecção Biblioteca Volante

BPNM 2-55-3-23 (4º)

178. FONSECA, Felix Feliciano da, fl. 1753

[*Relaçao dos felicissimos sucessos obrados na India Oriental em o ViceReinado do illustrissimo e excellentissimo Marquez de Tavora...*] / Escripta por Felix Feliciano da Fonseca. – Lisboa: Na Officina de Domingos Rodrigues, 1753. – 8 p.; 21 cm. – Existe outro exemplar na mesma encadernação em 7º lugar. – Pertence à colecção Biblioteca Volante

BPNM 2-55-3-23 (2º)

179. FORCE, Jean Aimar. Piganiol de la

Nouvelle Description de la France: dans laquelle on voit le Gouvernement General de ce royaume, celui de chaque Province en Particulier; et la Description des Villes, Maisons Royales, Châteaux, & Monumens les plus remarquables / Par M. Piganiol de la Force. – A Amsterdam: Chez Du Villard & Changuion, 1719. – 6 vol. ([12], 310, [32] p., [1] grav. desdobr.; [26], 333, [43] p., [6] grav. desdobr., [1] planta desdobr.; [10], 344, [36] p., [1] planta desdobr.; [6], 350, [42] p., [1] grav. desdobr.; [6], 382, [56] p.; [6], 454, [54] p., [1] planta desdobr.): il.; 16 cm. – 1º Tomo «Où il est parlé du Roi, de l' origine & de l' etat des grandes charges de la Cour & de la Robe; & du Gouvernement Général de la France». – 2º Tomo «Qui comprend la Description de Paris & de ses Environs, des Maisons Royales & de l' Isle de France». – 3º Tomo «Contenant la Picardie, la Champagne, la Bourgogne, la Bresse, la Principauté de Dombes, le Bugey, le Païs de Gex, le Dauphiné, & la province». – 4º Tomo «Contenant le Languedoc, le Comté de Foix, la Navarre, le Bearn, la Guyenne & Gascogne, la Saintonge, l' Angoumois, le Païs d' Aunis, le Poitou, & la Bretagne». – 5º Tomo «Contenant la Normandie, le Maine, le Perche, l' Orleanois, la Sologne, la Beausse particuliere, ou le Païs Chartin, le Dunois, le Vendemois, le Blaisois, une partie du Gâtinois, le Perche-Gouet, le Nivernois, le Bourbonnois, le Lyonnais, le Forez, le Beaujolois, l' Auvergne, le Limousin & la Marche». – 6º Tomo «Comprenant le Berry, la Touraine, l' Anjou, la Flandre Françoise, le Cambresis, le Hainaut François, le Dunkerquois, le Païs Messin, le Verdunois, le Barois, le Luxembourg, le Toulois, l' Alsace, la Franche-Comté; & le Roussilon»

BPNM 2-52-6-18/23

180. FORSTER, M.,

Observations faites, pendant le second voyage de M. Cook, dans L' Hémisphère Austral, et Autour du Monde: sur la Géographie, L' Histoire Naturelle, et la philosophie Morale, et en Particulier sur la terre & ses Couches; L' eau, & l' Ocean... / Par M. Forster. – A Paris: Hôtel de Thou, 1778. – [8], 510, [2] p., [1] f. desdobr., [1] map. desdobr.; 27 cm. – Obra traduzida do inglês para o francês

BPNM 2-52-11-16

181. FORTES, Manuel de Azevedo, 1660-1749

Tratado do Modo o mais Facil, e o mais exacto de fazer as Cartas Geograficas, assim da terra como do mar... / Manuel de Azevedo Fortes. – Lisboa Occidental: Na Officina de Pascoal da Sylva, 1722. – [28], 200 p.; 15 cm

BPNM 2-52-1-5

182. FRANÇOIS, M.

Methodo geografico facil: donde se demuestra el modo de govierno de todos los paises, sus qualidades, las costumbres de sus habitantes, con otras cosas curiosas... / Compuesto en idioma frances por M. François; Traducido e Lengua Española, e ilustrado considerablemente por el Lic. Juan Manuel Giron . – Impreso en Paris: a costa de Pedro Gendron, 1754. – [4], 430 p.; 17 cm. – Só existe a segunda parte

BPNM 2-52-1-15

183. FREIRE, Francisco de Brito, ? –1692

Nova Lusitania historia da guerra brasilica a purissima alma e savdosa memoria do serenissimo principe Dom Theodosio Principe de Portvgal e Principe do Brasil / por Francisco de Brito Freyre. – Lisboa: Na officina de Joam Galram, 1675. – [14], 460 p.; 35 cm. – Na mesma encadernação "Viage da Armada da Companhia commercio, e frotas do estado do Brasil"

BPNM 1-33-6-7 (2º)

184. FREIRE, Francisco de Brito, ? –1692

Viage de Armada da companhia do comercio, e frotas do Estado do Brasil a cargo do General Francisco de Brito Freyre. – [S.l.: s.n.], 1655. – 64, [46] p.; 35 cm. – Na mesma encadernação: "Nova Lusitania historia da guerra brasilica"

BPNM 1-33-6-7 (1º)

185. FREIRE, Manoel Thomas da Sylva, 1716- ?

Breve Relaçam do Estado prezente da Ilha de Malta / Manoel Thomas da Sylva Freire. – Lisboa: Na Offic. de Jozé da Sylva da Natividade, 1751. – [16], 21, [1] p.; 21 cm. – Na mesma encadernaçao mais 45 obras. – Pertence à colecção Biblioteca Volante

BPNM 2-55-8-5 (26º)

186. FREITAS, Serafim de, Frei, ca 1570-1633

De Iusto imperio lusitanorum asiatico / auctore doctore Fr. Seraphino de Freitas. – Vallisoleti: Ex officina Hieronymi Morille, Almae Universitatis Typographi, 1625. – [14], 190, [56] p.; 20 cm

BPNM 2-55-3-9

187. FRESNOY, Nicolas Lenglet du, Abade, 1674-1755

Methode pour etudier la Geographie: où l'on donne une Description de l'Univers, formée sur les Observations de l'Académie Royale des Sciences, & sur les Auteurs originaux... / Par M. l'Abbé Lenglet Dufresnoy. – Troisième Edition . – A Paris: Chez Rollin fils: Chez Debure l'aîné, 1741-1742. – 7 vol. (XXVJ, 542, 252, [16] p.; XVJ, 584 p., [3] grav. desdobr., [4] map. desdobr.; XVJ, 648 p., [2] map. desdobr.; XXIV, 732 p., [1] map. desdobr.; XIJ, 676 p., [3] map. desdobr.; XXIV, 701 p., [5] map. desdobr.; XV, 653 p., [1] map. desdobr.); 18 cm. – Entre a página 330 e a 333 do 1º volume existe outra folha de rosto igual à primeira com paginação contínua. – O 1º volume está dividido em 2 partes com paginações diferentes. – Erros de paginação nos 1º, 2º, 3º e 4º volumes

BPNM 2-52-4-1/7

G

188. GAGE, Thomas

Histoire de l' empire mexicain, representée par figures. Relation du Mexique, ou de la nouvelle espagne / par Thomas Gages: traduitev par Melchidisec Thevenot. – Paris: Chez Thomas Moette, 1696. – 85 p.; il.: 37 cm . – Esta obra é constituída por 2 volumes divididos em quatro partes cada uma delas constituída por várias peças nem todas completas. O rosto comum aos 2 volumes é «*Relations de divers voyages curieux qui n'ont point este publie'es Et qu'on a traduit ou tiré des Originaux des Voyageurs François, Espagnols, Allemands, Portugais, Anglois données au public par les soins de feu M. Melchisedec Thevenot*»

BPNM 1-32-12-6 (15º)

189. GALE, Thomae, 1636-1702

Antonini Iter Britanniarum / Thomae Gale. – Opus Posthumum Revisit, Auxit, Editit R. G.. – Londini: Impensis M. Atkins in Coemeterio D. Pauli, 1709 . – XVIII, 151, [14] p., [1] map. desdobr., [2] grav.: il.; 24 cm. – Na mesma encadernação a obra «*Anonymi Ravennatis Britanniae Chorographia...*»

BPNM 2-52-10-1 (1º)

190. LA GALERIE AGREABLE DU MONDE...

La Galerie Agreable du Monde...: Tome Premier, qui comprend Les Roiaumes De Portugal & d'Algarve. – Leide: Par Pierre Vander Aa, Marchand Libraire, [1690?]. – [1], 37 p., [4] map. desdobr., [4] map., [10] grav.: toda il.; 38 cm. – Apresenta gravuras de todo o mundo conhecido na época. – Esta colecção é composta por 33 volumes em 66 tomos

BPNM 1-32-5-1 (1º)

191. LA GALERIE AGREABLE DU MONDE...

La Galerie Agreable du Monde...: Tome Premier, qui comprend le Roiaume d' Espagne. – Leide: Par Pierre Vander Aa, Marchand Libraire, [1690?]. – 15 p., [26] grav., [4] grav. desdobr., [5] map., [2] map. desdobr., [1] f. desdobr.: toda il.; 38 cm. – Apresenta gravuras de todo o mundo conhecido na época. – Esta colecção é composta por 33 volumes em 66 tomos

BPNM 1-32-5-1 (2º)

192. LA GALERIE AGREABLE DU MONDE...

La Galerie Agreable du Monde...: Cette Partie comprend le Tome Second, du Roiaume d' Espagne. – Leide: Par Pierre Vander Aa, Marchand Libraire, [1690?]. – [21] grav., [9] map.: toda il.; 38 cm. – Apresenta gravuras de todo o mundo conhecido na época. – Esta colecção é composta por 33 volumes em 66 tomos

BPNM 1-32-5-2 (1º)

193. LA GALERIE AGREABLE DU MONDE...

La Galerie Agreable du Monde...: Cette Partie comprend le Tome Premier du Roiaume de France. – Leide: Par Pierre Vander Aa, Marchand Libraire, [1690?]. – 16 p., [24] grav., [3] grav. desdobr., [4] map., [2] map. desdobr.: toda il.; 38 cm. – Apresenta gravuras de todo o mundo conhecido na época. – Esta colecção é composta por 33 volumes em 66 tomos

BPNM 1-32-5-2 (2º)

194. LA GALERIE AGREABLE DU MONDE...

La Galerie Agreable du Monde...: Cette Partie comprend le Tome Second du Roiaume de France. – Leide: Par Pierre Vander Aa, Marchand Libraire, [1690?]. – [35] grav., [3] grav. desdobr., [3] map., [1] f.: toda il.; 38 cm. – Apresenta gravuras de todo o mundo conhecido na época. – Esta colecção é composta por 33 volumes em 66 tomos

BPNM 1-32-5-3 (1º)

195. LA GALERIE AGREABLE DU MONDE...

La Galerie Agreable du Monde...: Cette Partie comprend le Tome Troisieme du Roiaume de France. – Leide: Par Pierre Vander Aa, Marchand Libraire, [1690?]. – [26] grav., [1] grav. desdobr., [10] map., [1] map. desdobr.:

toda il.; 38 cm. – Apresenta gravuras de todo o mundo conhecido na época. – Esta colecção é composta por 33 volumes em 66 tomos

BPNM 1-32-5-3 (2º)

196. LA GALERIE AGREABLE DU MONDE...

La Galerie Agreable du Monde...: Cette Partie comprend leTome Quatrieme du Roiaume de France. – Leide: Par Pierre Vander Aa, Marchand Libraire, [1690?]. – [12] grav., [28] map.: toda il.; 38 cm. – Apresenta gravuras de todo o mundo conhecido na época. – Esta colecção é composta por 33 volumes em 66 tomos

BPNM 1-32-5-4 (1º)

197. LA GALERIE AGREABLE DU MONDE...

La Galerie Agreable du Monde...: Cette Partie comprend le Tome Cinquieme du Roiaume de France. – Leide: Par Pierre Vander Aa, Marchand Libraire, [1690?]. – [12] grav., [13] map., [1] map. desdobr.: toda il.; 38 cm. – Apresenta gravuras de todo o mundo conhecido na época. – Esta colecção é composta por 33 volumes em 66 tomos

BPNM 1-32-5-4 (2º)

198. LA GALERIE AGREABLE DU MONDE...

La Galerie Agreable du Monde...: Cette Partie comprend Tome Sixieme du Roiaume de France. – Leide: Par Pierre Vander Aa, Marchand Libraire, [1690?]. – [25] grav., [1] grav. desdobr., [8] map., [1] planta desdobr.: toda il.: 38 cm. – Apresenta gravuras de todo o mundo conhecido na época. – Esta colecção é composta por 33 volumes em 66 tomos

BPNM 1-32-5-5 (1º)

199. LA GALERIE AGREABLE DU MONDE...

La Galerie Agreable du Monde...: Cette Partie comprend le Tome Premier du Grand Bretagne & d' Irlande. – Leide: Par Pierre Vander Aa, Marchand Libraire, [1690?]. – 14 p., [1] planta desdobr., [35] grav., [2] grav. desdobr., [7] map.: toda il.; 38 cm. – Apresenta gravuras de todo o mundo conhecido na época. – Esta colecção é composta por 33 volumes em 66 tomos

BPNM 1-32-5-5 (2º)

200. LA GALERIE AGREABLE DU MONDE...

La Galerie Agreable du Monde...: Cette Partie comprend Tome Second du Grand Bretagne & d'Irlande. – Leide: Par Pierre Vander Aa, Marchand Libraire, [1690?]. – [32] grav., [9] map.: toda il.; 38 cm. – Apresenta gravuras de todo o mundo conhecido na época. – Esta colecção é composta por 33 volumes em 66 tomos

BPNM 1-32-5-6 (1º)

201. LA GALERIE AGREABLE DU MONDE...

La Galerie Agreable du Monde...: Cette Partie comprend Tome Troisieme du Grand Bretagne & d' Irlande. – Leide: Par Pierre Vander Aa, Marchand Libraire, [1690?]. – [22] grav., [1] grav. desdobr., [9] map., [1] planta desdobr.: toda il.; 38 cm. – Apresenta gravuras de todo o mundo conhecido na época. – Esta colecção é composta por 33 volumes em 66 tomos

BPNM 1-32-5-6 (2º)

202. LA GALERIE AGREABLE DU MONDE...

La Galerie Agreable du Monde...: Cette Partie comprend le Tome Premier des Païs-Bas Catholiques, ou X. Provinces. – Leide: Par Pierre Vander Aa, Marchand Libraire, [1690?]. – 9 p., [9] grav., [2] grav. desdobr., [5] map.,[3] map. desdobr., [17] plantas desdobr.: toda il.; 38 cm. – Apresenta gravuras de todo o mundo conhecido na época. – Esta colecção é composta por 33 volumes em 66 tomos

BPNM 1-32-5-7 (1º)

203. LA GALERIE AGREABLE DU MONDE...

La Galerie Agreable du Monde...: Cette Partie comprend le Tome Second des Païs-Bas Catholiques, ou X. Provinces. – Leide: Par Pierre Vander Aa, Marchand Libraire, [1690?]. – [21] grav., [1] grav. desdobr., [1] map. desdobr., [23] plantas desdobr.: toda il.; 38 cm. – Apresenta gravuras de todo o mundo conhecido na época. – Esta colecção é composta por 33 volumes em 66 tomos

BPNM 1-32-5-7 (2º)

204. LA GALERIE AGREABLE DU MONDE...

La Galerie Agreable du Monde...: Cette Partie comprend le Tome Troisieme des Païs-Bas Catholiques, ou X. Provinces. – Leide: Par Pierre Vander Aa, Marchand Libraire, [1690?]. – [17] grav., [2] grav. desdobr., [2] map., [8]

plantas desdobr.: toda il.; 38 cm. – Apresenta gravuras de todo o mundo conhecido na época. – Esta colecção é composta por 33 volumes em 66 tomos

BPNM 1-32-5-8 (1º)

205. LA GALERIE AGREABLE DU MONDE...

La Galerie Agreable du Monde...: Cette Partie comprend le Tome Quatrieme des Païs-Bas Catholiques, ou X. Provinces. – Leide: Par Pierre Vander Aa, Marchand Libraire, [1690?]. – [10] grav., [9] grav. desdobr., [2] map., [3] map. desdobr., [11] plantas desdobr., [1] planta: toda il.; 38 cm. – Apresenta gravuras de todo o mundo conhecido na época. – Esta colecção é composta por 33 volumes em 66 tomos

BPNM 1-32-5-8 (2º)

206. LA GALERIE AGREABLE DU MONDE...

La Galerie Agreable du Monde...: Cette Partie comprend le Tome Premier de Holland. – Leide: Par Pierre Vander Aa, Marchand Libraire, [1690?]. – [21] grav., [4]grav., [2] map., [6] map. desdobr., [12] plantas desdobr.: toda il.; 38 cm . – Apresenta gravuras de todo o mundo conhecido na época. – Esta colecção é composta por 33 volumes em 66 tomos

BPNM 1-32-5-9 (1º)

207. LA GALERIE AGREABLE DU MONDE...

La Galerie Agreable du Monde...: Cette Partie comprend le Tome Second de Hollande. – Leide: Par Pierre Vander Aa, Marchand Libraire, [1690?]. – [25] grav., [2] grav. desdobr., [6] plantas desdobr.: toda il.; 38 cm. – Apresenta gravuras de todo o mundo conhecido na época. – Esta colecção é composta por 33 volumes em 66 tomos

BPNM 1-32-5-9 (2º)

208. LA GALERIE AGREABLE DU MONDE...

La Galerie Agreable du Monde...: Cette Partie comprend le Tome Troisieme de Hollande. – Leide: Par Pierre Vander Aa, Marchand Libraire, [1690?]. – [47] grav., [2] grav. desdobr., [6] plantas desdobr., [1] planta: toda il.; 38 cm. – Apresenta gravuras de todo o mundo conhecido na época. – Esta colecção é composta por 33 volumes em 66 tomos

BPNM 1-32-5-10 (1º)

209. LA GALERIE AGREABLE DU MONDE...

La Galerie Agreable du Monde...: Cette Partie comprend le Tome Premier de Zeelande. – Leide: Par Pierre Vander Aa, Marchand Libraire, [1690?]. – 2 p., [28] grav., [3] grav. desdobr., [2] map., [2] map. desdobr., [1] planta desdobr.: toda il.; 38 cm. – Apresenta gravuras de todo o mundo conhecido na época. – Esta colecção é composta por 33 volumes em 66 tomos

BPNM 1-32-5-10 (2º)

210. LA GALERIE AGREABLE DU MONDE...

La Galerie Agreable du Monde...: Cette Partie comprend le Tome Second de Zeelande. – Leide: Par Pierre Vander Aa, Marchand Libraire, [1690?]. – [24] grav., [1] grav. desdobr., [4] plantas desdobr., [1] planta: toda il.; 38 cm. – Apresenta gravuras de todo o mundo conhecido na época. – Esta colecção é composta por 33 volumes em 66 tomos

BPNM 1-32-5-11 (1º)

211. LA GALERIE AGREABLE DU MONDE...

La Galerie Agreable du Monde...: Cette Partie comprend le Tome Troisieme de Zeelande. – Leide: Par Pierre Vander Aa, Marchand Libraire, [1690?]. – [21] grav., [2] grav. desdobr., [2] plantas desdobr.: toda il.; 38 cm. – Apresenta gravuras de todo o mundo conhecido na época. – Esta colecção é composta por 33 volumes em 66 tomos

BPNM 1-32-5-11 (2º)

212. LA GALERIE AGREABLE DU MONDE...

La Galerie Agreable du Monde...: Cette Partie comprend le Tome Premier d' Utrecht, Gelre, Zutphen, Overyssel, Groningue & Frise. – Leide: Par Pierre Vander Aa, Marchand Libraire, [1690?]. – 4 p., [17] grav., [3] grav. desdobr., [3] map., [2] map. desdobr., [11] plantas desdobr.: toda il.; 38 cm. – Apresenta gravuras de todo o mundo conhecido na época. – Esta colecção é composta por 33 volumes em 66 tomos

BPNM 1-32-5-12 (1º)

213. LA GALERIE AGREABLE DU MONDE...

La Galerie Agreable du Monde...: Cette Partie comprend le Tome Second d' Utrecht, Gelre, Zutphen, Overyssel, Groningue & Frise. – Leide: Par Pierre Vander Aa, Marchand Libraire, [1690?]. – [15] grav., [4] map., [1] map. desdobr.,

[22] plantas desdobr., [2] plantas: toda il.; 38 cm. – Apresenta gravuras de todo o mundo conhecido na época. – Esta colecção é composta por 33 volumes em 66 tomos

BPNM 1-32-5-12 (2º)

214. LA GALERIE AGREABLE DU MONDE...

La Galerie Agreable du Monde...: Cette Partie comprend le Tome Premier de Suisse. – Leide: Par Pierre Vander Aa, Marchand Libraire, [1690?]. – 10 p., [30] grav., [1] grav. desdobr., [4] map., [1] map. desdobr., [2] plantas desdobr.: toda il.; 38 cm. – Apresenta gravuras de todo o mundo conhecido na época. – Esta colecção é composta por 33 volumes em 66 tomos

BPNM 1-32-5-13 (1º)

215. LA GALERIE AGREABLE DU MONDE...

La Galerie Agreable du Monde...: Cette Partie comprend le Tome Second de Suisse. – Leide: Par Pierre Vander Aa, Marchand Libraire, [1690?]. – [39] grav., [4] grav. desdobr., [2] map., [1] planta desdobr., [2] plantas: toda il.; 38 cm. – Apresenta gravuras de todo o mundo conhecido na época. – Esta colecção é composta por 33 volumes em 66 tomos

BPNM 1-32-5-13 (2º)

216. LA GALERIE AGREABLE DU MONDE...

La Galerie Agreable du Monde...: Cette Partie comprend le Tome Premier de Savoye, Piemont, Milanez, Pavesan, Cremonois, Parme & Mantoue. – Leide: Par Pierre Vander Aa, Marchand Libraire, [1690?]. – 10 p., [7] grav., [1] grav. desdobr., [4] map., [4] map. desdobr., [2] plantas desdobr., [10] plantas: toda il.; 38 cm. – Apresenta gravuras de todo o mundo conhecido na época. – Esta colecção é composta por 33 volumes em 66 tomos

BPNM 1-32-5-14 (1º)

217. LA GALERIE AGREABLE DU MONDE...

La Galerie Agreable du Monde...: Cette Partie comprend le Tome Second, de Savoye, Piemont, Milanez, Pavesan, Cremenois, Parme & Manique. – Leide: Par Pierre Vander Aa, Marchand Libraire, [1690?]. – [22] grav., [6] map., [1] planta desdobr., [9] plantas: toda il.; 38 cm. – Apresenta gravuras de todo o mundo conhecido na época. – Esta colecção é composta por 33 volumes em 66 tomos

BPNM 1-32-5-14 (2º)

218. LA GALERIE AGREABLE DU MONDE...

La Galerie Agreable du Monde...: Cette Partie comprend le Tome Premier du Domaine des Venitiens. – Leide: Par Pierre Vander Aa, Marchand Libraire, [1690?]. – 2 p., [34] grav., [1] grav. desdobr., [2] map., [2] map. desdobr.: toda il.; 38 cm. – Apresenta gravuras de todo o mundo conhecido na época. – Esta colecção é composta por 33 volumes em 66 tomos

BPNM 1-32-5-15 (1º)

219. LA GALERIE AGREABLE DU MONDE...

La Galerie Agreable du Monde...: Cette Partie comprend le Tome Second du Domaine des Venitiens. – Leide: Par Pierre Vander Aa, Marchand Libraire, [1690?]. – [39] grav.: toda il.; 38 cm. – Apresenta gravuras de todo o mundo conhecido na época. – Esta colecção é composta por 33 volumes em 66 tomos

BPNM 1-32-5-15 (2º)

220. LA GALERIE AGREABLE DU MONDE...

La Galerie Agreable du Monde...: Cette Partie comprend le Tome Troisieme du Domaine des Venitiens. – Leide: Par Pierre Vander Aa, Marchand Libraire, [1690?]. – [37] grav.: toda il.; 38 cm. – Apresenta gravuras de todo o mundo conhecido na época. – Esta colecção é composta por 33 volumes em 66 tomos

BPNM 1-32-5-16 (1º)

221. LA GALERIE AGREABLE DU MONDE...

La Galerie Agreable du Monde...: Cette Partie comprend le Tome quatrieme du Domaine des Venitiens. – Leide: Par Pierre Vander Aa, Marchand Libraire, [1690?]. – [24] grav., [10] map., [2] plantas desdobr., [4] plantas: toda il.; 38 cm. – Apresenta gravuras de todo o mundo conhecido na época. – Esta colecção é composta por 33 volumes em 66 tomos

BPNM 1-32-5-16 (2º)

222. LA GALERIE AGREABLE DU MONDE...

La Galerie Agreable du Monde...: Cette Partie comprend le Tome Premier de Genes, Lucques, Toscane, & l' Etat de l' Eglise. – Leide: Par Pierre Vander Aa, Marchand Libraire, [1690?]. – 4 p., [23] grav., [2] grav. desdobr., [11] map., [1] planta desdobr., [3] plantas: toda il.; 38 cm. – Apresenta gravuras de todo o mundo conhecido na época. – Esta colecção é composta por 33 volumes em 66 tomos

BPNM 1-32-5-17 (1º)

223. LA GALERIE AGREABLE DU MONDE...

La Galerie Agreable du Monde...: Cette Partie comprend le Tome Premier du Campagne de Rome, & Rome Ancienne. – Leide: Par Pierre Vander Aa, Marchand Libraire, [1690?]. – 3 p., [45] grav., [2] grav. desdobr., [5] map., [4] map. desdobr., [2] plantas desdobr.: toda il.; 38 cm. – Apresenta gravuras de todo o mundo conhecido na época. – Esta colecção é composta por 33 volumes em 66 tomos

BPNM 1-32-5-17 (2º)

224. LA GALERIE AGREABLE DU MONDE...

La Galerie Agreable du Monde...: Cette Partie comprend le Tome Second du Campagne de Rome, & Rome Ancienne. – Leide: Par Pierre Vander Aa, Marchand Libraire, [1690?]. – [61] grav., [2] grav. desdobr., [2] plantas: toda il.; 38 cm. – Apresenta gravuras de todo o mundo conhecido na época. – Esta colecção é composta por 33 volumes em 66 tomos

BPNM 1-32-5-18 (1º)

225. LA GALERIE AGREABLE DU MONDE...

La Galerie Agreable du Monde...: Cette Partie comprend le Rome Moderne. – Leide: Par Pierre Vander Aa, Marchand Libraire, [1690?]. – 8 p., [32] grav., [2] map., [1] planta desdobr., [5] plantas: toda il.; 38 cm. – Apresenta gravuras de todo o mundo conhecido na época. – Esta colecção é composta por 33 volumes em 66 tomos

BPNM 1-32-5-18 (2º)

226. LA GALERIE AGREABLE DU MONDE...

La Galerie Agreable du Monde...: Cette Partie comprend le Roïaume de Naples, Pouzol, Baja, &c. – Leide: Par Pierre Vander Aa, Marchand Libraire, [1690?]. – 5 p., [24] grav., [13] map., [1] planta desdobr., [1] planta: toda il.; 38 cm. – Apresenta gravuras de todo o mundo conhecido na época. – Esta colecção é composta por 33 volumes em 66 tomos

BPNM 1-32-5-19 (1º)

227. LA GALERIE AGREABLE DU MONDE...

La Galerie Agreable du Monde...: Cette Partie comprend de Sicile, Sardegne & Corse. – Leide: Par Pierre Vander Aa, Marchand Libraire, [1690?]. – 5 p., [25] grav., [2] grav. desdobr., [12] map., [1] f. desdobr., [2] plantas desdobr.,

[8] plantas: toda il.; 38 cm. – Apresenta gravuras de todo o mundo conhecido na época. – Esta colecção é composta por 33 volumes em 66 tomos

BPNM 1-32-5-19 (2º)

228. LA GALERIE AGREABLE DU MONDE...

La Galerie Agreable du Monde...: Cette Partie comprend le Tome Premier de l' Empire d' Allemagne. – Leide: Par Pierre Vander Aa, Marchand Libraire, [1690?]. – 62 p., [2] grav., [1] grav. desdobr., [9] map., [1] map. desdobr., [9] plantas desdobr., [11] plantas: toda il.; 38 cm. – Apresenta gravuras de todo o mundo conhecido na época. – Esta colecção é composta por 33 volumes em 66 tomos

BPNM 1-32-5-20 (1º)

229. LA GALERIE AGREABLE DU MONDE...

La Galerie Agreable du Monde...: Cette Partie comprend le Tome Second de l' Empire d' Allemagne. – Leide: Par Pierre Vander Aa, Marchand Libraire, [1690?]. – [7] grav., [4] grav. desdobr., [6] map., [17] plantas: toda il.; 38 cm. – Apresenta gravuras de todo o mundo conhecido na época. – Esta colecção é composta por 33 volumes em 66 tomos

BPNM 1-32-5-20 (2º)

230. LA GALERIE AGREABLE DU MONDE...

La Galerie Agreable du Monde...: Cette Partie comprend le Tome Troisieme de l' Empire d' Allemagne. – Leide: Par Pierre Vander Aa, Marchand Libraire, [1690?]. – [10] grav., [4] grav. desdobr., [11] map., [8] plantas desdobr., [5] plantas: toda il.; 38 cm. – Apresenta gravuras de todo o mundo conhecido na época. – Esta colecção é composta por 33 volumes em 66 tomos

BPNM 1-32-5-21 (1º)

231. LA GALERIE AGREABLE DU MONDE...

La Galerie Agreable du Monde...: Cette Partie comprend le Tome Quatrieme de l' Empire d' Allemagne. – Leide: Par Pierre Vander Aa, Marchand Libraire, [1690?]. – [4] grav., [4] grav. desdobr., [8] map., [1] map. desdobr., [9] plantas desdobr., [8] plantas: toda il.; 38 cm. – Apresenta gravuras de todo o mundo conhecido na época. – Esta colecção é composta por 33 volumes em 66 tomos

BPNM 1-32-5-21 (2º)

232. LA GALERIE AGREABLE DU MONDE...

La Galerie Agreable du Monde...: Cette Partie comprend le Danemarc, Norvegue & Suede. – Leide: Par Pierre Vander Aa, Marchand Libraire, [1690?]. – 12 p., [15] grav., [19] map., [7] plantas: toda il.; 38 cm. – Apresenta gravuras de todo o mundo conhecido na época. – Esta colecção é composta por 33 volumes em 66 tomos

BPNM 1-32-5-22 (1º)

233. LA GALERIE AGREABLE DU MONDE...

La Galerie Agreable du Monde...: Cette Partie comprend le Pologne, Prusse, Courlande & Moscovie. – Leide: Par Pierre Vander Aa, Marchand Libraire, [1690?]. – 14 p., [34] grav., [8] map., [2] map. desdobr., [2] plantas desdobr., [1] planta: toda il.; 38 cm. – Apresenta gravuras de todo o mundo conhecido na época. – Esta colecção é composta por 33 volumes em 66 tomos

BPNM 1-32-5-22 (2º)

234. LA GALERIE AGREABLE DU MONDE...

La Galerie Agreable du Monde...: Cette Partie comprend le Tome Premier d' Hongrie, Turquie en Europe, Grece, Archipel & Moree. – Leide: Par Pierre Vander Aa, Marchand Libraire, [1690?]. – 13 p., [21] grav.,[4] map., [1] map. desdobr., [3] plantas: toda il.; 38 cm. – Apresenta gravuras de todo o mundo conhecido na época. – Esta colecção é composta por 33 volumes em 66 tomos

BPNM 1-32-6-1 (1º)

235. LA GALERIE AGREABLE DU MONDE...

La Galerie Agreable du Monde...: Cette Partie comprend le Tome Second d' Hongrie, Turquie en Europe, Grece, Archipel & Moree. – Leide: Par Pierre Vander Aa, Marchand Libraire, [1690?]. – [17] grav., [15] map., [2] map. desdobr.: toda il.; 38 cm. – Apresenta gravuras de todo o mundo conhecido na época. – Esta colecção é composta por 33 volumes em 66 tomos

BPNM 1-32-6-1 (2º)

236. LA GALERIE AGREABLE DU MONDE...

La Galerie Agreable du Monde...: Cette Partie comprend le Tome Troisieme d' Hongrie, Turquie en Europe, Grece, Archipel & Moree. – Leide: Par Pierre Vander Aa, Marchand Libraire, [1690?]. – [34] grav., [1] grav.

desdobr., [6] map., [1] planta: toda il.; 38 cm. – Apresenta gravuras de todo o mundo conhecido na época. – Esta colecção é composta por 33 volumes em 66 tomos

BPNM 1-32-6-2 (1º)

237. LA GALERIE AGREABLE DU MONDE...

La Galerie Agreable du Monde...: Cette Partie comprend le Tome Premier d' Arabie, Terre Sainte, Natolie & Assyrie. – Leide: Par Pierre Vander Aa, Marchand Libraire, [1690?]. – 20 p., [33] grav., [6] grav. desdobr., [6] map., [3] map. desdobr.: toda il.; 38 cm. – Apresenta gravuras de todo o mundo conhecido na época. – Esta colecção é composta por 33 volumes em 66 tomos

BPNM 1-32-6-2 (2º)

238. LA GALERIE AGREABLE DU MONDE...

La Galerie Agreable du Monde...: Cette Partie comprend le Tome Second d' Arabie, TerreSainte, Natolie & Assyrie. – Leide: Par Pierre Vander Aa, Marchand Libraire, [1690?]. – [27] grav., [14] grav. desdobr., [2] map., [1] planta: toda il.; 38 cm. – Apresenta gravuras de todo o mundo conhecido na época. – Esta colecção é composta por 33 volumes em 66 tomos

BPNM 1-32-6-3 (1º)

239. LA GALERIE AGREABLE DU MONDE...

La Galerie Agreable du Monde...: Cette Partie comprend le Tome Troisieme d' Arabie, Terre Sainte, Natolie & Assyrie. – Leide: Par Pierre Vander Aa, Marchand Libraire, [1690?]. – [47] grav., [2] grav. desdobr., [2] map., [2] map. desdobr.: toda il.; 38 cm. – Apresenta gravuras de todo o mundo conhecido na época. – Esta colecção é composta por 33 volumes em 66 tomos

BPNM 1-32-6-3 (2º)

240. LA GALERIE AGREABLE DU MONDE...

La Galerie Agreable du Monde...: Cette Partie comprend le Tome Quatrieme d' Arabie, TerreSainte, Natolie & Assyrie. – Leide: Par Pierre Vander Aa, Marchand Libraire, [1690?]. – [29] grav., [7] grav. desdobr., [1] map.: toda il.; 38 cm. – Apresenta gravuras de todo o mundo conhecido na época. – Esta colecção é composta por 33 volumes em 66 tomos

BPNM 1-32-6-4 (1º)

241. LA GALERIE AGREABLE DU MONDE...

La Galerie Agreable du Monde...: Cette Partie comprend le Tome Premier de Perse & Mongol. – Leide: Par Pierre Vander Aa, Marchand Libraire, [1690?] . – 7 p., [20] grav., [22] map.: toda il.; 38 cm. – Apresenta gravuras de todo o mundo conhecido na época. – Esta colecção é composta por 33 volumes em 66 tomos

BPNM 1-32-6-4 (2º)

242. LA GALERIE AGREABLE DU MONDE...

La Galerie Agreable du Monde...: Cette Partie comprend le Tome Second de Perse & Mongol. – Leide: Par Pierre Vander Aa, Marchand Libraire, [1690?] . – [32] grav., [5] map.: toda il.; 38 cm. – Apresenta gravuras de todo o mundo conhecido na época. – Esta colecção é composta por 33 volumes em 66 tomos

BPNM 1-32-6-5 (1º)

243. LA GALERIE AGREABLE DU MONDE...

La Galerie Agreable du Monde...: Cette Partie comprend le Tome Premier des Indes Orientales. – Leide: Par Pierre Vander Aa, Marchand Libraire, [1690?] . – 11 p., [20] grav., [13] map., [2] plantas: toda il.; 38 cm. – Apresenta gravuras de todo o mundo conhecido na época. – Esta colecção é composta por 33 volumes em 66 tomos

BPNM 1-32-6-5 (2º)

244. LA GALERIE AGREABLE DU MONDE...

La Galerie Agreable du Monde...: Cette Partie comprend le Tome Second des Indes Orientales. – Leide: Par Pierre Vander Aa, Marchand Libraire, [1690?] . – [21] grav., [8] map.: toda il.; 38 cm. – Apresenta gravuras de todo o mundo conhecido na época. – Esta colecção é composta por 33 volumes em 66 tomos

BPNM 1-32-6-6 (1º)

245. LA GALERIE AGREABLE DU MONDE...

La Galerie Agreable du Monde...: Cette Partie comprend le Tome Premier de Chine & Grande Tartarie. – Leide: Par Pierre Vander Aa, Marchand Libraire, [1690?]. – 14 p., [39] grav., [1] grav. desdobr., [1] map., [1] map. desdobr., [1] planta: toda il.; 38 cm. – Apresenta gravuras de todo o mundo conhecido na época. – Esta colecção é composta por 33 volumes em 66 tomos

BPNM 1-32-6-6 (2º)

246. LA GALERIE AGREABLE DU MONDE...

La Galerie Agreable du Monde...: Cette Partie comprend le Tome Second de Chine & Grande Tartarie. – Leide: Par Pierre Vander Aa, Marchand Libraire, [1690?]. – [56] grav.: toda il.; 38 cm. – Apresenta gravuras de todo o mundo conhecido na época. – Esta colecção é composta por 33 volumes em 66 tomos

BPNM 1-32-6-7 (1º)

247. LA GALERIE AGREABLE DU MONDE...

La Galerie Agreable du Monde...: Cette Partie comprend le Tome Troisieme de Chine & Grande Tartarie. – Leide: Par Pierre Vander Aa, Marchand Libraire, [1690?]. – [61] grav., [2] map., [1] map. desdobr.: toda il.; 38 cm. – Apresenta gravuras de todo o mundo conhecido na época. – Esta colecção é composta por 33 volumes em 66 tomos

BPNM 1-32-6-7 (2º)

248. LA GALERIE AGREABLE DU MONDE...

La Galerie Agreable du Monde...: Cette Partie comprend le Japon & Païs d'Eso. – Leide: Par Pierre Vander Aa, Marchand Libraire, [1690?]. – 3 p., [58] grav., [4] grav. desdobr., [3] map., [1] map. desdobr.: toda il.; 38 cm. – Apresenta gravuras de todo o mundo conhecido na época. – Esta colecção é composta por 33 volumes em 66 tomos

BPNM 1-32-6-8 (1º)

249. LA GALERIE AGREABLE DU MONDE...

La Galerie Agreable du Monde...: Cette Partie comprend le Tome Premier d'Afrique. – Leide: Par Pierre Vander Aa, Marchand Libraire, [1690?]. – 16 p., [38] grav., [3] map., [3] map. desdobr., [2] plantas: toda il.; 38 cm. – Apresenta gravuras de todo o mundo conhecido na época. – Esta colecção é composta por 33 volumes em 66 tomos

BPNM 1-32-6-8 (2º)

250. LA GALERIE AGREABLE DU MONDE...

La Galerie Agreable du Monde...: Cette Partie comprend le Tome Second d'Afrique. – Leide: Par Pierre Vander Aa, Marchand Libraire, [1690?]. – [37] grav., [6] map.: toda il.; 38 cm. – Apresenta gravuras de todo o mundo conhecido na época. – Esta colecção é composta por 33 volumes em 66 tomos

BPNM 1-32-6-9 (1º)

251. LA GALERIE AGREABLE DU MONDE...

La Galerie Agreable du Monde...: Cette Partie comprend le Tome Troisieme d' Afrique. – Leide: Par Pierre Vander Aa, Marchand Libraire, [1690?]. – [28] grav., [1] grav. desdobr., [6] map., [1] planta: toda il.; 38 cm. – Apresenta gravuras de todo o mundo conhecido na época. – Esta colecção é composta por 33 volumes em 66 tomos

BPNM 1-32-6-9 (2º)

252. LA GALERIE AGREABLE DU MONDE...

La Galerie Agreable du Monde...: Cette Partie comprend comprend le Tome Premier d' Amerique. – Leide: Par Pierre Vander Aa, Marchand Libraire, [1690?]. – 15 p., [28] grav., [1] grav. desdobr., [7] map., [2] map. desdobr.: toda il.; 38 cm. – Apresenta gravuras de todo o mundo conhecido na época. – Esta colecção é composta por 33 volumes em 66 tomos

BPNM 1-32-6-10 (1º)

253. LA GALERIE AGREABLE DU MONDE...

La Galerie Agreable du Monde...: Cette Partie comprend le Tome Second d' Amerique. – Leide: Par Pierre Vander Aa, Marchand Libraire, [1690?]. – [26] grav., [11] map.: toda il.; 38 cm. – Apresenta gravuras de todo o mundo conhecido na época. – Esta colecção é composta por 33 volumes em 66 tomos

BPNM 1-32-6-10 (2º)

254. LA GALERIE AGREABLE DU MONDE...

La Galerie Agreable du Monde...: Cette Partie comprend le Tome Troisieme d' Amerique. – Leide: Par Pierre Vander Aa, Marchand Libraire, [1690?]. – [24] grav., [1] grav. desdobr., [1] map.: toda il.; 38 cm. – Apresenta gravuras de todo o mundo conhecido na época. – Esta colecção é composta por 33 volumes em 66 tomos

BPNM 1-32-6-11 (1º)

255. LA GALERIE AGREABLE DU MONDE...

La Galerie Agreable du Monde...: Cette Partie comprend le Tome Quatrieme d' Amerique. – Leide: Par Pierre Vander Aa, Marchand Libraire, [1690?]. – [21] grav., [8] map.: toda il.; 38 cm. – Apresenta gravuras de todo o mundo conhecido na época. – Esta colecção é composta por 33 volumes em 66 tomos

BPNM 1-32-6-11 (2º)

256. GALVÃO, António, ? –1557

Tratado dos descobrimentos antigos, e modernos, feitos até a era de 1550 com os nomes particulares das pessoas que os fizerao: em que tempos, e as suas alturas, e dos desvairados caminhos por onde a pimenta, e especiaria veyo da India ás nossas partes: obra certo muy notavel, e copiosa: offerecido ao excellentissimo Senhor Dom Luiz de Menezes, Quinto Conde da Ericeira... / composto pelo famoso Antonio Galvao. – Lisboa Occidental: Na officina Ferreiriana, 1731. – [14], 100 p.; 30 cm. – Na folha de rosto encontra-se uma anotação manuscrita riscada

BPNM 1-33-12-9

257. GAULTIER, Aloïsius Édouard Camille, Abade, 1746-1818

Eléments de géographie extraits des leçons de géographie de l'abbé Gaultier: ouvrage entièrement refondu et considérablement augmenté par Blignières, Demoyencourt, Ducros (de sixt), et Le Clerc ainé, ses éléves. – Onzième édition. – A Paris: V. e Jules Renouard..., 1864. – 122 p.: il.; 15 cm. – Erro de paginação

BPNM 2-55-1-36

258. GEDOYN, Nicolas, Abade, 1667-1744

Pausanias, ou Voyage Historique de La Grece / Par M. l' Abbé Gedoyn. – A Amsterdam: Aux Depens de la Compagnie, 1733. – 4 vol. ([56], 376 p., [2] map. desdobr.; 359 p., [2] grav. desdobr.; 368 p., [1] map. desdobr., [2] grav. desdobr.; 475 p.): il.; 17 cm. – Obra traduzida para o Francês

BPNM 2-52-3-9/12

259. GÉOGRAPHIE SACRÉE, ET HISTORIQUE DE L'ANCIEN & DU NOVEAU- TESTAMENT

Géographie Sacrée, et Historique de l'ancien & du noveau- Testament: A laquelle on a joint une chronologie & des principes & observations pour l'intelligence de l'histoire Sainte, avec plusieurs dissertations des Sieurs Sanson & autres: Mise au jour par M. Robert, Géographe ordinaire du Roi. – A Paris: Chez Durand, 1747. – 3 vol. (XXX, [25], 580; 4, 284; 240, [14] p.); 18 cm. – O 2° e 3° volume estão juntos na mesma encadernação. – Erro de paginação no 1° volume

BPNM 2-52-6-15/16

260. GIRALDES, Joaquim Pedro Cardoso Casado, ? –1845

Compendio de Geografia-Historica Antiga e Moderna, e Chronologica: para uso da Mocidade Portugueza / Por J.P.C. Casado Giraldes. – Pariz: Em Casa de Fantin: Em Casa de Rey e Gravier: Em casa de Aillaud, 1826. – XII, 203, [1] p.; 27 cm

BPNM 2-52-12-11

261. GIRALDES, Joaquim Pedro Cardoso Casado, ?-1845

Prospecto do tratado completo de geografia histórica: em 6 volumes em 4º grande: indice das materias que contem o 2º volume / [Joaquim Pedro Cardoso Casado Giraldes]. – Porto: Na Imprensa do Gandra, 1822. – 24 p.; 21 cm. – Autoria atribuída com base em bibliografia consultada

BPNM 2-44-4-10 (35º)

262. GIRALDES, Joaquim Pedro Cardoso Casado, ?-1845

Tratado completo de cosmographia, e geographia-historica, physica e commercial, antiga e moderna / offerecida a S. M. F.ma O senhor D. Joao VI por J. P. C. Casado Giraldes, Coronel Graduado de Milicias, cavalleiro da Ordem de Christo, consul de S. M. Fidelissima no Havre, Socio correspondente da Academia Real das Sciencias, e de outras.... – Paris: Chez Fantin, libraire: Chez Rey et gravier, libraires: Chez Aillaud, libraire, 1825-1828. – 4 vol. (XXIV, 444 p.; VII, 474 p.; [4], 423 p., [1] f. desdobr.; [6], 413 p., [4] f. desdobr.); 27 cm. – Erro de paginação no 2º volume

BPNM 2-52-12-7/10

263. GODINHO, Manuel, Padre, 1630?-1712

Relaçao do Novo Caminho que fez por Terra, e Mar, vindo da India para Portugal no anno de 1663 / O Padre Manoel Godinho. – Em Lisboa: Na Officina de Henrique Valente de Oliueira, 1665. – [10], 188 p.; 20 cm. – Pertence à colecção Biblioteca Volante. – Contém anotações manuscritas na folha de rosto

BPNM 2-55-7-19

264. GÓIS, Damião de, 1502-1574

Chronica do principe D. Joam: rey que foy destes reynos, segundo do nome, em que summariamente se tratao as cousas substanciaes, que nelles aconteceraõ do dia do seu nascimento atè o em que ElRey D. Affonso seu pay

faleceo / composta por Damiam de Goes. – Lisboa Occidental: Na Officina da Musica, 1724. – [6], 430 p.; 16 cm

BPNM 2-55-2-22

265. Góis, Damião de, 1501-157?

Chronica do Serenissimo Senhor Rei D. Manoel / escrita por Damiao de Goes. – Lisboa: Na Officina de Miguel Manescal da Costa, Impressor do Santo Officio, 1749. – [6], 609 p.; 31 cm. – Erro de paginação

BPNM 1-33-7-19

266. Gölnitzi, Abraham, 15?-16?

Ulisses belgico-gallicus fidus tibi dux et achates por belgium hispan regnum gallae ducat sabavdiae... / Abrah. Gölnitzi. – Lugduni Batavorum: Apud Franciscum Batavorum, 1655. – [6], 605, [26] p.; 14 cm

BPNM 2-52-2-4

267. Gotho, Olao Magno, Arcebispo

Historia Delle Genti et Della Natura Delle Cose Settentrionali / Da Olao Magno Gotho. – In Vinegia: Apresso I Giunti, 1565. – [24], 286 f., [1] map.: il.: 32 cm. – Obra novamente traduzida para língua Toscana

BPNM 1-36-4-14

268. Gotho, Olao Magno, Arcebispo

Historia Olai Magni Gothi Archiepi Scopi Upsalensis, de Gentium Septentrionalium uariis conditionibus statibusúe, & de morum, rituum, superstitionum, exercitiorum, regiminis.... – Basileae: Ex Officina Henricpetrina, [1567]. – [94], 854, [1] p., [1] map. desdobr.: il.; 33 cm. – Data da publicação retirada do colofão. – Erro de paginação

BPNM 1-36-4-13

269. Gothofried, Johann Ludwig, 1584?-1633

Archontologia cosmica sive imperiorvm, regnorvm principatvvm, rervmque pvblicarvm omnivm per totum terrarum orbem commentarii lucvlentissimi qvibvs cvm jpsae regiones, arvmqve... / Jo Lvdovici Gotofredi. – Editio secunda. – Francofurti: Sumptibvs Matthaei Meriani, 1649. – 2 vol. ([32], 40, 724, 268, 102 p.; [88] p., [149] grav., [40] map.): il.; 35 cm. – Erro de paginação

BPNM 1-32-6-18/19

270. GOUVEIA, António de, Padre, 1570-1628

Relacam em que se tratam as guerras e grandes victorias que alcançou o grade Rey da Persia XaAbbas do grao turco Mahometto, & seu filho Amethe: as quais resultarao das Embaixadas, q[ue] por mandado da Catholica & Real Magestade del Rey D. Felippe segundo de Portugal fizerao algu[n]s religiosos da ordem dos eremitas de S. Augustinho a persia / composto pelo Padre F. Antonio de Gouveia religioso da mesma ordem. – Lisboa: Pedro Craesbeeck, 1611. – [12], 266, [4] f.; 20 cm. – Erro de paginação

BPNM 2-55-3-8

271. GREAVES, Jean, 1602-1652

Description des pyramides d'Egypte / par Iean Greaues: traduits par Melchisedec Thevenot. – [S.l.: s.n., 1696?]. – XXV p., [1] grav. desdobr.: il.: 37 cm. – Esta obra é constituída por 2 volumes divididos em quatro partes cada uma delas constituída por várias peças nem todas completas. O rosto comum aos 2 volumes é «*Relations de divers voyages curieux qui n'ont point este publie'es Et qu'on a traduit ou tiré des Originaux des Voyageurs François, Espagnols, Allemands, Portugais, Anglois données au public par les soins de feu M. Melchisedec Thevenot*»

BPNM 1-32-12-5 (1º)

272. GRELOT, Guillaume

Relation nouvelle d'un voyage de Constantinople enrichie de Plans levez par l'auteur sur les lieux & des Figures de tout ce qu'il y a de plus remarquable dans cette ville / Grelot. – A Paris: Chez Nicolas Belley, 1689. – [18], 306, [8] p., [11] grav. desdobr., [3] grav.: il.; 26 cm. – Nome do autor retirado da dedicatória . – Erro de paginação

BPNM 2-52-9-8

273. GRUEBER, I.

Voyage a la Chine / des PP. I. Grueber et D'Orville. – [S.l.: s.n., s.d.]. – 23 p.; 36 cm. – Esta obra é constituída por 2 volumes divididos em quatro partes, cada uma delas constituídas por várias peças nem todas completas. O rosto comum aos dois volumes é "*Relations de divers voyages curieux qui n'ont point este publie'es, Et qu'on a traduit ou tiré des Originaux des Voyageurs François, Espagnols, Allemands, Portugais, Anglois données au public par les soins de feu M. Melchisedec Thevenot*"

BPNM 1-32-12-6 (7º)

274. GRUEBER, Giovanni

Viaggio: tornando per terra da China in Europa / del P. Giovanni Grueber. – [S.l.: s.n., s.d.]. – 23 p.; 36 cm. – Esta obra é constituida por 2 volumes divididos em quatro partes, cada uma delas constituidas por várias peças nem todas completas. O rosto comum aos dois volumes é *"Relations de divers voyages curieux qui n'ont point este publie'es, Et qu'on a traduit ou tiré des Originaux des Voyageurs François, Espagnols, Allemands, Portugais, Anglois données au public par les soins de feu M. Melchisedec Thevenot"*

BPNM 1-32-12-6 (8º)

275. GUARDA, Cosme da, 1696-1768

Vida e Acçoens do Famoso e Felicissimo Sevagy da India Oriental / Escrita por Cosme da Guarda, natural de Murmugao. – Lisboa Occidental: Na Officina da Musica, 1730. – [12], 168 p.; 19 cm

BPNM 2-55-3-3

276. GUERREIRO, Bartolomeu, Padre Jesuíta, 1560-1642

Iornada dos vassalos da coroa de Portvgal, pera se recuperar a cidade de Saluador, na bahia de todos os santos, tomada pollos ollandezes, a oito de mayo de 1624 & recuperada ao primeiro de mayo de 1625 / feita pollo Padre Bertolamev Guerreiro da Companhia de Iesv. – Em Lisboa: Por Mattheus Pinheiro, impressa à custa de Francisco Aluarez, 1625. – 74 p., [1] f. desdobr.; 21 cm

BPNM 2-55-3-18

277. GUERREIRO, Joao Tavares de Veléz, fl. 1718

Jornada que António de Albuquerque Coelho, governador, e Capitao General da Cidade do nome de Deus de Macao na China, fez de Goa até chegar à dita cidade no ano de 1718: dividida em duas partes / Escrita pelo Capitao Joao Tavares de Vellez Guerreiro. – Lisboa Occidental: Na Officina da Música, 1732. – [14], 427 p.; 20 cm. – Erro de paginação

BPNM 2-55-3-11

278. GUICCIARDINI, M. Lodovico, 1521-1589

Descrittione Di M. Lodovico Guicciardini Patritio Fiorentino, Di Tutti i Paesi Bassi, Altriment Detti Germania Inferiore, Con tutti le carte di Geographia del paese e col ritratto naturale di molte terre principali.... – In

Anversa: Apresso Christofano Plantino, Stampatore Regio, 1581. – [17], 558, [18] p., [1] map.: il.; 33 cm

BPNM 1-32-1-12

279. GUICHARDIN, Louis, 1523-1589

Description de Tous les Pays-Bas, autrement appellez la Germanie Inferieure ou Basse Allemagne / Messire Loys Guicciardin. – A Amsterdam: Chez Cornille Nicolas, 1609. – [8], 483 p., [25] p., [13] map., [13] grav., [59] plantas, [5] plantas desdobr.: il.; 31 cm

BPNM 2-52-12-3

280. GUILBERT, Pierre, Abade, 1697-1759

Description Historique des Chateau Bourg et Forest de Fontainebleau... / Par M. L' Abbe' Guilbert. P. d. P. du Roy. – A Paris: Chez Andre Cailleau, 1731 . – 2 vol. ([10], LXIJ, [3], 242 p., [1] grav., [3] grav. desdobr., [2] plantas desdobr.; [18], 309 p., [1] grav. desdobr.); 17 cm. – Erros de paginação nos 2 volumes

BPNM 2-52-3-17/18

281. GUILIELMI, Godefridi

Svmmi Polyhistoris Godefridi Gvilielmi Leibnitii Protogaea sive de prima facie tellvris et antiqvissimae historiae vestigiis in. ipsis natvrae monvmentis dissertatio ex schedis manvscriptis viri illvstris: in lvcem edita a Christiano Lvdovico Scheidio. – Goettingae: Svmptibus Ioh. Gvil. Schmidii, Bibliopolae Vniversit, 1749. – [4], XXVI, 86 p.; 24 cm

BPNM 2-52-7-21

H

282. HALDE, Jean-Baptiste du, Jesuíta, 1674-1743

Description geographique historique chronologique politique et physique de l' empire de la Chine et de la Tartarie Chinoise: enrichie des cartes generales et particulieres de ces pays... / Par le P. J. B. du Halde de la Compagnie de Jesus. – A Paris: Chez P. G. Le Mercier, 1735. – 4 vol. (LII, [4],

592 p., [5] map. desdobr., [20] map.; IV, 725 p., [10] grav.; IV, 564, [4] p., [5] grav.; II, 520 p., [18] map., [8] map. desdobr.); 45 cm

BPNM 1-32-3-1/4

283. HAPPELII, Everhardi Gverneri

Mundi Mirabilis Tripartiti: Oder wunderbaren Welt, In einer furben Cosmographia.../ Everh. Gvern. Happelii. – Ulm: in Berlegung Daniel Bartholomae, 1708. – 4 vol. ([16], 800, [28] p., [4] f. desdobr., [1] map. desdobr., [3] grav., [3] grav. desdobr.; [8], 1154, [26] p.; [12], 616 p.; p. 617 – 1299, [19] p.): il.; 22 cm. – Obra dividida em 3 partes, mas publicada em 4 volumes, constituindo o 3º e 4 º volumes a terceira parte. – Erro de paginação

BPNM 2-52-5-5/8

284. HAWKESWORTH, J., 1715?-1773

Relation des Voyages Enterpris par Ordre de Sa Majesté Britannique, actuellment regnante, pour faire des Découvertes dans L' Hémisphère Mèridional: et successivement exécutés par le Commodore Byron, le Capitaine Carteret, le Capitaine Wallis & le Capitaine Cook, dans les Vaisseaux le Dauphin, le Swallow & l' Endeavour / Par J. Hawkesworth. – A Paris: Chez Saillant et Nyon: Chez Panckouke, 1774. – 3 vol. ([2], 536 p., [5] grav., [6] grav. desdobr., [4] map. desdobr.; [2], 394, [1] p., [5] grav., [4] grav. desdobr., [8] map. desdobr.; [6], 367, [1] p., [1] grav., [1] grav. desdobr., [1] map. desdobr.); 27 cm . – Obra traduzida do inglês para o francês

BPNM 2-52-11-9/11

285. HENELII, Nicolai

Silesiographia renovata: necessariis scholiis, observationibus et indice aucta / Nicolai Henelii. – Wratislaviae & Lipsiae: Apud Christianum Bauchium, Bibliopolam, 1704. – 2 vol. ([28], 804; 768 p.); 22 cm. – O 1º volume antes da folha de rosto tem um retrato do autor

BPNM 2-52-4-21/22

286. HERMANNIDAE, Rutgeri

Britannia Magna sive Angliae, Scotiae, Hiberniae & adjacentium Insularum: Geographico-Historica Descriptio / Rutgeri Hermannidae. – Amstelodami: Sumptibus Aegidii Jansonii Valckenier, 1661. – [36], 645, [45] p., [31] map. desdobr.; 14 cm. – Erro de paginação

BPNM 2-52-2-2

287. HERRERA, Antonio de, 1559-1625

Comentarios de los Hechos de los Españoles Franceses, y Venecianos en Italia, y de otras Republicas, Potentados, Principes, y Capitanes famosos Italianos, desde el año de 1281 hasta el de 1559 / Por Antonio de Herrera Secretario de Sv Magestad.... – En Madrid: Por Iuan Delgado, 1624. – [10], 467 p.; 29 cm . – Erro de paginação

BPNM 1-35-1-21

288. HERRERA, Antonio de, 1559-1625

Descripcion de las Indias Ocidentales / de Antonio de Herrera. – En Madrid: En la Oficina Real de Nicolas Rodriguez Franco, 1730. – [40], 78, 292 p., [14] map. desdobr.; 31 cm. – Erro de paginação

BPNM 1-35-1-16

289. HERRERA, Antonio, 1559-1625

Descripcion de las Islas, y Tierra Firme del Mar Oceano, que llaman Indias Ocidentales / Antonio Herrera. – En Amberes: Por Juan Bautista Verdussen, 1728. – 68, [2] p., [2] map. desdobr.: il.; 34 cm. – Na mesma encadernação do tomo quarto a obra «*Historia General de las Indias Ocidentales, ò de los Hechos Castellanos en las Islas, y Tierra firme del Mar Oceano*»

BPNM 1-35-10-5 (2º)

290. HERRERA, Antonio de, 1559-1625

Historia General de los Hechos de los Castellanos en las Islas y Tierra Firme del Mar Oceano / Escrita por Antonio de Herrera. – En Madrid: En la Officina Real de Nicolas Rodriguez Franco, 1726-1730. – 7 vol. ([4], 288; [2], 296; [4], 232; [6], 252; [4], 236; [4], 245; [4], 251, [444] p.); 31 cm. – O tomo I foi catalogado à parte uma vez que tem uma folha de rosto diferente. – Erros de paginação nos tomos III, IV, V, VII. – Os tomos II-III; IV-V e VI-VII estão juntos na mesma encadernação

BPNM 1-35-1-17/20

291. HERRERA, Antonio, 1559-1625

Historia General de las Indias Ocidentales, ò de los Hechos de los Castellanos en las Islas y Tierra firme del Mar Oceano: en Ocho Decadas / Antonio de Herrera. – Nueva Impression enriquecida con lindas Figuras y Retratos. – En Amberes: Por Juan Bautista Verdussen, 1728. – 4 vol. ([4], 496, [24] p.,

[19] grav., [7] grav. desdobr., [2] map.; 446, [18] p., [12] grav., [3] grav. desdobr.; [2], 412, [20] p., [12] grav.; [2], 422, [22] p., [11] grav., [1] map.): il.; 34 cm. – Os tomos quatro e cinco estão juntos na mesma encadernação. – Tomo Primero que contiene las decadas primera y segunda. – Tomo Segundo que contiene las decadas tercera y quarta. – Tomo Tercero que contiene las decadas quinta y sexta. – Tomo Quarto que contiene las decadas septima y octava

BPNM 1-35-10-2/4 e 1-35-10-5 (1º)

292. HISPANIAE ILLUTRATAE SEV RERUM URBIUMQ. HISPANIAE, LUSITANIAE, AETHIOPIAE ET INDIAE SCRIPTORES VARII

Hispaniae Illutratae sev Rerum Urbiumq. Hispaniae, Lusitaniae, Aethiopiae et Indiae Scriptores Varii. – Partim editi nunc primum, partim aucti atque emendati. – Francofurti: Apud Claudium Marnium, & Haeredes Iohannis Aubrij, 1603. – 2 vol. ([10], 1189, [37] p., [2] map. desdobr.: [2], 1378, [72] p.); 37 cm. – Erro de paginação no 2º volume. – Esta obra é constituída por 3 volumes mas o último foi catalogado à parte uma vez que tem uma folha de rosto diferente

BPNM 1-35-2-5/6

293. HISTOIRE GENERALE DE PORTUGAL, ET DES INDES ORIENTALES

Histoire generale de Portugal, et des indes orientales: ensemble des dernieres guerres des portugais contre les maures d'Afrique, & l'union de ce royaume à la couronne de Castille...: traduite de l'italieu en François, par M. Th. Nardin B.. – A Arras: Chez François Bvauduin Libraire Iuré, 1617. – [24], 591 p.; 17 cm

BPNM 2-55-1-20

294. HISTOIRE GENERALE DES VOYAGES OU NOUVELLE COLLECTION DE TOUTES RELATIONS DE VOYAGES PAR MER ET PAR TERRE, QUI ONT ÉTÉ LES PUBLIÉES JUSQU' A PRESENT DANS LES DIFFERENTES LANGUES DE TOUTES LES NATIONS CONNUES

Histoire generale des voyages ou nouvelle collection de toutes relations de voyages par mer et par terre, qui ont été les publiées jusqu' a present dans les differentes langues de toutes les nations connues: contenant ce qu'il y a de plus remarquables, de plus utile, et de mieux avere' dans les pays ou les voyageurs ont penetré.... – A Paris: Chez Didot, libraire, 1746. – 14 vol. (XVIJ,

XIV, 563, [3] p., [13] map., [11] grav.; VIIJ, 654 p., [26] grav., [23] map., [3] map desdobr.; VIII p., [10] map., [23] grav., [4] map. desdobr.; 648 p., [49] grav., [5] map., [3] map. desdobr.; VIII, 564 p., [46] grav., [11] map., [4] map. desdobr.; X, 608 p., [3] map. desdobr., [3] map., [38] grav.; 624 p., [16] grav., [6] map., [1] map. desdobr.; [4], 652 p., [7] map. desdobr., [7] grav. desdobr., [2] map., [8] grav.; [4], 646 p., [3] map., [20] grav., [2] map. desdobr., [1] grav. desdobr.; VI, 688 p., [7] map., [19] grav., [1] grav. desdobr.; II, 722 p., [10] map. desdobr., [13] grav. desdobr., [4] grav.: XX, 659 p., [12] map., [17] grav., [1] map. desdobr.; VI, [2], 658 p., [9] grav., [1] map., [8] map. desdobr., [5] grav. desdobr.; VIII, 763 p., [12] map. desdobr., [6] grav. desdobr., [2] map., [8] grav.): 27 cm. – No rosto «Avec Approbation et Privilege du Roi»

BPNM 2-52-8-3/16

295. HISPANIAE ILLUTRATAE SEV RERUM IN HISPANIA ET PRAESERTIM IN ARAGONIA GESTARUM SCRIPTORES VARII...

Hispaniae Illutratae sev Rerum in Hispania et praesertim in Aragonia gestarum Scriptores varii.... – Francofurti: Apud Claudium Marnium, & Haeredes Iohannis Aubrij, 1606. – [1] grav, [8], 840 p., [73] f., [1] f. desdobr.; 37 cm. – Erro de paginação

BPNM 1-35-2-7

296. HOLSTENII, Lucae, 1596-1661

Notae & Castigationes In Stephanum Byzantium de Urbibus: Accedunt Scymni Chii Fragmenta Graeca, cum verisione Latina Lucae Holstennii, Nec non Vetus Pictura Nymphae I ante hac omissa & in eam commentariolus.... – Lugduni Batavorum: Apud Petrum Vander , 1692. – [8], 497, [34] p., [1] grav. desdobr.: il.; 33 cm. – Edição bilingue em latim e grego

BPNM 1-32-4-1

297. HORNIUS, George, 1620-1670

Description Exacte de l' Univers ou l' Ancienne Geographie Sacrée et Profane...: Précédée d' une Introduction a la Geographie Ancienne, ou l' on Rapporte en Abregée tout ce qui concerne l' Ancien Monde, les Transmigratoins des Nations, les origines des Peuples, & généralement tout ce qui peut servir à illustrer l' Histoire / Par George Hornius. – A La Haye: Chez Pierre De Hondt, 1741. – [2], 44 p., 53 map.; 55 cm

BPNM 2-42-14-1

298. HURTADO DE MENDOZA, Petrus, 1578-1651

Espejo geographico: segvnda y tercera parte, contiene la descripcion del Globo Terraqueo, assi por las divisiones que tiene en el señaladas la Naturaleza, como por las civiles, y arbitrarias, en Imperios, Reynos, Republicas y otros Estados / compvesto por D. Pedro Hvrtado de Mendoza, cavallero del Orden de Calatrava, su Secretario de cartas. – En Madrid: Por Jvan Garcia Infarzon, 1691. – [6], 392, [24] p.; 16 cm

BPNM 2-52-1-4

299. HWKINS

Relation de la cour du mongol / par le capitaine Hvvkins: Melchisedec Thevenot. – [S.l.: s.n., 1696?]. – 12 p., [1] map. desdobr.; 37 cm. – Esta obra é constituída por 2 volumes divididos em quatro partes cada uma delas constituída por várias peças nem todas completas. O rosto comum aos 2 volumes é «*Relations de divers voyages curieux qui n'ont point este publie'es Et qu'on a traduit ou tiré des Originaux des Voyageurs François, Espagnols, Allemands, Portugais, Anglois données au public par les soins de feu M. Melchisedec Thevenot*»

BPNM 1-32-12-5 (10º)

I

300. IENKISON, Antoine

Avis sur la navigation d'Anthoine Ienkinson en la mer Caspienne. – [S.l.: s.n., 1696?]. – p. 17-28; 37 cm. – Esta obra é constituída por 2 volumes divididos em quatro partes cada uma delas constituída por várias peças nem todas completas. O rosto comum aos 2 volumes é «*Relations de divers voyages curieux qui n'ont point este publie'es Et qu'on a traduit ou tiré des Originaux des Voyageurs François, Espagnols, Allemands, Portugais, Anglois données au public par les soins de feu M. Melchisedec Thevenot*»

BPNM 1-32-12-5 (7º)

301. ILLUSTRIORUM HISPANIAE URBIUM TABULAE CVM APPENDICE CELEBRIORUM ALIBI AUT OLIM AUT NUNC PARENTIVM HISPANIS AUT EORUM CIVITATUM COMMERCIIS FLORENTIUM

Illustriorum Hispaniae Urbium tabulae cvm appendice celebriorum alibi aut olim aut nunc Parentivm Hispanis aut eorum Civitatum Commerciis florentium. – Amstelodami: Ex Officina Joannem Jansonii, [s.d.]. – [258] p.: il.; 49 cm

BPNM 1-32-2-7

302. ILLUSTRIORUM ITALIAE URBIUM TABULAE

Illustriorum Italiae Urbium Tabulae: cum Appendice Celebriorum in Maris Mediterranei Insulis Civitatum. – Amstelodami: Ex Officina Joannis Janssonii, [s.d.]. – [7], 85 f., [28] grav., [1] grav. desdobr., [29] plantas, [2] plantas desdobr.: il.; 49 cm

BPNM 1-32-2-8

303. ILLUSTRIORUM REGNI GALLIAE CIVITATUM TABULAE UT HELVETIAE CONFOEDERATAE CIVITATES CELEBRIORES

Illustriorum Regni Galliae Civitatum Tabulae ut Helvetiae Confoederatae Civitates Celebriores. – Amstelodami: Ex Officina Joannis Janssonii, [s.d.]. – [210] p.; 49 cm. – Existe outro exemplar da obra com a cota 1-32-1-18

BPNM 1-32-2-6

304. ILLVSTRIORVM PRINCIPUMQUE URBIUM SEPTENTRIONALIUM EVROPAE TABULAE

Illvstriorvm Principumque Urbium Septentrionalium Evropae Tabulae. – Amstelodami: Ex Officina Joannis Janssonii, [s.d.]. – [242] p.: il.; 49 cm

BPNM 1-32-2-5

305. INSTRUCTION DES VENTS QUI SE RENCONTRE, & REGNENT PLUS FREQUENMMENT ENTRE LES PAIS BAS & ISLE DE IAVA

Instruction des vents qui se rencontre, & regnent plus frequenmment entre les Pais Bas & Isle de Iava. – [S.l.: s.n., s.d.]. – 12 p.; 37 cm. – Esta obra é constituída por 2 volumes divididos em quatro partes cada uma delas constituída por várias peças nem todas completas. O rosto comum aos 2 volumes é «*Relations de divers voyages curieux qui n'ont point este publie'es Et qu'on a traduit ou tiré des Originaux des Voyageurs François, Espagnols, Allemands, Portugais, Anglois données au public par les soins de feu M. Melchisedec Thevenot»*

BPNM 1-32-12-6 (18º)

306. INTRODUCTION A LA FORTIFICATION

Introduction a la Fortification. – Paris: J. F. Bernard, [s.d.]. – 2 vol. ([195] f., [3] plantas desdobr.; [188] f., [1] f. desdobr., [4] plantas desdobr.): toda il.; 28 cm. – Ao 1º volume foi atribuída uma numeração que por vezes, se repete, e no 2º volume existe uma numeração manuscrita que dá continuidade à do 1º, por isso o catalogador optou por fazer a contagem

BPNM 2-52-10-11/12

307. ISTORICA DESCRIZIONE DE TRE REGNI CONGO, MATAMBA ET ANGOLA

Istorica descrizione de tre regni Congo, Matamba et Angola: sitvati nell' Etiopia Inferiore Occidentale e delle Missioni Apostoliche Esercitateui da Religiosi Capuccini: Accuratamente compilata dal P. Gio Antonio Cavazzi da Montecvccolo Sacerdote Capuccino: E nel presente stile ridotta dal P. Fortvnato Alamandini da Bologna. – In Bologna: Per Giacomo Monti, 1687. – [12], 933 p., [9] grav., [1] map. desdobr., [1] grav. desdobr.: il.; 31 cm. – Erro de paginação

BPNM 2-52-12-4

J

308. JESUS, Rafael de, Frade, 1614-1693

Castrioto Lvsitano: parte I: Entrepresa, e restavraçao de Pernambuco & das capitanias confinantes varios, e bellicos svccessos entre portuguezes, e belgas acontecidos pello discurso de vinte e quatro annos, e tirados de noticias, relaçoes, & memorias certas / compostos em forma de historia pelio Muyto Reverendo Padre Prégador Geral Fr. Raphael de iesvs Natural da muyto Nobre, & sempre Leal Villa de Guimaraes religioso da ordem do Principe dos Patriarchas S. Bento professo na sua reformada congregaçam de Portugal, & nella D. Abbade do Insigne Mosteyro de S. Bento de Lisboa este presente anno de 1679. – Lisboa: Na impressao de Antonio Craesbeeck de Mello impressor de Sua Alteza, 1679. – [60], 70 p.; 30 cm

BPNM 1-33-12-5

309. JOURNAL D'UN VOYAGE FAIT AUX INDES ORIENTALES...

Journal d'un Voyage fait aux Indes Orientales.... – A Rouen: Chez Jean Batiste Machuel le Jeune, 1721. – 2 vol. ([6], 410 p., [1] grav. desdobr.; 388 p.); 17 cm

BPNM 2-52-2-16/17

310. JUAN, Jorge, ? –1773

Relacion historica del viage a la America Meridional hecho de orden de S. Mag. para medir algunos grados de Meridiano terrestre, y venir por ellos en conocimiento de la verdadera figura, y magnitud de la tierra, con otras varias observaciones astronomicas, y phisicas / por Don Jorge Juan comendador de Aliaga en el Orden de San Juan, socio correspondiente de la real Academia de las Sciencias de Paris; y Don Antonio de Ulloa, de la Real Sociedad de Londres, ambos capitanes de Fragata de la Real Armada. – En Madrid: Por Antonio Marin, 1748. – 4 vol. ([19], 404 p., [8] grav. desdobr., [4] plantas desdobr.; p. 405-682, [5] grav. desdobr., [2] plantas desdobr.; [8], 379 p., [4] grav. desdobr., [6] plantas desdobr.; p. 382-603, CXCV p., [1] map. desdobr., [2] grav. desdobr.); 28 cm

BPNM 2-52-11-4/7

K

311. KIRCHER, Athanasio, Jesuíta, 1602-1680

Athanasii Kircheri e Soc. Jesu China Monumentis, qua Sacris quà Profanis, nec non variis naturae & artis spectaculis, aliarumque rerum memorabilium argumentis illustrata auspiciis Leopoldi Primi, Roman. Imper. Augusti, Munificentissimi Meceanatis. – Amstelodami: Apud Jacobum à Meurs, in fossa vulgò de Keysersgracht, 1667. – [14], 237, [11] p., [2] map. desdobr., [7] f., [1] f. desdobr., [13] grav., [2] grav. desdobr.: il.; 32 cm. – Contém uma gravura do autor. – Erro de paginação

BPNM 1-36-8-8

312. KIRCHER, Athanasio, Jesuíta, 1602-1680

La Chine d'Athanase Kirchere de la Compagnie de Jesus, illustrée de plusieurs monuments tants sacrés que profanes, et de quantité de recherchés de la nature & de L'art. A quoy on à adjousté de nouveau les questions curieuses que le Serenissime Grand Duc de Toscane a fait depuis peu au P. Jean Grubere touchant ce grand empire traduit par F. S. Dalquié. – A Amsterdam: Ches Jean Jansson à Waesberge, & les Heritiers d'Elizée Weyerstraet, 1670. – [12], 367, [14] p., [21] grav.: il.; 39 cm. – No rosto «Avec un dictionnaire chinois & francois, le quel est tres-rare, & qui n'a pas encores paru au jour». – Erro de paginação

BPNM 1-32-4-10

313. KIRCHER, Athanasio, Jesuíta, 1602-1680

Latium. Id est nova & parallela latii tum veteris tum novi descriptio: qua quaecunque vel natura, vel veterum romanorum ingenium admiranda effecit, geographico-historico-physicoratioconio, juxta rerum gestarum, temporumque seriem exponitur & enucleatur / Athanasii Kircheri. – Amstelodami: Apud Joannem Janssonium à Waesberge, & Haeredes Elizei Weyerstraet, 1671. – [28], 263, [8] p., [35] f.: il; 39 cm

BPNM 1-32-4-11

L

314. LABAT, Jean-Baptiste, 1663-1738

Voyages du P. Labat de l'ordre des FF. Precheurs, en Espagne et en Italie. – A Paris: Chez Jean-Baptiste delespine, Imprimeur-Libraire ordinaire du Roy: Charles J. B. Delespine le Fils, Libraire, 1730. – 8 vol. (XXIJ, 459, [45] p.; 398, [36] p., [1] planta desdobr.: 403, [28] p., [1] grav., [1] grav. desdobr.; [27], 415 p., [1] planta desdobr.; [13], 401 p.; [12], 388 p., [1] grav. desdobr.; [14], 399 p.; [24], 409 p.); 18 cm. – Erros de paginação nos tomos III, V, VII e VIII

BPNM 2-52-2-20/27

315. LAFITAU, Joseph-François, Jesuíta, ?-1740?

Histoire des découvertes et conquestes des Portugais dans le nouveau monde, avec des figures en taille-douce / par le R. P. Joseph François Lafiteau, de la Compagnie de Jesus. – A Paris: Chez Saugrain Pére: Chez Jean-Baptiste Coignard Fils imprimeur du Roi, 1733. – 2 vol. (XXIV, 616, [48] p., [9] f.; [7] grav., 693, [88] p.); 26 cm

BPNM 1-33-10-3/4

316. LAMBERTI, Archange,

Relation de la colchide ov mengrellie / par le P. Archange Lambert, missionaire de la Congregation de la Propagation de la Foy. – [S.l.: s.n., 1696?] . – [1] map., p. 31-52; 37 cm. – Esta obra é constituída por 2 volumes divididos em quatro partes cada uma delas constituída por várias peças nem todas completas. O rosto comum aos 2 volumes é «*Relations de divers voyages curieux qui n'ont point este publie'es Et qu'on a traduit ou tiré des Originaux des Voyageurs François, Espagnols, Allemands, Portugais, Anglois données au public par les soins de feu M. Melchisedec Thevenot*»

BPNM 1-32-12-5 (4º)

317. LAPORTE, fl. 1781-1815

O viajante universal ou noticia do mundo antigo e moderno: tomo I / por Mr. de Laporte. – *Segunda Ediçao*. – Lisboa: Na Typografia Rollandiana, 1800 . – 352 p.; 15 cm. – Traduzida em Hespanhol, correcto o original, e illustrado com notas, e agora vertida em portuguez

BPNM 2-53-1-2

318. LAPORTE, fl. 1781-1815

O viajante universal ou noticia do mundo antigo e moderno: tomo II / por Mr. de Laporte. – *Segunda Ediçao*. – Lisboa: Na Typografia Rollandiana, 1800 . – 339 p.; 15 cm. – Traduzida em Hespanhol, correcto o original, e illustrado com notas, e agora vertida em portuguez. – Erro de paginação

BPNM 2-53-1-3

319. LAPORTE, fl. 1781-1815

O viajante universal ou noticia do mundo antigo e moderno: tomo III / por Mr. de Laporte. – *Segunda Ediçao*. – Lisboa: Na Typografia Rollandiana, 1800 . – 364, [4] p.; 15 cm. – Traduzida em Hespanhol, correcto o original, e illustrado com notas, e agora vertida em portuguez

BPNM 2-53-1-4

320. LAPORTE, fl. 1781-1815

O viajante universal ou noticia do mundo antigo e moderno: obra recopilada dos melhores viajantes: tomo IX / [Laporte]. – Lisboa: Na Typografia Rollandiana, 1800. – 404 p.; 15 cm

BPNM 2-53-1-10

321. LAPORTE, fl. 1781-1815

O viajante universal ou noticia do mundo antigo e moderno: obra recopilada dos melhores viajantes: tomo X / [Laporte]. – Lisboa: Na Typografia Rollandiana, 1800. – 440 p.; 15 cm. – Erro de paginação

BPNM 2-53-1-11

322. LAPORTE, fl. 1781-1815

O viajante universal, ou noticia do mundo antigo, e moderno: obra recopilada dos melhores viajantes: tomo XII / [Laporte]. – Lisboa: Na Typographia Rollandiana, 1800. – 373 p.; 15 cm

BPNM 2-53-1-13

323. LAPORTE, fl. 1781-1815

O viajante universal, ou noticia do mundo antigo e moderno: obra recopilada dos melhores viajantes: tomo XIII / [Laporte]. – Lisboa: Na Typographia Rollandiana, 1800. – 368 p.; 15 cm

BPNM 2-53-1-14

324. LAPORTE, fl. 1781-1815

O viajante universal ou noticia do mundo antigo e moderno: tomo IV / por Mr. de Laporte. – Segunda Ediçao. – Lisboa: Na Typografia Rollandiana, 1801 . – 375 p.; 15 cm. – Traduzida em Hespanhol, correcto o original, e illustrado com notas, e agora vertida em portuguez

BPNM 2-53-1-5

325. LAPORTE, fl. 1781-1815

O viajante universal ou noticia do mundo antigo e moderno: tomo V / por Mr. de Laporte. – Segunda Ediçao. – Lisboa: Na Typografia Rollandiana, 1801 . – 384 p.; 15 cm. – Traduzida em Hespanhol, correcto o original, e illustrado com notas, e agora vertida em portuguez

BPNM 2-53-1-6

326. LAPORTE , fl. 1781-1815

O viajante universal ou noticia do mundo antigo e moderno: tomo VI / por Mr. de Laporte. – Segunda Ediçao. – Lisboa: Na Typografia Rollandiana, 1801. – 348, [4] p.; 15 cm. – Traduzida em Hespanhol, correcto o original, e illustrado com notas, e agora vertida em portuguez

BPNM 2-53-1-7

327. LAPORTE, fl. 1781-1815

O viajante universal ou noticia do mundo antigo e moderno: tomo VII / por Mr. de Laporte. – Segunda Ediçao. – Lisboa: Na Typografia Rollandiana, 1801. – 360 p.; 15 cm. – Traduzida em Hespanhol, correcto o original, e illustrado com notas, e agora vertida em portuguez

BPNM 2-53-1-8

328. LAPORTE, fl. 1781-1815

O viajante universal ou noticia do mundo antigo e moderno: tomo XIV: obra recopilada dos melhores viajantes / [Laporte]. – Lisboa: Na Typografia Rollandiana, 1801. – 350 p.; 15 cm

BPNM 2-53-1-15

329. LAPORTE, fl. 1781-1815

O viajante universal ou noticia do mundo antigo e moderno: obra recopilada dos melhores viajantes: tomo XV / [Laporte]. – Lisboa: Na Typografia Rollandiana, 1801. – 340, [4] p.; 15 cm

BPNM 2-53-1-16

330. LAPORTE, fl. 1781-1815

O viajante universal ou noticia do mundo antigo e moderno: tomo VIII / por Mr. de Laporte. – Segunda Ediçao. – Lisboa: Na Typografia Rollandiana, 1802. – 377, [4] p.; 15 cm. – Traduzida em Hespanhol, correcto o original, e illustrado com notas, e agora vertida em portuguez

BPNM 2-53-1-9

331. LAPORTE, fl. 1781-1815

O viajante universal, ou noticia do mundo antigo e moderno: obra recopilada dos melhores viajantes: tomo XVI / [Laporte]. – Lisboa: Na Typografia Rollandiana, 1802. – 347 p.; 15 cm

BPNM 2-53-1-17

332. LAPORTE, fl. 1781-1815

O viajante universal ou noticia do mundo antigo e moderno: obra recopilada dos melhores viajantes: tomo XVII / [Laporte]. – Lisboa: Na Typografia Rollandiana, 1802. – 368 p.; 15 cm

BPNM 2-53-1-18

333. LAPORTE, fl. 1781-1815

O viajante universal ou noticia do mundo antigo e moderno: obra recopilada dos melhores viajantes: tomo XVIII / [Laporte]. – Lisboa: Na Typografia Rollandiana, 1802. – 372 p.; 15 cm

BPNM 2-53-1-19

334. LAPORTE, fl. 1781-1815

O viajante universal ou noticia do mundo antigo e moderno: obra recopilada dos melhores viajantes: tomo XIX / [Laporte]. – Lisboa: Na Typografia Rollandiana, 1802. – 354, [5] p.; 15 cm

BPNM 2-53-1-20

335. LAPORTE, fl. 1781-1815

O viajante universal ou noticia do mundo antigo e moderno: obra recopilada dos melhores viajantes: tomo XX / [Laporte]. – Lisboa: Na Typografia Rollandiana, 1803. – 354, [5] p.; 15 cm

BPNM 2-53-1-21

336. LAPORTE, fl. 1781-1815

O viajante universal ou noticia do mundo antigo e moderno: obra recopilada dos melhores viajantes: tomo XXI / [Laporte]. – Lisboa: Na Typografia Rollandiana, 1803. – 335 p.; 15 cm

BPNM 2-53-1-22

337. LAPORTE, fl. 1781-1815

O viajante universal ou noticia do mundo antigo e moderno: obra recopilada dos melhores viajantes: tomo XXII / [Laporte]. – Lisboa: Na Typografia Rollandiana, 1803. – 343 p.; 15 cm

BPNM 2-53-1-23

338. LAPORTE, fl. 1781-1815

O viajante universal ou noticia do mundo antigo e moderno: obra recopilada dos melhores viajantes: tomo XXIII / [Laporte]. – Lisboa: Na Typografia Rollandiana, 1803. – 329, [5] p.; 15 cm

BPNM 2-53-1-24

339. LAPORTE, fl. 1781-1815

O viajante universal ou noticia do mundo antigo e moderno: obra recopilada dos melhores viajantes: tomo XXIV / [Laporte]. – Lisboa: Na Typografia Rollandiana, 1803. – 315, [5] p.; 15 cm

BPNM 2-53-1-25

340. LAPORTE, fl. 1781-1815

O viajante universal ou noticia do mundo antigo e moderno: obra recopilada dos melhores viajantes: tomo XXV / [Laporte]. – Lisboa: Na Typografia Rollandiana, 1803. – 359 p.; 15 cm

BPNM 2-53-1-26

341. LAPORTE, fl. 1781-1815

O viajante universal ou noticia do mundo antigo e moderno: obra recopilada dos melhores viajantes: tomo XXVI / [Laporte]. – Lisboa: Na Typografia Rollandiana, 1804. – 358 p.; 15 cm

BPNM 2-53-1-27

342. LAPORTE, fl. 1781-1815

O viajante universal ou noticia do mundo antigo e moderno: obra recopilada dos melhores viajantes: tomo XXVII / [Laporte]. – Lisboa: Na Typografia Rollandiana, 1804. – 360 p.; 15 cm

BPNM 2-53-1-28

343. LAPORTE, fl. 1781-1815

O viajante universal ou noticia do mundo antigo e moderno: obra recopilada dos melhores viajantes: tomo XXVIII / [Laporte]. – Lisboa: Na Typografia Rollandiana, 1804. – 372 p.; 15 cm

BPNM 2-53-1-29

344. LAPORTE, fl. 1781-1815

O viajante universal ou noticia do mundo antigo e moderno: obra recopilada dos melhores viajantes: tomo XXIX / [Laporte]. – Lisboa: Na Typografia Rollandiana, 1804. – 353, [5] p.; 15 cm

BPNM 2-53-1-30

345. LAPORTE, fl. 1781-1815

O viajante universal ou noticia do mundo antigo e moderno: obra recopilada dos melhores viajantes: tomo XXX / [Laporte]. – Lisboa: Na Typografia Rollandiana, 1804. – 358 p.; 15 cm

BPNM 2-53-1-31

346. LAPORTE, fl. 1781-1815

O viajante universal ou noticia do mundo antigo e moderno: obra recopilada dos melhores viajantes: tomo XXXI / [Laporte]. – Lisboa: Na Typografia Rollandiana, 1805. – 372 p.; 15 cm

BPNM 2-53-1-32

347. LAPORTE, fl. 1781-1815

O viajante universal ou noticia do mundo antigo e moderno: obra recopilada dos melhores viajantes: tomo XXXII / [Laporte]. – Lisboa: Na Typografia Rollandiana, 1805. – 372 p.; 15 cm

BPNM 2-53-1-33

348. LAPORTE, fl. 1781-1815

O viajante universal ou noticia do mundo antigo e moderno: obra recopilada dos melhores viajantes: tomo XXXIII / [Laporte]. – Lisboa: Na Typografia Rollandiana, 1805. – 393 p.; 15 cm

BPNM 2-53-1-34

349. LAPORTE, fl. 1781-1815

O viajante universal ou noticia do mundo antigo e moderno: obra recopilada dos melhores viajantes: tomo XXXIV / [Laporte]. – Lisboa: Na Typografia Rollandiana, 1805. – 384 p.; 15 cm

BPNM 2-53-1-35

350. LAPORTE, fl. 1781-1815

O viajante universal ou noticia do mundo antigo e moderno: obra recopilada dos melhores viajantes: tomo XXXV / [Laporte]. – Lisboa: Na Typografia Rollandiana, 1805. – 351 p.; 15 cm

BPNM 2-53-2-1

351. LAPORTE, fl. 1781-1815

O viajante universal ou noticia do mundo antigo e moderno: obra recopilada dos melhores viajantes: tomo XXXVI / [Laporte]. – Lisboa: Na Typografia Rollandiana, 1806. – 372 p.; 15 cm

BPNM 2-53-2-2

352. LAPORTE, fl. 1781-1815

O viajante universal ou noticia do mundo antigo e moderno: obra recopilada dos melhores viajantes: tomo XXXVII / [Laporte]. – Lisboa: Na Typografia Rollandiana, 1806. – 371 p.; 15 cm

BPNM 2-53-2-3

353. LAPORTE, fl. 1781-1815

O viajante universal ou noticia do mundo antigo e moderno: obra recopilada dos melhores viajantes: tomo XXXVIII / [Laporte]. – Lisboa: Na Typografia Rollandiana, 1806. – 372 p.; 15 cm

BPNM 2-53-2-4

354. LAPORTE, fl. 1781-1815

O viajante universal ou noticia do mundo antigo e moderno: obra recopilada dos melhores viajantes: tomo XXXIX / [Laporte]. – Lisboa: Na Typografia Rollandiana, 1806. – 374 p.; 15 cm

BPNM 2-53-2-5

355. LAPORTE, fl. 1781-1815

O viajante universal ou noticia do mundo antigo e moderno: obra recopilada dos melhores viajantes: tomo XL / [Laporte]. – Lisboa: Na Typografia Rollandiana, 1807. – 376 p.; 15 cm

BPNM 2-53-2-6

356. LAPORTE, fl. 1781-1815

O viajante universal ou noticia do mundo antigo e moderno: obra recopilada dos melhores viajantes: tomo XLI / [Laporte]. – Lisboa: Na Typografia Rollandiana, 1807. – 348 p.; 15 cm

BPNM 2-53-2-7

357. LAPORTE, fl. 1781-1815

O viajante universal ou noticia do mundo antigo e moderno: obra recopilada dos melhores viajantes: tomo XLII / [Laporte]. – Lisboa: Na Typografia Rollandiana, 1807. – 323 p.; 15 cm

BPNM 2-53-2-8

358. LAPORTE, fl. 1781-1815

O viajante universal ou noticia do mundo antigo e moderno: obra recopilada dos melhores viajantes: tomo XLIII / [Laporte]. – Lisboa: Na Typografia Rollandiana, 1807. – 320 p.; 15 cm

BPNM 2-53-2-9

359. LAPORTE, fl. 1781-1815

O viajante universal ou noticia do mundo antigo e moderno: obra recopilada dos melhores viajantes: tomo XLIV / [Laporte]. – Lisboa: Na Typografia Rollandiana, 1807. – 307 p.; 15 cm

BPNM 2-53-2-10

360. LAPORTE, fl. 1781-1815

O viajante universal ou noticia do mundo antigo e moderno: obra recopilada dos melhores viajantes: tomo XLV / [Laporte]. – Lisboa: Na Typografia Rollandiana, 1807. – [295] p.; 15 cm

BPNM 2-53-2-11

361. LAPORTE, fl. 1781-1815

O viajante universal ou noticia do mundo antigo e moderno: obra recopilada dos melhores viajantes: tomo XLVI / [Laporte]. – Lisboa: Na Typografia Rollandiana, 1808. – [391] p.; 15 cm

BPNM 2-53-2-12

362. LAPORTE, fl. 1781-1815

O viajante universal ou noticia do mundo antigo e moderno: obra recopilada dos melhores viajantes: tomo XLVII / [Laporte]. – Lisboa: Na Typografia Rollandiana, 1808. – 376 p.; 15 cm

BPNM 2-53-2-13

363. LAPORTE, fl. 1781-1815

O viajante universal ou noticia do mundo antigo e moderno: obra recopilada dos melhores viajantes: tomo XLVIII / [Laporte]. – Lisboa: Na Typografia Rollandiana, 1813. – 232 p.; 15 cm

BPNM 2-53-2-14

364. LAPORTE, fl. 1781-1815

O viajante universal ou noticia do mundo antigo e moderno: obra recopilada dos melhores viajantes: tomo XI / [Laporte]. – Segunda Ediçao. – Lisboa: Na Typografia Rollandiana, 1814. – 388 p.; 15 cm. – Erro de paginação

BPNM 2-53-1-12

365. LAPORTE, fl. 1781-1815

O viajante universal ou noticia do mundo antigo e moderno: obra recopilada dos melhores viajantes: tomo XLIX / [Laporte]. – Lisboa: Na Typografia Rollandiana, 1814. – 319 p.; 15 cm

BPNM 2-53-2-15

366. LAPORTE, fl. 1781-1815

O viajante universal ou noticia do mundo antigo e moderno: obra recopilada dos melhores viajantes: tomo L / [Laporte]. – Lisboa: Na Typografia Rollandiana, 1814. – 388 p.; 15 cm

BPNM 2-53-2-16

367. LAPORTE, fl. 1781-1815

O viajante universal ou noticia do mundo antigo e moderno: obra recopilada dos melhores viajantes: tomo LI / [Laporte]. – Lisboa: Na Typografia Rollandiana, 1815. – 390, [2] p.; 15 cm

BPNM 2-53-2-17

368. LAVANHA, João Baptista, ca 1555-1625

Viage de la Catholica Real Magestad del Rei D. Filipe III N. S. al Reino de Portugal I relacion del solene recebimiento que en el se le hizo / por Ioan Baptista Lavaña. – Madrid: Por Thomas Iunti Impressor del Rei N. S., 1622. – [2], 76 f. , [3] grav. desdobr.: il.; 34 cm. – Erro de paginação

BPNM 1-35-8-1

369. LAUNAY, Gilles de

La geographia facil: en compendio methodico, a favor de la nobleza / que en frances escriviò Gilles de Lavnay; la que en español traduce D. Raymundo Santa Eulalia. – Barcelona: Por Rafael Figueró, 1700. – [10], 206 p., [6] p.; 17 cm. – Pertence à Colecção Biblioteca Volante. – Na mesma encadernaçao a obra «*Explicacion de un lugar de suetonio y examen de la deidad que consulto vespasiano en el carmelo...*»

BPNM 2-52-7-5 (2º)

370. LE BRUN, Corneille, 1623-1683

Voyage au Levant, c'est à dire dans les principaux endroits de l'Asie Mineure dans les isles de Chio, de Rhodes, de Chypre &c.: de même que dans les plus considerables villes d' Égypte, de Syrie, et de la Terre Saint... / par Corneille Le Brun. – A Delft: Chez Henri de Kroonevelt , 1700. – [10], 408, [6] p., [106] f., [1] map. desdobr., [17] grav. desdobr.: il.; 35 cm. – As gravuras representam as cidades, os hábitos e os trajes da região descrita na obra

BPNM 1-32-12-8

371. LE BRUN, Corneille, 1623-1683

Voyage au Levant, c'est-à-dire, dans les principaux endroits de l' Asie Mineure, dans les isles Chio, Rhodes, Chypre, & c.: de même que dans les plus considérables villes d' Egypte, Syrie, & Terre Saint / par Corneille Le Brun. – A Paris: A Rouen: Jean-Baptiste-Claude Bauche: Charles Ferrand & Robert Machuel, 1725. – 2 vol. ([14], 648, [12] p., [1] map. desdobr., [12] grav.; 565,

[12]p., [15] grav, [3] grav. desdobr.): 26 cm. – Obra composta por cinco volumes . – A partir do terceiro volume o título muda pelo que o catalogador optou por catalogá-los separadamente

BPNM 2-52-9-9/10

372. LE BRUN, Corneille, 1623-1683

Voyages de Corneille Le Brun par la Moscovie, en Perse, et aux Indes Orientales... – A Amsterdam: Chez les Freres Wetstein, 1718. – 2 vol. ([6], 251 p., [3] map. desdobr., [14] grav., [32] grav. desdobr.; p. 253-469, [25] grav., [31] grav. desdobr.): il.; 34 cm. – Entre as pág. 226 e 227, antes da gravura que tem o nº 97 aparecem vestígios de 3 folhas rasgadas, estas folhas teriam gravuras, pois os pedaços que ficaram têm vestígios de imagens

BPNM 1-32-12-9/10

373. LE BRUN, Corneille, 1623-1683

Voyage de Corneille Le Brun par la Moscovie, en Perse et aux Indes Orientales.... – *Nouvelle Edition, augmentée considérablement.* – A Paris: A Rouen: Jean-Baptiste-Claude Bauchi: Charles Ferrand & Robert Machuei, 1725 . – 3 vol. ([4], 520, [12] p., [2] map. desdobr., [11] grav.; [1] map., 522, [12] p., [22] grav, [6] grav. desdobr.; 498, [14] p., [13] grav.); 26 cm. – Obra composta por cinco volumes. – A partir do terceiro volume o título muda pelo que o catalogador optou por catalogá-los separadamente

BPNM 2-52-9-11/13

374. LIÇOES ELEMENTARES DE GEOGRAPHIA E CHRONOLOGIA COM SEU ATLAS APPROPRIADO

Liçoes Elementares de Geographia e Chronologia com seu Atlas appropriado: accommodadas ao Estado de conhecimentos e mais circumstancias dos alumnos da aula de Arithmetica, Geometria, Geographia e Chronologia do real Collegio das Artes da Universidade de Coimbra. – Coimbra: Na Real Imprensa da Universidade, 1830. – 92 p., 3 grav. desdobr.; 26 cm

BPNM 2-52-12-6

375. LIMA, Luiz Caetano de, 1671-1757

Geografia Historica de todos os Estados Soberanos de Europa: com as mudanças, que houve nos seus Dominios, especialmente pelos Tratados de Utrecht, Rastad, Baden, da Barreira, da Quadruple Alliança, de Hannover, e de

Sevilha; e com as Genealogias das Casas reynantes, e outras muy principaes / composta por D. Luiz Caetano de Lima. – Lisboa Occidental: Na Officina de Joseph Antonio da Sylva, Impressor da Academia Real, 1734-1736. – 2 vol. ([16], 562 p., [1] grav., [1] map.: 722 p., [3] map., [3] map. desdobr., [4] plantas desdobr.): il.; 30 cm

BPNM 2-52-10-17/18

376. LOBO, Jerónimo, Jesuíta, c. 1595-1678

Relation de l'empire des Abyssins, des sources du Nil, de la Licorne, &c. / du R. P. Ieronimo Lobo. – [S.l.: s.n., s.d.]. – 16 p.; 37 cm. – Esta obra é constituída por 2 volumes divididos em quatro partes cada uma delas constituída por várias peças nem todas completas. O rosto comum aos 2 volumes é «*Relations de divers voyages curieux qui n'ont point este publie'es Et qu'on a traduit ou tiré des Originaux des Voyageurs François, Espagnols, Allemands, Portugais, Anglois données au public par les soins de feu M. Melchisedec Thevenot*»

BPNM 1-32-12-6 (12º)

377. LOBO, Jerónimo, Jesuíta, ca. 1595?-1678

Relation Historique D'Abissinie / du R. P. Jerome Lobo; traduite du Portugais, continuée & augmentée de plusieurs Dissertations, Lettres & Memoires par M. le Grand. – A Paris: Chez la Veuve D'Antoine-Urbain Coustelier & Jacques Guerin Libraires, 1728. – [1] grav., XIV, [12], 514 p., [2] map. desdobr.; 27 cm. – Erro de paginação

BPNM 1-36-8-18

378. LOBO, Jerónimo, Jesuíta, c. 1595-1678

Remarques sur les relations d' Ethiopie / des RR. PP: Ieronimo Lobo, & Baltazar Tellez Iesuites. – [S.l.: s.n., s.d.]. – 4 p., [1] map desdobr.; 37 cm. – Esta obra é constituída por 2 volumes divididos em quatro partes cada uma delas constituída por várias peças nem todas completas. O rosto comum aos 2 volumes é «*Relations de divers voyages curieux qui n'ont point este publie'es Et qu'on a traduit ou tiré des Originaux des Voyageurs François, Espagnols, Allemands, Portugais, Anglois données au public par les soins de feu M. Melchisedec Thevenot*»

BPNM 1-32-12-6 (11º)

379. LONGUERUE, Louis Dufour de, Abade, 1652-1733

Description Historique et Geographique de la France Ancienne et Moderne / par Monsieur l'Abbé de Longuerve. – A Paris: Chez Jacques-Henry Pralard, 1719. – 2 vol. ([6], 386 p., [4] map., [2] map. desdobr.; 390, [20] p., [2] map., [1] map. desdobr.); 41 cm. – Erro de paginação no 2º volume. – No fim do 2º volume estão 20 páginas avulsas repetidas da obra descrita. – Os 2 volumes estão juntos na mesma encadernação

BPNM 1-32-1-15

380. LOPES, Fernão, 138?-146?

Chronica DelRey D. Ioam I de Boa Memoria e dos Reys de Portvgal o Decimo / composta por Fernam Lopez. – Em Lisboa: A custa de Ant[onio Aluarez Impressor DelRey N.] S., 1644. – 3 vol. (412, [11]; 466, [15]: 307, [17] p.); 29 cm. – A primeira parte contém "a Defensam do reyno até ser eleito Rey" . – A segunda parte "Em qve se continvam as Gverras com castella, desde o principio de seu Reynado até as pazes". – 3ª parte "em qve se contem a tomada de Ceita... composta por Gomez Eannes D'Azvrara. – Na folha de rosto da 1ª parte da obra a zona de pé de imprensa desapareceu uma parte devido a um restauro mas esta zona está no colofão, por isso alguém transcreveu o colofão a lápis para a folha de rosto. – Erros de paginação na 1ª e 2ª parte da obra. – As três partes da obra estão juntas na mesma encadernação

BPNM 1-33-7-9

381. LUCA, Giovanni Battista, 1614-1683

Relation des tartares percopites et nogaies des circassiens, mangreliens, et geogriens / par Lean de Lvca. – [S.l.: s.n., 1696?]. – p. 14-23; 37 cm. – Esta obra é constituída por 2 volumes divididos em quatro partes cada uma delas constituída por várias peças nem todas completas. O rosto comum aos 2 volumes é «*Relations de divers voyages curieux qui n'ont point este publie'es Et qu'on a traduit ou tiré des Originaux des Voyageurs François, Espagnols, Allemands, Portugais, Anglois données au public par les soins de feu M. Melchisedec Thevenot*»

BPNM 1-32-12-5 (3º)

382. LUCAS, Paul, 1664-1737

Voyage Du Sieur Paul Lucas, fait par Ordre Du Roi dans La Grece, L' Asie Mineure, La Macedoine Et L' Afrique. – A Amsterdam: Aux dépens de la Compagnie, 1714. – 2 vol. ([28], 323 p., [1] map. desdobr., [4] grav., [4] grav.

desdobr.; [8], 328 p., [5] grav., [3] grav. desdobr., [1] map. desdobr., [1] f. desdobr.): il.; 16 cm. – 1º Tomo «*Contenant la Description de la Natolie, de la Caramanie, & de la Macedoine*». – 2º Tomo «*Contenant la Description de Jerusalem, de l' Egypte, & du Fioume: avec un Memoire pour servir à l' Histoire de Tunis, depuis l'année 1684*"

BPNM 2-52-3-21/22

383. LUDOLF, Job, 1624-1704

Iobi Lvdolfi aliàs Leutholf dicti ad suam Historiam Aethiopicam antehac editam Commentarivs in quo Multa breviter dicta fusius narrantur: contraria hac occasione praeter res Aethiopicas multa autorum, quaedam etiam S. Scripturae loca declarantur aliaque plurima Geographica, Historica et Critica.... – Francofvrti ad Moenum: Sumptibus Johannis David Zvnneri Typis Martini Jacqveti, 1691. – [4], 29, 631 p., [3] grav., [4] grav. desdobr., [3] plantas; 34 cm . – Erro de paginação

BPNM 1-36-8-7

384. LUYTS, Jan

Joannis Luyts, Philosophia Professoris, Introductio ad geographiam novam et veterem: in qua necessaria hujus scientiae prolegomena, intermixto usu globi terrestri, nec non Oceani & regionum constitutio perspiquo ordine pertractantur . – Trajecti ad Rhenum: Ex officina Francisci Halma, Acad.Typogr., 1692. – [26], 764, [24] p., [66] map. desdobr.; 23 cm. – Contém anotações manuscritas

BPNM 2-52-7-18

M

385. MACHADO, Diogo Barbosa, 1682-1772

Memorias para a Historia de Portugal que comprehendem o Governo DelRey D. Sebastiao unico em o nome, e Decimo Sexto entre os Monarchas Portuguezes... / Escritas por Diogo Barbosa Machado. – Lisboa: Na Officina de Joseph Antonio da Sylva: Na Regia Officina Sylvianna, e da Academia Real, 1736-1751. – 4 vol. ([45], XV, 656; [9], 813; [8], 654; [12], 460 p.); 30 cm. – Tomo I: "Do anno de 1554 até o anno de 1561". – Tomo II "Do anno de 1561 até o anno de 1567". – Tomo III "Do anno de 1568 até o anno de 1574". – Tomo

IV "Do anno de 1575 até o anno de 1578". – Na mesma encadernação a obra "Relaçao da primeira jornada que fez a Africa..."

BPNM 1-33-7-21 e 1-33-8-1/3 (1º)

386. MACHADO, Ignácio Barbosa, 1686-1766

Fastos Politicos, e Militares da Antigua, e Nova Lusitania: em que se descrevem as acçoens memoraveis, que na Paz, e na guerra obrarao os Portuguezes nas quatro partes do Mundo... / por Ignacio Barbosa Machado. – Lisboa: Na Officina de Ignacio Rodrigues, 1745. – [86], 711 p.; 33 cm. – Existem 2 exemplares desta obra

BPNM1-33-5-11/12

387. MALLET, Allain Manesson, 1630-1706

Description de l'Univers contenant les diferents systemes du Monde, les cartes generales & particulieres dela geographie ancienne & moderne: Les plans & les profils des principales villes & des autres lieux plus considerables de la terre; avec les portraits des souverains qui y commandent, leurs blasons, titres & livrées: et les moeurs, religions, gouvernemens & divers habilemens de chaque nation / par Allain Manesson Mallet. – A Paris: Chez Denys Thierry, 1683. – 5 vol. ([16], 302, [12] p.; [4], 229, [20] p., [4] grav.; [4], 256, [16] p., [8] grav.; [6], 328, [44] p.; [8], 400, [42] p.): il.; 22 cm. – Erro de paginação

BPNM 2-52-7-10/14

388. MANDELSLO, Jean- Albert de, 1616-1672

Voyages celebres & remarcables faits de Perse aux Indes Orientales: contenant une description nouvelle & très-curieuse de l'Indostan, de l'Empire du Grand-Mogol, des Iles & Presqu'îles de l'Orient, des Royaumes de Siam, du Japon, de la Chine du Congo... / par le Sr. Jean-Albert de Mandelslo: traduits de l'original par le Sr. A. de de Wicquefort. – Nouvelle Edition revûe & corrigée exactement, augmentée considerablement, tans dans le corps de l' ovrage, que dans les Marginales, & surpassant en bonté & en beauté les précedentes editions. – A Amsterdam: Chez Michel Charles Le Ce'Ne, 1727. – 2 vol. ([24], 440 colns., [5] map. desdobr., [1] planta desdobr., [8] grav., [4] map.; colns. 445-808, [872] p., [7] map. desdobr.): il.; 36 cm. – Existe outro exemplar do segundo tomo com a cota 1-32-12-14. – Este segundo exemplar tem menores dimensões . – Os dois tomos estão encadernados juntos

BPNM 1-32-12-14/15

389. MARCA, Petro de, 1594-1662

Marca Hispanica sive Limes Hispanicvs: Hoc est Geographica & historica descrptio Cataloniae, Ruscinonis, & circumjacentium popularum... / Auctore illustrissimo viro Petro de Marca.... – Omnia nunc primum edita. – Parisiis: Apud Franciscum Muguet regis & illustrissimi Archiepiscopi Parisiensis Typographum, 1688. – [56] p., 1490 colns.; 39 cm

BPNM 1-35-1-1

390. MARIANA, Jean de, Padre Jesuíta, 1536-1623

Histoire Generale D'Espagne / du P. Jean de Mariana de la Compagnie de Jesus: traduite en françois avec des notes et des cartes par le P. Joseph-Nicolas Charenton de la même compagnie. – A Paris: Chez Le Mercier [etc], 1725. – 6 vol. (8, XXXIJ, [28], 750 p., [2] map. desdobr.: 821, [22]: 900, [2]; 353, 403, [23] p.; [1] map. desdobr., 544 p.; p. 545-899, 105, [4] p., 16 grav.); 26 cm. – Erros de paginação nos tomos I, II, III, IV, e V (1ª parte). – Na mesma encadernação do tomo V a 2ª parte da obra "Dissertation Historique sur les Monnoyes Antiques D'Espagne..."

BPNM 1-35-2-14/16 e 1-35-3-1/3 (1º)

391. MARINEO SICULO, Lucio, ?-1534

Las cosas memorables de España / Obra compuesta por Lucio Marineo Siculo. – Alcala de Henares: En casa de Juan de Brocar, 1539. – [9], CXCII f.; 29 cm. – Existem 3 exemplares desta obra

BPNM 1-35-6-1 e 1-35-3-19/20

392. MARSILI, Luigi Ferdinando, 1658-1730

Danubius Pannonico-Mysicus: observationibus geographicis, astronomicis, hydrographicis, historicis, physicis perlustratus et in sex tomos digestus / Ab Aloysio Ferd. Com. Marsili. – Hagae: Apud P. Gosse, R. Chr. Alberts, P. de Hondt.: Amstelodami: Apud Herm. Uytwerf & Franç Changuion, 1726. – 6 vol. ([9], 76 p., [2] map. desdobr., [27] map., [16] grav.; [4], 149, [2] p., [66] grav.; 137, [4] p., [34] grav.; [2], 92, [2] p., [34] grav.; 154, [6] p., [75] grav.; [2], 128 p., XVIII grav.): il.; 58 cm. – No segundo volume aparecem duas gravuras com o mesmo número 46

BPNM 2-42-15-1/6

393. MARTINEZ DE LA PUENTE, Joseph, f. 1681- ?

Compendio de las Historias de los Descvbrimientos, conqvistas, y Gverras de la India Oriental, y sus islas: desde los tiempos del Infante Don Enrique de Portugal su inventor, hermano del rey D. Duarte, hasta los del Rey D. felipe II de Portugal, y III de Castilla y la introdvccion del comercio Portugues en las Malucas, y sus operaciones Politicas, y militares en ellas... / por D. Ioseph Martinez de la Pvente. – En Madrid: En la Imprenta Imperial: Por la viuda de Ioseph Fernandez de Buendia, 1681. – [46], 380 p.; 21 cm. – Erro de paginação

BPNM 2-55-3-19

394. MARTINI, Martin, Jesuíta, 1614-1661

Atlas nuevo de la Extrema Asia, o descripcion geographica del Imperio de los Chinas / por el R. P. Martino Martinio, de la Compañia de Iesu. – A Amsterdam: En costa y en casa de Jvan Blaev, 1659. – [2], 211, [20] p., [17] map.; 57 cm. – Na mesma encadernação as obras «Historia de la guerra de los tartares» e «Addiciones sobre el reyno de catay...»

BPNM 2-42-14-14

395. MARTINI, Martin, Jesuita, 1614-1661

Description geographique de l'empire de la Chine: preface au lecteur où est contenue la description generale de toute la Haute Asie / par le Pere Martin Martinius. – [S.l.: s.n., s.d.]. – 216 p.; 36 cm. – Esta obra é constituida por 2 volumes divididos em quatro partes, cada uma delas constituidas por várias peças nem todas completas. O rosto comum aos dois volumes é «*Relations de divers voyages curieux qui n'ont point este publie'es, Et qu'on a traduit ou tiré des Originaux des Voyageurs François, Espagnols, Allemands, Portugais, Anglois données au public par les soins de feu M. Melchisedec Thevenot*»

BPNM 1-32-12-6 (3º)

396. MASCARENHAS, José Freire Monterroio, 1670-?

Epanaphora Indica na qual se dà noticia da viagem, que o Illuustrissimo, e Excellentissimo Senhor Marquez de Castelo Novo fez com o Cargo de Vice-Rey ao Estado da India, e dos primeiros progessos do seu governo; e se referem também os successos da viagem do Excellentissimo, e Rev. mo Senhor D. Fr. Lourenço de Santa Maria, Arcebispo Metropolitano de goa, Primaz da Azia Oriental, Sua chegada, e suas funçoens Archiepiscopaes / J. F. M. M.. – Lisboa: [s.n.], 1746. – 59 p.; 22 cm. – Na mesma encadernação mais 18 obras. – Pertence à colecção Biblioteca Volante

BPNM 2-55-7-26 (9º)

397. MASCARENHAS, Jozé Freire Monterroio, 1670- ?

Epanaphora Indica: parte II. em que se referem os progressos que tem feito no governo do Estado da India Portugueza, o Illustrissimo, e Excellent. Senhor Marquez de Castelo Novo, vice-Rey do mesmo Estado, e nelle Capitam General das Armas Portuguezas, destruindo a Rama Chandra Saunto, e Zeiramo Sanctu, Bonsulôs, Sardaffays de Cuddalle Principes Podorosos no continente da India, vezinhos a Goa / Jozé Freire Monterroyo Mascarenhas. – Lisboa: [s.n.], 1747. – 70 p.; 22 cm. – Na mesma encadernação mais 18 obras. – Pertence à colecção Biblioteca Volante

BPNM 2-55-7-26 (10º)

398. MASCARENHAS, Jozé Freire de Monterroio, 1670-?

Epanaphora Indica: parte III. Continua-se em referir os inclitos progressos do Illustrissimo, e Excelentissimo Senhor Marquez de Castello Novo Vice-Rey, e Capitam General do Estado da India Portugueza / Jozé Freire de Monterroyo Mascarenhas. – Lisboa: [s.n.], 1748. – [18], 67 p. , [1] planta desdobr.; 22 cm. – Na mesma encadernação mais 18 obras. – Pertence à colecção Biblioteca Volante

BPNM 2-55-7-26 (11º)

399. MASCARENHAS, Jozé Freire Monterroio, 1670-?

Epanaphora Indica: parte IV. na qual se lerám os progressos Politicos, Militares, e Civis, que no discurso do anno de 1747. fez no seu governo o Ilustrissimo, e Excelentissimo Senhor Marquez de Alorna... / Jozé Freire Monterroyo Mascarenhas. – Lisboa: [s.n.], 1748. – 109 p.; 22 cm. – Na mesma encadernação mais 18 obras. – Pertence à colecção Biblioteca Volante

BPNM 2-55-7-26 (12º)

400. MASCARENHAS, José Freire Monterroio, 1670- ?

Noticia da Viagem, que fez segunda vez ao Estado da India o Ilustrissimo, e Excelentissimo Senhor Marquez do Louriçal, e seus primeiros progressos do seu Governo / Por J. F. M. M.. – Lisboa: Na Officina de Luiz Jozé Correa Lemos, 1742. – 24 p.; 22 cm. – Na mesma encadernação mais 27 obras. – Pertence à colecção Biblioteca Volante

BPNM 2-55-7-14 (9º)

401. MEDINA, Antonio de Ubilla y

Succession De El Rey D. Phelipe V Nuestro Señor en la Corona De Espana; Diario de Sus Viages desde Versalles a Madrid; El Que Executo Para Su Feliz Casamiento; Jornada a Napoles, a Milan, y a su Exercito; Successos de la Campagna, y su Buelta a Madrid / Don Antonio de Ubilla y Medina. – En Madrid: Por Juan Garcia Infanzon, 1704. – [12], 672, [40] p., [11] grav. desdobr., [1] map.: il.; 30 cm

BPNM 1-35-8-5

402. MELA, Pomponius, fl. 43-50

Compendio Geographico, I Historico De El Orbe Antiguo: I Descripcion De El Sitio De La Tierra... / Pomponio Mela. – En Madrid: Dirgo Diaz De La Carrera, 1644. – [78], 365, [1] p.; 20 cm

BPNM 2-52-4-13

403. MELA, Pomponi, fl. 43-50

De sitv orbis libri tres: Additae Hermolai Barbari Veneti & Fredenandi Nonij Pintiani castigationes / Pomponii Melae: And. Schottvs Antuerpianus recensuit & Spicilegio illustrauit. – Antuerpia: Ex Officina Christophori Plantini, 1572. – [1] map., 64, [16], 80, 70 p.; 23 cm. – Na mesma encadernação a obra "*Geographica et Historica Herodoti...*". – Erro de paginação

BPNM 2-52-7-20 (1º)

404. MELA, Pomponius, fl. 43-50

Pomponii Melae de orbis situ, libri III et C. Iulii Solini, polyhistor: Quorum ille descriptionem singularum orbis terreni partium atque regionum... . – Basileae: [Ex Officina Henric Petrina, 1576]. – [30], 363 p., [29] map.; 15 cm . – Contém anotações manuscritas na folha de rosto e na última página. – Os dados relativos à impressão foram retirados do colofão

BPNM 2-52-1-6

405. MENDOZA, Gaspar de

Explicacion de un Lugar de Suetonio, y Examen de la Deidad que Consulto Vespasiano en el Carmelo / Gaspar de Mendoza. – En Sevilla: Por los Herederos de Juan Gomez Blas, [1678]. – [4], 79 p.; 20 cm. – Pertence à colecção Biblioteca Volante. – Data de publicação retirada da dedicatória da obra. – Na mesma encadernação a obra "*Geographia Facil...*"

BPNM 2-52-7-5 (1º)

406. MENEZES, Fernando de, Conde da Ericeira, 1614-1699

Historia de Tangere, que comprehende as noticias desde a sua primeira conquista até a sua ruina / escrita por D. Fernando de Menezes, Conde da Ericeira.... – Lisboa Occidental: Na Officina Ferreiriana, 1732. – [20], 304 p.; 30 cm

BPNM 1-33-12-4

407. MENEZES, Joao Rodrigues de Sá e, ?-1682

Rebelion de Ceylon, y los Progressos de su Conquista en el Gobierno de Constantino de Saa, y Noroña / Escribela su hijo Juan Rodriguez de Saa, y Menezes. – Lisboa: Por António Craesbeeck de Mello Impressor de S. Alteza, 1681. – [16], 243 p.; 20 cm. – Existe outro exemplar desta obra com a cota 2-55-7-25 (1°)

BPNM 2-55-3-4

408. MENEZES, Manuel de, ?- 1628

Chronica do muito alto, e muito esclarecido Principe D. Sebastiao Decimosexto Rey de Portugal: Primeira parte que contém os sucessos deste Reyno, e Conquistas em sua menoridade / composta por D. Manoel de Menezes, Chronista mór do Reyno. – Lisboa Occidental: Na Officina Ferreyriana, 1730. – [20], 392 p.; 31 cm

BPNM 1-33-7-20

409. MERCATORIS, Gerardi, 1512 – 1594

Atlas Sive Cosmographicae Meditationes de Fabrica Mundi et Fabricati Figura: Iam tandem ad finem perductus quamplurimis aeneis tabulis Hispaniae, Africae, Asiae e Americae auctus ac illustratus à Indoco Hondio. Quibus etiam additae (praeter Mercatoris) dilucidae e accuratae omnium tabularum descriptiones novae, studio et opera Pet. Montani / Gerardi Mercatoris. – Edition secunda cua et amplioras e novae tabulae geographicae acceserunt. – Amstaelodami: Excusum dispensis Cornelii Nicolai, 1608. – [14], 356, [36] p., [42] map., [4] grav.; 47 cm. – Erro de paginação. – Anotações manuscritas na folha de rosto

BPNM 1-32-2-10

410. METHOLD, William, 1590-1653

Relation des Royaumes de Golconda, Tannassery, Pegu, Arecan: & autres estats situez sur les bords du golfe de Bengale, & aussi du que les anglois font

en ces quartiers-là: par Will Methold: Melchisedec Thevenot. – [S.l.: s.n., 1696?]. – 15 p.; 37 cm. – Esta obra é constituída por 2 volumes divididos em quatro partes cada uma delas constituída por várias peças nem todas completas. O rosto comum aos 2 volumes é «*Relations de divers voyages curieux qui n'ont point este publie'es Et qu'on a traduit ou tiré des Originaux des Voyageurs François, Espagnols, Allemands, Portugais, Anglois données au public par les soins de feu M. Melchisedec Thevenot*»

BPNM 1-32-12-5 (15º)

411. MEURSI, Joannis, 1579-1639

Creta, Cyprus, Rhodus sive de Nobilissimarum harum insularum rebus & antiquitatibus / Joannis Meursi. – Nunc primum editi. – Amstelodami: Apud Abrahamum Wolfgangum, 1675. – [12], 264, [4], 175, [3], 124, 68 p.; 21 cm

BPNM 2-52-6-4

412. MICHELET, Jacques, fl. 1615

Discouvrs de Geographie Contenant les Principales Pratiques pour les Descriptions de la Terre, et de la Mer: A Sçauoir, de toutes fortes de cartes universelles e particulieres, selon la doctrine de Ptolemée, e des modernes / Iacques Michelet. – A Paris: Chez Hierosme Drovart, 1615. – [6], 98 p.: il.; 22 cm

BPNM 2-52-7-9

413. MIÑANO YBEDOYA, Sebastián, 1779-1845

Diccionario Geografico-Estadistico de España y Portugal / El Doctor Don Sebastian de Minano. – Madrid: Imprenta de Pierart-Peralta, 1826-1828. – 10 vol. ([2], 15, LXVII, 408 p.; [4], 492 p., [2] map. desdobr.; [2], 406 p., [1] map. desdobr.; [2], 469 p., [1] grav. desdobr.; [2], 470 p., [1] grav. desdobr., [1] map. desdobr.; [2], 518 p., [1] map. desdobr., [1] planta desdobr.; [2], 494 p., [2] plantas desdobr.; [2], 486 p., [2] plantas desdobr., [1] f. desdobr.; [2], 486 p., [2] plantas desdobr., [1] f. desdobr.: [4], 111, 39 p., [2] plantas desdobr.); 22 cm. – Os tomos 9 e 10 estão encadernados juntos. – Erro de paginação

BPNM 2-53-6-1/9

414. MIÑANO YBEDOYA, Sebastián, 1779-1845

Suplemento Al Diccionario Geografico-Estadístico de España y Portugal / El Doctor Don Sebastian de Miñano. – Madrid: Imprenta de Moreno, 1829. – VIII, [1], 528 p., [2] plantas desdobr.; 22 cm. – Tomo onze constitui um Suplemento ao «*Diccionario Geográfico-Estadístico de España y Portugal*». – O catalogador optou por catalogá-los separadamente

BPNM 2-53-6-10

415. MIRE, Aubert, 1573-1640

Geographia ecclesiastica, in qva provinciae metropoles episcopatus, siue vrbes titulo Episcopali illustres, Alphabeti serie digestae leguntur / Auberto Miraeo Bruxellensi, Auctore. – Lvgdvni: Sumpt. Antonii Pillehotte, sub signo SS. Trinitatis, 1620. – [6], 359 p.; 15 cm. – No colofão «Ex Typographia Clavdii Cayne, 1620»

BPNM 2-52-1-2

416. MOLETO, M. Giosepe, 1531-1588

Discorso Di M. Gioseppe Moleto Medico, Filosofo, et Matematico eccellentissimo / Giosepe Moleto. – In Venetia: Apresso Giordano Ziletti, 1573 . – 65, [1] p.: il.; 22 cm. – Na mesma encadernação as obras "*La Geografia Di Claudio Tolomeo Alessandrino*" e "*Espositioni et Introduttioni Universali...*".. – Erro de paginação

BPNM 2-52-7-16 (3º)

417. MONCONYS, Balthasar, 1611-1665

Voyages De Mr. De Monconys, Conseiller du Roi, & Lieutenant Criminel au Siege Presidial de Lyon: Divisez En V. Tomes. Oú les Sçavans trouveront un nombre infini de nouveautez, en Machines de Mathematique, Experiences Physiques, Raisonnemens dela belle Philosophie, curiositez de Chymie, & conservations des Illustres de ce Siecle.... – A Paris: Chez Pierre Delaulne, 1695 . – 5 vol. ([44], 538 p., [9] grav.; 346 p., [6] grav.; [4], 374 p., [14] grav.; 534 p., [4] grav.; [6], 546, [102] p., [6] grav.): il.; 17 cm. – A partir da 2ª parte a folha de rosto apresenta algumas diferenças. – Com a cota 2-52-3-14 estão duas partes

BPNM 2-52-3-13/16

418. MONTANO, Arnold

Gedenkwaerdige gesantschappen der oost-indische maatschappy in't vereenigde nederland, aan kaisaren van Japan: vervatende wonderlyke voorvallen op de togt der nederlandtsche gesanten... / door Arnoldus Montanus. – Amsterdam: By Jacob Meurs, Boekverkooper en Plaat-Snyder, op de Kaisars-Graft schuim over de wester-markt, in de stad meurs , 1669. – [4], 456, [16] p., [1] map. desdobr., [1] planta, [19] grav., [4] grav. desdobr.: il.; 33 cm

BPNM 1-32-11-3

419. MOREAU, Pierre de, 16 ?- ?

Histoire des derniers trovbles dv Bresil: entre les hollandois et les portvgais / par Pierre Moreav, natif de la ville de Parrey en Charollois. – A Paris: Chez Avgvstin Covrbé, au Palais en la Gallerie des Merciers, à la Palme, 1651. – [16], 212 p.; 25 cm. – Na mesma encadernação mais 3 obras

BPNM 2-52-9-16 (2º)

420. MORISOT, Claude- Barthelemy, 1592-1661

Palliot, typographum regis, Bibliopolam & calcographum, sub signo Reginae Pacis ante Orbis Martini sive rervm in mari et littoribvs gestarvm generalis historia... / Authore Clavdio Bartholomaeo Morisoto. – Divione: Apud Petrvm Palatium, 1643. – [20], 725, [16] p. ,[1] map. desdobr.: il.; 37 cm. – Encadernação em mau estado. – Contém anotações manuscritas

BPNM 1-32-1-14

421. MOTA, Aleixo

Routier pour la navigation des indes orientales: avec la description des isles, barres, entrées de ports, & basses ou bancs, dont la connoissance est necessaire aux pilotes / par Aleixo da Mota: Melchisedec Thevenot. – [S.l.: s.n., 1696?]. – 20 p., [5] map. desdobr.; 37 cm. – Esta obra é constituída por 2 volumes divididos em quatro partes cada uma delas constituída por várias peças nem todas completas. O rosto comum aos 2 volumes é «*Relations de divers voyages curieux qui n'ont point este publie'es Et qu'on a traduit ou tiré des Originaux des Voyageurs François, Espagnols, Allemands, Portugais, Anglois données au public par les soins de feu M. Melchisedec Thevenot*»

BPNM 1-32-12-5 (21º)

422. MOTRAYE, A. de la

Voyages du Sr. A. de la Motraye en Europe, Asie & Afrique: oú l'on trouve une grande varieté de Recherches Geographiques, Historiques & Politiques, sur l'Italie, la Grece, la Turquie, la Tartarie Crimée, & Nogaye, la Circassie, la Suede, la Laponie, &c. avec des Remarques Instructives sur les Moeurs, Coutumes, Opinions &c., des Peuples & des Pïs oùl'Auteur a voyagé.... – A la Haye: Chez T. Johnson & J. Van Duren, 1727. – 2 vol. ([10], 471, [23] p., [24] grav., [5] grav. desdobr., [2] map.; [4], 496, [39] p., [13] grav., [5] grav. desdobr., [3] map., [3] plantas); 37 cm. – Erros de paginação nos 2 volumes

BPNM 1-32-12-3/4

423. MOTRAYE, A. de la

Voyages en Anglois et en François D' A de la Motraye en diverses provinces et places de la Prusse Ducale et Royale, de la Russie, de la Pologne & c: contenant un traité de divers ordes de chevalerie...avec des remarques geographiques, topographiques.... – [Haye]: Imprimé pour l'auteur, 1732. – [6], 480 p., [9] grav., [1] map. desdobr.; 33 cm. – Edição bilingue em francês e inglês a duas colunas

BPNM 1-32-12-15

424. MÜNSTER, Sebastien, 1488-1552

La cosmographie vniverselle, contenant la situation de toutes les parties du monde, avec leirs proprietez & appartenances / par Sebast. Monstere. – [S.l.: Imprimeur aux despens de Henry Pierre, 1568]. – [36], 1402 p., 14 grav.: il.; 32 cm. – Dados relativos à impressão retirados do colofão. – Erro de paginação

BPNM 2-52-12-2

425. MÜNSTER, Sebastian, 1488-1552

La Cosmographie vniuersale de tout le monde: En laquelle, suiuant les auteurs plus dignes de foy, sont on vray descriptes toutes les parties habitables, & non habitables de la terre, & de la mer... Et encor l'origine, noms ou appellations tant modernes qu'anciennes, & description de plusiers villes, citez & isles, auec leurs plantz, & pourtraictz, & sur tout la France, non encor iusques à present veus ny imprimez. S'y voyent aussi d'auantage, les origines, accroissemens, & changemens des monarchies, empires, royames, estatz, & republiques: ensemble les moeurs, façons de viure, loix, coustumes, & religion de tous les peuples... / Auteur en partie Munster, mais beaucoup plus augmentée, ornée & enrichie par François de Belle-Forest.... – A Paris: Chez Nicolas Chesneau, 1575. – 2 vol. ([40] p., 160 colns., f. 161-397, 305 colns., f. 306-384, colns. 385-390, [5] map. desdobr.; [2] map. desdobr., colns. 393-1838, [85] p.): il.; 35 cm. – Erros de paginação nos 2 volumes

BPNM 1-32-7-8/9

426. MURILLO VELARDE, Pedro, Padre Jesuíta

Geographia Historica, de Alemania, Flandes, Inglaterra, Dinamarca, Noruega, Suecia, Moscovia, y Polonia / por el P. Pedro Murillo Velarde de la Compañia de Jesus. – En Madrid: En la Oficina de D. Gabriel Ramirez, 1752. – 396, [3] p.; 21 cm. – Esta colecção é composta por 10 volumes sendo este o 4º

BPNM 2-52-5-14

427. MURILLO VELARDE, Pedro, Padre Jesuíta

Geografia Historica de Castilla la Vieja, Aragon, Cathaluña, Navarra, Portugal, y otras Provincias: con un catalogo de los Emperadores, y Reyes, que han dominado en España / por El P. Pedro Murillo Velarde, de la Compañia de Jesus. – En Madrid: En la Oficina de D. Gabriel Ramirez, 1752. – [4], 424 p.; 21 cm. – Esta colecção é composta por 10 volumes sendo este o 2º

BPNM 2-52-5-12

428. MURILLO VELARDE, Pedro, Padre Jesuíta

Geografia Historica, de Francia, Italia, y sus Islas: con el catalogo de los Pontifices, y Antipapas, y de varios Reyes / por El P. Pedro Murillo Velarde, de la Compañia de Jesus. – En Madrid: En la Oficina de D. Gabriel Ramirez, 1752 . – 414, [3] p.; 21 cm. – Esta colecção é composta por 10 volumes sendo este o 3º . – Erro de paginação

BPNM 2-52-5-13

429. MURILLO VELARDE, Pedro, Padre Jesuíta

Geographia Historica de Hungria, Thracia, Grecia, y las Islas Adyacentes / la escribia El P. Pedro Murillo Velarde. – En Madrid: En la Imprenta de los Herederos de Francisco del Hierro, 1752. – [2], 276 p.; 21 cm. – Esta colecção é composta por 10 volumes sendo este o 5º

BPNM 2-52-5-15

430. MURILLO VELARDE, Pedro, Padre Jesuíta

Geographia Historica de las Islas Philipinas, del Africa, y de sus Islas Adyacentes / Por El P. Pedro Murillo Velarde, de la Compañia de Jesus. – En Madrid: En la Oficina de D. Gabriel Ramirez, 1752. – [2], 248 p.; 21 cm. – Esta colecção é composta por 10 volumes sendo este o 8º

BPNM 2-52-5-18

431. MURILLO VELARDE, Pedro, Padre Jesuíta

Geographia Historica de Persia, del Mongol de la India, y sus Reynos, de la China, de la Grande Tartaria, de las Islas de la India y del Japón / la escrivia El P. Pedro Murillo Velarde. – En Madrid: En la Imprenta de Manuel de Moya, 1752. – [2], 260 p.; 21 cm. – Esta colecção é composta por 10 volumes sendo este o 7º

BPNM 2-52-5-17

432. MURILLO VELARDE, Pedro, Padre Jesuíta

Geographia historica, donde se describen los reynos, provincias, ciudades, fortalezas, mares, montes, ensenadas, cabos, rios, y puertos, con la mayor individualidad, y exactitud, y se refieren las guerras, las batallas, las paces, y sucessos memorables, los frutos, las riquezas, los animales, los comercios, las conquistas, la religion, los concilios, las sectas, los goviernos, las lenguas, las naciones, y su caracter... / la escribia el P. Pedro Murillo Velarde, de la compañia de Jesus. – En Madrid: En la Oficina de D.Gabriel Ramirez, criado de la reyna Viuda N.Señora, Calle de Atocha, frente de la Trinidad Calzada, 1752. – [46], 390 p., [1] map. desdobr.; 21 cm. – Esta colecção é composta por 10 volumes sendo este o 1º

BPNM 2-52-5-11

433. MURILLO VELARDE, Pedro, Padre Jesuíta

Geographia historica en que se hace una compendiosa memoria de los varones mas insignes de el mundo en virtud, letras, armas, y empleos: tomo X / la escribio el Padre Pedro Murillo Velarde, de la Compañia de Jesus. – En Madrid: En al Imprenta de la musica, en la Calle de la libertad, mas abaxo del monasterio de San Basilio el magno, [s.d.]. – [6], 232 p.; 20 cm. – Esta colecção é composta por 10 volumes sendo este o 10º

BPNM 2-52-5-20

434. MURILLO VELARDE, Pedro, Padre Jesuíta

Geographia Historica: Libro VI del Asia en General y Particular / la escribia El P. Pedro Murillo Velarde. – En Madrid: En la Imprenta de Don Agustin de Gordejuela y Sierra, 1752. – 173, 179 p.; 21 cm. – Esta colecção é composta por 10 volumes sendo este o 6º

BPNM 2-52-5-16

435. MURILLO VELARDE, Pedro, Padre Jesuíta~

Geographia historica: libro IX de la America, y de las islas adyacentes, y de las tierras arcticas, y antarcticas, y islas de los mares del norte, y sur / la escribia el P. Pedro Murillo Velarde de la Compañia de Jesus. – En Madrid: En la Imprenta de Don Agustin de Gordejuela y Sierra, Calle de los Preciados, 1752 . – 391, [2] p.; 21 cm. – Esta colecção é composta por 10 volumes, sendo este o 9º

BPNM 2-52-5-19

N

436. NAVARRETE, Domingo Fernandez, Padre, ? –1689

Tratados Historicos, Politicos, Ethicos, y Religiosos de la Monarchia de China. Descripcion Breve de aquel Imperio, y Exemplos raros de Emperadores, y Magistrados del.: con Narracion difusa de varios sucessos, y cosas singulares de otros Reynos, y diferentes navegaciones / Por el P. Maestro Fr. Domingo Fernandez Navarrete. – En Madrid: En la Imprenta Real por Iuan Garcia Infançon, 1676. – [18], 518, [26] p.; 31 cm. – Erro de paginação

BPNM 1-35-10-12

437. NEVES, José Acursio das, 1766-1834

Entretenimentos Cosmologicos, Geographicos, e Historicos: Tomo I / José Accursio das Neves. – Lisboa: Impressao Régia, 1826. – VIII, 382, [1] p.; 16 cm

BPNM 2-53-2-19

438. NIDERNDORFF, Heinrich, Jesuíta

Generalis Geographia cosmica, Mathematica, Naturalis, Politica, cum Speciali Sacri Imperii Romano- Germanici et Sacri Romani Imperii Pontifici Hierarchia Per totum Orbem Terrarum... / explicata à R.P.Henrico Ninderndorff S.J., Matheseos Professore ordinario, per theoremata & problemata mathematica unà cum succincta historia geographica rerum memorabilium ac curiosarum in orbe. – Wirceburgi: Typis Joannis Jacobi Christopohori Kleyer, Universit. Typogr.: Sumptibus Lochneri & Mayeri Bibliopol. Norimb., 1739. – [29], 390 p., [6] grav. desdobr.; 21 cm. – Esta colecção é composta por quatro volumes sendo este o 1º

BPNM 2-52-4-16

439. NIDERNDORFF, Heinrich, Jesuíta

Geographia generalis politica imperiorum, regnorum, dominiorum in totio terrarum orbe, ex pluribus probatis authoribus collecta, & juventi academicae wirceburgenci / explicata à R. P. Henrico Ninderndorff S. J., Matheseos Professore ordinario, per theoremata & problemata mathematica unà cum succincta historia geographica rerum memorabilium ac curiosarum in orbe. – Wirceburgi: Typis Joannis Jacobi Christopohori Kleyer, Universit.Typogr.: Sumptibus Lochneri & Mayeri Bibliopol. Norimb., 1739. – 468, [24] p., [19] map. desdobr.; 21 cm. – Esta colecção é composta por quatro volumes sendo este o 3º. – Erro de paginação

BPNM 2-52-4-18

440. NIDERNDORFF, **Heinrich, Jesuíta**

Geographia Naturalis Absoluta, sive Architectura Terraquae et Mundi Sublunaris... / explicata à R. P.Henrico Ninderndorff S. J., Matheseos Professore ordinario, per theoremata & problemata mathematica unà cum succincta historia geographica rerum memorabilium ac curiosarum in orbe. – Wirceburgi: Typis Joannis Jacobi Christopohori Kleyer, Universit. Typogr.: Sumptibus Lochneri & Mayeri Bibliopol. Norimb., 1739. – 368, [8] p., [2] grav. desdobr., [2] map. desdobr.; 21 cm. – Esta colecção é composta por quatro volumes sendo este o 2º . – Erro de paginação

BPNM 2-52-4-17

441. NIDERNDORFF, **Heinrich, Jesuíta**

Geographia specialis politica in duas partes divisa, prima pars Imperium Sacrum Romano-Germanicum, secunda pars hierarchia sacri Imperii Romano-Pontifici per totum orbem terrarum, ex pluribus probatis Authoribus Collecta, & Juventuti Academicae Wirceburgensi explicata à R. P.Henrico Ninderndorff S. J. Matheseos Professore Ordinario, per theoremata & problemata mathematica und cum succinta historia geographica rerum tum profanarum, tum ecclesiasticarum sumptibus lochneri & Mayeri Bibliopol. Norimb.. – Wirceburgi: Typis Joannis Jacobi Christophori Kleyer, Univers. Typogr., 1739. – 482, [10] p., [18] map. desdobr.; 21 cm. – Esta colecção é composta por quatro volumes sendo este o 4º

BPNM 2-52-4-19

442. NIEUHOFF, **Johan**

Gedenkweerdige Brasiliaense zeeen lant-reize, behelzende al het geen op de zelve is voorgevallen beneffens een bondige beschrijving van gantisch neerlants Brasil... / Johan Nieuhofs. – T'Amsterdam: voor de weduwev van Jacob van Meurs, op de Keizers-gracht, 1682. – [6], 240, [2] p., [1] map., [3] grav.: il.; 33 cm. – Na mesma encadernação a obra "Zee en Lant-reize..."

BPNM 1-32-11-12 (1º)

443. NIEUHOFF, **Johan**

Joan Nieuhofs Zee en Lantreize, door verscheide Gewesten van Oostindien Behelzende veele zeltzaame en wonderliske voorvallen en

geschiedenisten.... – Amsterdam: Voor de Weduwe van Jacob van Meurs, 1682 . – [3], 308, [4] p., [43] grav., [2] map.: il.; 32 cm

BPNM 1-32-11-12 (2º)

444. NOBLOT

Geographie universelle, historique et chronologique ancienne et moderne... / Par M. Noblot. – A Paris: Chez Claude Robustel, 1725. – 6 vol. (LXX, 240 p., [5] map. desdobr.; p. 241-732, [24] p., [1] map. desdobr.; 558, [112] p., [3] map. desdobr.; 390, [14] p., [2] map. desdobr.; 471, [42] p.; 607 p., [3] map. desdobr.); 17 cm. – O primeiro tomo está dividido em duas partes

BPNM 2-52-1-7/12

445. NOLIN, Jean Baptiste, 1657-1725

Le theatre du monde au roi contenant les cartes generales et particulieres des Royaummes et etats qui le composent avec plusieurs provinces subdiviséez en pays et autres divisions curieuses acompagné de remarques et observations geografiques politiques, et historiques les quelles en donnent l'intelligence et font connoistre l'utilité de cet ouvrage / dressées par Jean Baptiste Nolin Geographe ordinair du roi. – A Paris: Chez l'auteur, [170?]. – [1] p., [111] map., [20] map. desdobr.: il.; 57 cm

BPNM 2-42-15-10

446. NOTICIA DO DESCOBRIMENTO DE HUMA NOVA TERRA, MODERNAMENTE APPARECIDA, E DESCOBERTA POR HUMA NAO HESPANHOLA...

Noticia do descobrimento de huma nova terra, modernamente apparecida, e descoberta por huma nao Hespanhola.... – Lisboa: Na Offic. de Domingos Rodrigues, 1757. – 8 p.; 21 cm. – Na mesma encadernação mais 51 obras. – Pertence à colecção Biblioteca Volante

BPNM 2-55-8-9 (31º)

447. LE NOUVEAU ET CURIEUX ATLAS GEOGRAPHIQUE ET HISTORIQUE, OU LE DIVERTISSEMENT DES EMPEREURS ROYS, ET PRINCES, TANT DANS LA GUERRE QUE DANS LA PAIX

Le nouveau et curieux atlas geographique et historique, ou le divertissement des empereurs roys, et princes, tant dans la guerre que dans la paix: dedie a son A. R. Monseigneur le Duc d'Orleans, regent du Roiaume de

France par son tres humble et tres obeissant et fidele servi Iacq Chiquet. – A Paris: Chez Chereassan Grand St. Remy prez l'Eglise des Mathurins, [1719]. – 56, [4] f.: il.; 22 cm. – A datação da obra foi atribuída pelo catalogador com base nos mapas inseridos na obra

BPNM 2-52-7-19

448. NOUVEAU THEATRE DE LA GRANDE BRETAGNE

Nouveau theatre de la Grande Bretagne: ou description exacte des palais du roy et des maisons les plus considerables des seigneurs & des gentileshommes de la Grande Bretagne.... – A Londres: Chez David Mortier, 1715-1716. – 4 vol. ([8] p., [60] grav.; [6] p., [64] grav.: 14, [2] p., [45] grav., [11] grav. desdobr.; 10, [1] p., [12] grav. desdobr., [41] grav.); 54 cm. – O primeiro tomo está dividido em duas partes. – Obra totalmente ilustrada. – Na mesma encadernação do 3º volume a obra «*Atlas anglois ou description generale de l' Anglaterre...*»

BPNM 2-42-15-13/14

O

449. OLEARIUS, Adam, 1603-1671

Voyages très-curieux & très renommez faits en Moscovie, tartarie et perse: divisez en deux parties / par le Sr. Adam Olearius; traduits de l'original & augmentez par le Sr. de Wicquefort. – Nouvelle Edition revûe & corrigée exactement, augmentée considerablement, tans dans le corps de l' ovrage, que dans les Marginales, & surpassant en bonté & en beauté les précedentes editions. – A Amsterdam: Chez Michel Charles Le Ce'Ne, 1727. – 2 vol. ([8] p., 560 colns., [2] map. desdobr., [1] planta desdobr., [17] grav., [9] map., [2] grav. desdobr.; 1107 colns., [24] p., [9] grav.): il.: 32 cm. – Antes da folha de rosto que serviu de fonte para a catalogação aparece uma outra diferente não só relativamente ao local como à data de impressão e ao impressor. – Com a cota 1-32-12-1 existe outro exemplar da obra. – Os dois volumes estão encadernados juntos. – Este exemplar tem menos mapas e gravuras do que o exemplar descrito. – Este exemplar tem dimensões maiores do que o catalogado. – Antes da folha de rosto aparece uma gravura que representa o autor

BPNM 1-32-12-12/13

450. OLMO, Ioseph Vicente Del, 1611-1696

Nueva Descripcion del Orbe de la Tierra: en que se Trata de Todas sus Partes Interiores, y Exteriores, y Circulos de la Esphera, y de la Inteligencia, y Tablas Geographicas, assi Universales, y Generales, como Particulares... / Ioseph Vicente Del Olmo. – En Valencia: Por Ion Lorenço Cabrera, 1681. – [24], 590, [26] p.; il.: 29 cm. – Erro de paginação. – Anotações manuscritas nas margens

BPNM 2-52-10-16

451. ORLEANS, Charles- François, Missionário

Relation du voyage du Sayd, ou de la Thebayde, fait en 1668 / par les PP. protais & Charles- François d' Orleans, capucins missionaires. – [S.l.: s.n., 1696?]. – 4 p.; 37 cm. – Esta obra é constituída por 2 volumes divididos em quatro partes cada uma delas constituída por várias peças nem todas completas. O rosto comum aos 2 volumes é «*Relations de divers voyages curieux qui n'ont point este publie'es Et qu'on a traduit ou tiré des Originaux des Voyageurs François, Espagnols, Allemands, Portugais, Anglois données au public par les soins de feu M. Melchisedec Thevenot*»

BPNM 1-32-12-6 (14º)

452. ORTELIUS, Abraham, 1527-1598

In theatrvm orbis terrarum / Abrah. Ortelii Antverp.. – Antuerpiae: [s.n., 1595 ou 1624]. – [24], 115 p., [115] map.: il.; 47 cm. – Descrição segundo a bibliografia consultada. – Na mesma encadernação as obras "*Parerg on sive veteris geographiae aliqvot tabvla*" e "*Nomenclator Ptolemaicvs; omnia pacorum vocabvla quae in tota Ptolomaei*"

BPNM 1-32-1-17 (1º)

453. ORTELIUS, Abraham, 1527-1598

[*Thesavrvm Geograph*] / [Abrahami Ortelli]. – Antuerpiae: Ex officina Plantiniana apud Vidvam et Ioannem Moretvm, 1596. – [702] p.; 36 cm. – Obra sem folha de rosto. – Dados relativos à impressão retirados do colofão

BPNM 1-32-4-6

P

454. PADILHA, Pedro Norberto D' Aucourt e, 1704-?

Memorias Historicas Geograficas e Politicas Observadas de Pariz a Lisboa / Pedro Norberto D' Aucourt, e Padilha. – Lisboa: Na Officina de Ignácio Rodrigues, 1746. – [38], 323, [7] p.; 24 cm

BPNM 2-55-5-24

455. PALAFOX, Juan de, 1600-1659

L'Indien ou portrait au naturel des indiens: presenté au roy d'Espagne / par D. Iuan de Palafox evesque de la puebla de los Angeles. – [S.l.: s.n., s.d.]. – 14 p.; 36 cm. – Esta obra é constituida por 2 volumes divididos em quatro partes, cada uma delas constituidas por várias peças nem todas completas. O rosto comum aos dois volumes é *"Relations de divers voyages curieux qui n'ont point este publie'es, Et qu'on a traduit ou tiré des Originaux des Voyageurs François, Espagnols, Allemands, Portugais, Anglois données au public par les soins de feu M. Melchisedec Thevenot"*

BPNM 1-32-12-6 (5º)

456. PELSAERT, Francois, 1595?-1630

Tres-humble remontrance / Francois Pelsart: Melchisedec Thevenot. – [S.l.: s.n., 1696?]. – 20 p.; 37 cm. – Esta obra é constituída por 2 volumes divididos em quatro partes cada uma delas constituída por várias peças nem todas completas. O rosto comum aos 2 volumes é «*Relations de divers voyages curieux qui n'ont point este publie'es Et qu'on a traduit ou tiré des Originaux des Voyageurs François, Espagnols, Allemands, Portugais, Anglois données au public par les soins de feu M. Melchisedec Thevenot*»

BPNM 1-32-12-5 (20º)

457. PEREIRA, António Pinto, ?-158?

Historia da India, no tempo em qve a Governovo Visorey Dom Luiz D'Atayde / composta por Antonio Pinto Pereyra. – Em Coimbra: Na Impressam de Nicolao Carualho, 1617. – [35], 151 p., 162 f.; 28 cm. – Erro de paginação

BPNM 1-33-11-16

458. PEREIRA, Francisco Raimundo de Morais, (Séc. XVIII)

Annal indico-lusitano dos successos mais memoraveis, e das acçoens mais particulares do primeiro ano do felicissimo Governo Do Illustrissimo, e Excellentissimo Senhor Francisco de Assis de Tavora... / Escrito e offerecido a illustrissima Senhora D. Maria Anna Bernarda de Tavora... por Francisco Raymundo de Morais Pereira. – Lisboa: Na officina de Francisco Luiz Ameno, impressor da Congregaçao Cameraria da Santa Igreja de Lisboa, 1753. – [4], 89 p.; 21 cm. – Existe outro exemplar com a cota 2-55-3-24. – Pertence à colecção Biblioteca Volante

BPNM 2-55-3-23 (1º)

459. PEREIRA, Francisco Raimundo de Morais, (Séc. XVIII)

Relaçao da viagem, que do porto de Lisboa fizerao à India os Illum.os e Excm.os Senhores Marquezes de Tavora / pelo Doutor Francisco Raymundo de Moraes Pereira. – Lisboa: Na officina de Miguel Manescal da Costa, impressor do Santo Officio, 1752. – [16], 320 p.; 22 cm

BPNM 2-55-3-22

460. PERROT, Nicolas, 1606-1664

Memoires de Monsieur D'Ablancourt,...: contenant l'histoire de Portugal depuis le traité des Pyrinées de 1659 jusqu'à 1668.... – A la Haye: Chez Abraham de Hondt, 1701. – 382 p.: 17 cm.

BPNM 2-55-1-17

461. PIGAFETTA, Filippo

Relatione del reame di Congo et delle circonvicine contrade: tratta dalli Scritti Oragionamenti di Odoardo Lopez Portoghese / per Filippo Pigafetta. – In Roma: Appresso Bartolomeo Grasbi, [1591?]. – [6], 82 p., [2] map. desdobr., 8 grav.; 23 cm. – A data foi atribuída baseada na data da introdução que está na obra e é assinada pelo autor

BPNM 2-52-6-1

462. PINTO, Fernão Mendes, ca 1510-1583

Peregrinaçao de Fernao Mendes Pinto, e por elle escrita... e agora novamente correcta, e emendada: accrescentada com o itenerario de Antonio Tenreiro.... – Lisboa: Na officina de Joam de Aquino Bulhoens, à custa de Luiz Moraes mercador de livros, 1762. – [10], 428 p.; 29 cm. – Encadernação em mau estado

BPNM 2-55-10-1

463. PITA, Sebastião da Rocha, 1660-1738

Historia da America portugueza, desde o anno de mil e quinhentos do seu descobrimento, até o de mil e setecentos e vinte e quatro, offerecida a Magestade Augusta del Rey D.Joao V, Nosso Senhor / composta por Sebastiao da Rocha Pitta, Fidalgo da Casa de Sua Magestade.... – Lisboa Occidental: Na officina de Joseph Antonio da Sylva, Impressor da Academia Real, 1730. – [24], 716 p.; 31 cm. – Erro de paginação

BPNM 1-33-11-17

464. PONTANUS, Jean-Isaac, 1571-1634

Rerum et Urbis Amstelodamensium Historia... /Auctore Ioh. Isacio Pontano. – Amsterodami: Sub cane Vigilanti excudit Fudocus Hondius, 1611. – [15], 292, 38 p., [2] map., [2] map. desdobr., [2] grav., [1] planta desdobr.: il.; 30 cm. – Erro de paginação

BPNM 1-36-5-7

465. PORTUGAL, Jozé Miguel João de, Conde do Vimioso, 1706-1775

Vida do infante D. Luiz / Escrita por D. Jozé Miguel Joao de Portugal, Conde do Vimioso. – Lisboa Occidental: Na Officina de Antonio Isidoro da Fonseca, 1735. – [53], 196 p., [1] grav.; 25 cm. – Contém uma gravura de D. Luis

BPNM 1-33-9-22

466. PTOLOMEU, Claudio, ca 90- ca 168

La Geografia Di Claudio Tolomeo Alessandrino: hora inquesta nuoua editione da M. Gio[uanni] Malombra ricorretta , e purgata d'infiniti errori: come facilmente nella Prefatione à Lettori può ciascuno vedere. / Claudio Tolomeo Alessandrino: Tradotta di Greco in Italiano da M. Giero Ruscelli: Con L'Espositioni del Ruscelli, particolari di luogo in luogo, e universali, sopra tutta la Geografia, o Modo di fare la descrttione del Mondo: Con una copiosa Tauola de nomi antichi, dichiarati co'Nomi moderni: dal Malombra riueduta, e ampliata: Et con un Discorso di M. Giosepe Moleto, doue si dichiarano tutti i termini appartenenti alla Geografia.... – In Venetia: Apresso Giordano Ziletti, 1574. – [80], 350 p.: il.; 22 cm. – Na mesma encadernação as obras "Espositioni et introduttioni Universali..." e "Discorso Di Gioseppe Moleto". – Erro de paginação

BPNM 2-52-7-16 (1º)

Biblioteca do Palácio Nacional de Mafra. (Fot. Luís Pavão.)

"Typus Orbis Terrarum", Abraham Ortelius, *In Theatrum Orbis Terrarum*, Anvers, 1588, BPNM 2-42-15-16. (Fot. Silveira Ramos.)

Vlyssis Aldrovandi, *Ortnithologiae*, Bolonha, 1599.
BPNM 1-20-8-7. (Fot. Henrique Ruas.)

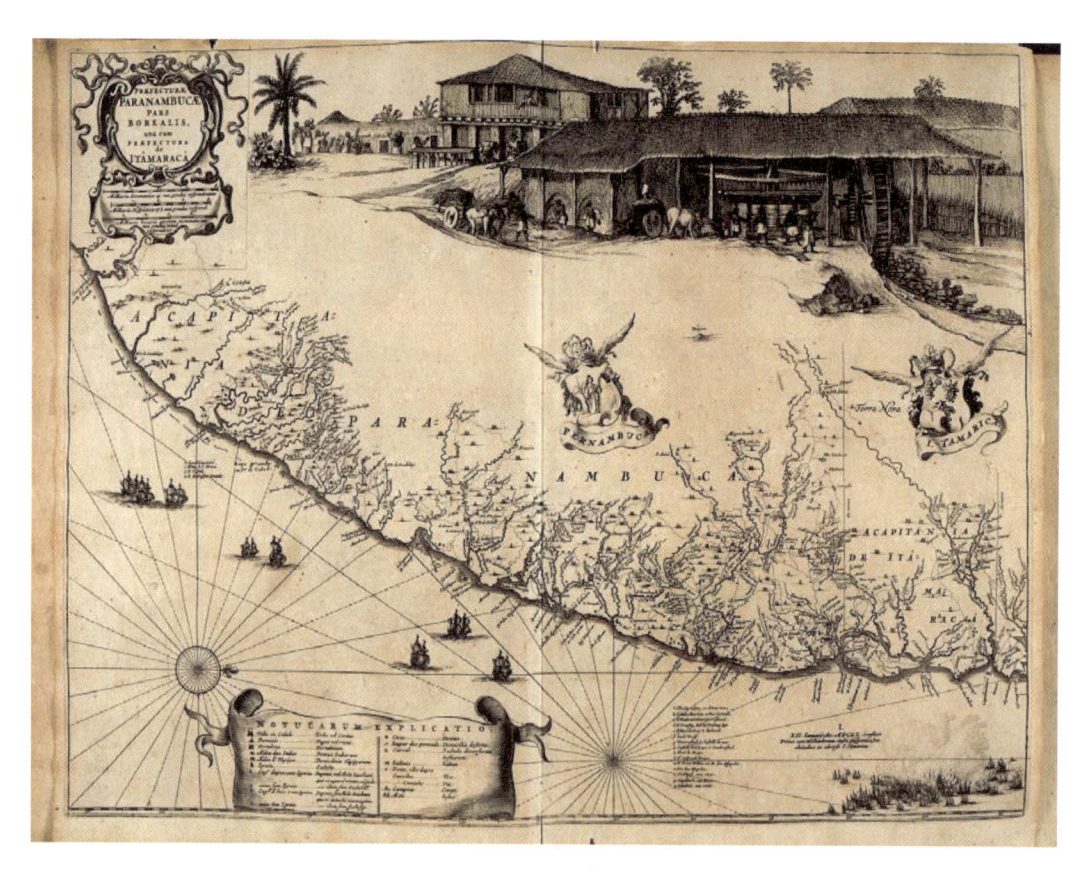

"Praefectura de Parananbucae pars borealis una cum praefectura de Itâmaracâ", Caspar Barlaeus, *Rerum per octennivm in Brasilia*, Antuérpia, 1647, BPNM 1-32-3-9. (Fot. Henrique Ruas.)

"Praefectura de Criîi vel Seregippe del Rey cum Itâpuáma", Capar Caspar Barlaeus, Amsterdão, 1647, BPNM 1-32-3-9. (Fot. Henrique Ruas.)

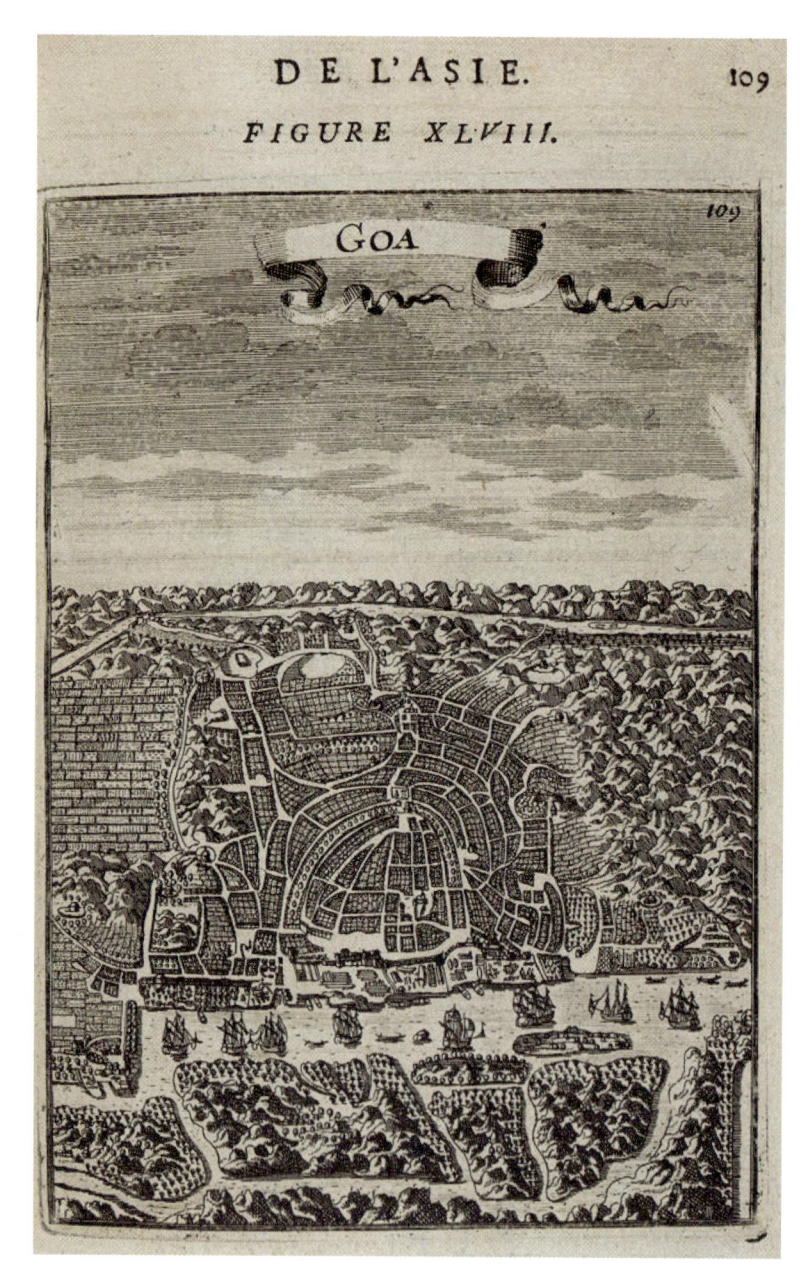

"Goa", Alain Manesson Mallet, *Description de l'Univers*, Paris, 1683, BPNM 2-52-7-11. (Fot. Henrique Ruas.)

R

467. RAMSAY, André-Michel de, Doutor na Universidade de Oxford, 1686-1743

Viagens de Cyro: historia moral e politica, acompanhada de um discurso sobre a mythologia, e theologia dos antigos / Pelo Cavalheiro de Ramsay, Doutor na Universidade de Oxford. – Nova ediçao. – Lisboa: Na Typografia Rollandiana, 1817. – 2 vol. (VII, 345, [6] p.; 212, 189, [4] p.); 14 cm.

BPNM 2-53-2-24/25

468. RAPPORT QUE LES DIRECTEURS DE LA COMPAGNIE HOLLANDOISE DES INDES ORIENTALES ONT FAIT A LEURS HAUTES PUISSANCES, PREMIEREMENT DE BOUCHE, & EN SUIT DELIURÉ PAR ÉCRIT, TOUCHANT L'ESTAT DES AFFAIRES DANS LES INDES ORIENTALES...

Rapport que les directeurs de la Compagnie Hollandoise des Indes Orientales ont fait a leurs hautes puissances, premierement de bouche, & en suit deliuré par écrit, touchant l'estat des affaires dans les Indes Orientales... . – [S.l.: s.n., s.d.]. – 12 p.; 36 cm. – Esta obra é constituída por 2 volumes divididos em quatro partes, cada uma delas constituídas por várias peças nem todas completas. O rosto comum aos dois volumes é «Relations de divers voyages curieux qui n'ont point este publie'es, Et qu'on a traduit ou tiré des Originaux des Voyageurs François, Espagnols, Allemands, Portugais, Anglois données au public par les soins de feu M. Melchisedec Thevenot»

BPNM 1-32-12-6 (4º)

469. RECUEIL DES VOYAGES QUI ONT SERVI A L'ETABLISSEMENT ET AUX PROGRES DE LA COMPAGNIE DES INDES ORIENTALES, FORMÉE DANS LES PROVINCES UNIES DES PAIS-BAS

Recueil des voyages qui ont servi a l'etablissement et aux progres de la Compagnie des Indes Orientales, formée dans les Provinces Unies des Pais-Bas . – A Amsterdam: Aux dépens d'Estienne Roger, 1702-1707. – 5 vol. ([40], 688 p., [13] map. desdobr.; 376 p., [15] map. desdobr.; [4], 711 p., [9] grav. desdobr.; 764 p., [6] map. desdobr., [5] grav. desdobr.; 603, [16] p., [1] map. desdobr., [4] grav. desdobr.); 22 cm. – Os volumes 6º e 7º relatam a viagem de Gautier Schouten, apresentando folha de rosto própria. – Antes da folha de rosto, todos os volumes têm uma gravura, com cenas marítimas

BPNM 2-52-3-2/6

470. REGNORVM DANIAE & NORWEGIAE UT & DUCATUUM REGIONVMQVE AD EA SPECTANTIUM

Regnorvm daniae & norwegiae ut & ducatuum regionvmqve ad ea spectantium: descriptio nova. – Amstelodami: Apud Aegidium Janssonivm Valckenier, 1655. – [20], 280, [22] p., [10] map.; 14 cm. – Na mesma encadernação a obra "*Sleswicensi et Holsatiae ducatuum: descriptio nova*"

BPNM 2-52-2-3 (1º)

471. REGO, José António da Silva, fl. 1774

Geografia moderna de Portugal, e Hespanha: precedida de hum pequeno tratado da esfera, e globo terrestre... / Joze Antonio da Silva Rego. – Lisboa: Na Offic. de J. F. M. de Campos, 1816. – 324 p., [1] map. desdobr.; 15 cm

BPNM 2-53-2-18

472. RELAND, Adrien, 1676-1718

Palaestina ex monumentis veteribus illustrata / Hadriani Relandi. – Trajecti Batavorum: ex libraria Guilielmi Broedelet, 1714. – 2 vol. ([10], 511 p., [5] map., [3] grav. desdobr.; p. 516-1068, [94] p., [1] grav. desdobr.): il.; 20 cm

BPNM 2-52-6-10/11

473. RELAÇAM CURIOZA DO SITIO DO GRAO PARA TERRAS DE MATO-GROSSO BONDADE DO CLIMA, E FERTILIDADE DAQUELLAS TERRAS

Relaçam curioza do sitio do Grao Para Terras de Mato-Grosso bondade do clima, e fertilidade daquellas terras / escrita por um Curiozo Experiente daquelle Paiz. – [S.l.: s.n., s.d.]. – 8 p.; 22 cm. – Na mesma encadernação mais 10 obras. – Pertence à colecção Biblioteca Volante

BPNM 2-55-3-28 (4º)

474. [RELAÇAM DA EMBAIXADA QUE O SUNDA, DEPOIS DE VENCIDO DAS ARMAS PORTUGUEZAS MADOU AO ILLUSTRISSIMO E EXCELLENTISSIMO MARQUEZ DE TAVORA VICE-REI DA INDIA E CAPITAM GENERAL DAQUELLE ESTADO]

[*Relaçam da embaixada que o sunda, depois de vencido das armas portuguezas madou ao illustrissimo e excellentissimo Marquez de Tavora Vice-Rei da India e Capitam general daquelle Estado*]. – [S.l.: s.n., s.d.]. – 8 p.; 21 cm . – Título atribuído pelo catalogador, porque o exemplar não tem folha de rosto

BPNM 2-55-3-23 (8º)

475. RELAÇAO DE HUM FAMOSO DESCOBRIMENTO DA ILHA PINÉS...

Relaçao de hum famoso descobrimento da Ilha Pinés.... – Lisboa: Na Officina de Ignacio Nogueira Xisto, 1761. – 7 p.; 21 cm. – Na mesma encadernação mais 54 obras. – Pertence à colecção Biblioteca Volante

BPNM 2-55-8-7 (46º)

476. RELAÇAO DE HUM NOVO DESCOBRIMENTO DE HUMA ILHA, MANDADA POR HUM CAPITAO DE HUM NAVIO DE DIEPPE

Relaçao de hum novo descobrimento de huma ilha, mandada por hum Capitao de hum Navio de Dieppe. – Lisboa: [s.n.], 1758. – 8 p.; 21 cm. – Na mesma encadernação mais 49 obras. – Pertence à colecção Biblioteca Volante

BPNM 2-55-8-8 (21º)

477. [RELAÇAM DAS MUITAS E SINGULARES VICTORIAS QUE CONTRA O REY SUNDA E OUTROS REGULOS CONSINATES TEM ALCANÇADO O INCRIVEL VALOR DOILLUSTRI.º E EXCELLENTIS.º SENHOR FRANCISCO DE ASSIS E TAVORA...]

[Relaçam das muitas e singulares victorias que contra o rey sunda e outros regulos consinates tem alcançado o incrivel valor doIllustri.º e Excellentis.º Senhor Francisco de Assis e Tavora...]. – [S.l.: s.n., s.d.]. – 8 p.; 21 cm. – Título atribuído pelo catalogador, porque o exemplar não tem folha de rosto. – Pertence à colecção Biblioteca Volante

BPNM 2-55-3-23 (11º)

478. RELAÇAM DO SITIO QUE OS MOUROS PUZÉRAO A PRAÇA DE CEUTA...

Relaçam do sitio que os Mouros puzérao a Praça de Ceuta.... – Lisboa: [s.n.], 1757. – 7 p.; 21 cm. – Na mesma encadernação mais 51 obras. – Pertence à colecção Biblioteca Volante

BPNM 2-55-8-9 (21º)

479. RELAÇAM OU NOTICIA CERTA DOS ESTADOS DA INDIA

Relaçam ou noticia certa dos estados da India: Referem-se os progressos das Armas Portuguesas na Asia, como novamente tem tido varias contendas com o Bosuló, Maratá, e Mogor.... – Lisboa: Na Officina de Domingos Rodrigues, 1756. – 8 p.; 21 cm. – Na mesma encadernação mais 51 obras . – Pertence à colecção Biblioteca Volante

BPNM 2-55-8-9 (4º)

480. RELAÇAM VERDADEIRA DOS FELICES SUCESSOS DA INDIA E VICTORIAS QUE ALCANSARAM AS ARMAS PORTUGUESAS NAQUELLE ESTADO

Relaçam verdadeira dos felices sucessos da India e victorias que alcansaram as armas portuguesas naquelle Estado: em o anno de 1752 cuja noticia se divulgou pela esquadra holandesa que daquelas regioens chegou a Amsterdam em o presente ano de 1753: primeira parte. – [S.l.: s.n., s.d.]. – 8 p.; 21 cm. – Pertence à colecção Biblioteca Volante

BPNM 2-55-3-23 (6º)

481. RELAÇAO DA CHEGADA, QUE TEVE A GENTE DE MATO GROÇO, E AGORA SE ACHA EM COMPANHIA DO SENHOR D. ANTONIO ROLIM DESDE O PORTO DE ARARITAGUABA ATE A ESTA VILLA REAL DO SENHOR BOM JESUS DO CUYABA

Relaçao da chegada, que teve a gente de Mato Groço, e agora se acha em companhia do Senhor D. Antonio Rolim desde o Porto de Araritaguaba ate a esta Villa Real do Senhor Bom Jesus do Cuyaba. – Lisboa: Na Officina Silva, 1754. – 8 p.; 22 cm. – Na mesma encadernação mais 10 obras. – Pertence à colecção Biblioteca Volante

BPNM 2-55-3-28 (8º)

482. RELAÇAO DAS PROEZAS, E VITORIAS QUE NA INDIA ORIENTAL TEM CONSEGUIDO O INEXPLICAVEL VALOR DO ILUSTRIS., E EXCELLENTISS SENHOR D. FRANCISCO DE TAVORA…

Relaçao das proezas, e vitorias que na India Oriental tem conseguido o inexplicavel valor do ilustris., e excellentiss senhor D. Francisco de Tavora.... – [S.l.: s.n., s.d.]. – 8 p.: 21 cm. – Título atribuído pelo catalogador porque o exemplar não tem folha de rosto. – Pertence à colecção Biblioteca Volante

BPNM 2-55-3-23 (3º)

483. RELAÇAO QUE TRATA DE COMO EM CINCOENTA E OITO GRAOS DO SUL FOY DESCUBERTA HUMA ILHA POR HUMA NAO FRANCEZA, A QUAL OBRIGADA DE HUM TEMPORAL, QUE LHE SOBREVEYO, NO CABO DA BOA ESPERANÇA, FOY A PARAR NA DITA ILHA

Relaçao que trata de como em cincoenta e oito gráos do Sul foy Descuberta huma Ilha por huma Nao Franceza, a qual obrigada de hum temporal, que lhe sobreveyo, no Cabo da Boa Esperança, foy a parar na dita ilha:

Bartholomeo da Silva e Lima. – Lisboa: [s.n., 170?]. – 2 vol. (8: 8 p.); 21 cm. – Obra traduzida da língua francesa para a língua portuguesa. – Na mesma encadernação mais 43 obras. – Pertence à colecção Biblioteca Volante

BPNM 2-55-8-5 (44º/45º)

484. RELATION DE LA DÉCOUVERT DE LA TERRE D'ESO, AU NORD DU IAPON

Relation de la découvert de la Terre d'Eso, au nord du Iapon: traduit de l'holandois; Melchisedec Thevenot. – [S.l.: s.n., 1696?]. – 4 p.; 37 cm. – Esta obra é constituída por 2 volumes divididos em quatro partes cada uma delas constituída por várias peças nem todas completas. O rosto comum aos 2 volumes é «*Relations de divers voyages curieux qui n'ont point este publie'es Et qu'on a traduit ou tiré des Originaux des Voyageurs François, Espagnols, Allemands, Portugais, Anglois données au public par les soins de feu M. Melchisedec Thevenot*»

BPNM 1-32-6-5 (26º)

485. RELATION DE LA PRISE DE L'ISLE FORMOSA PAR LES CHINOIS, LE CINQUIESME IUILLET 1661

Relation de la prise de l'isle Formosa par les Chinois, le cinquiesme Iuillet 1661: traduit du manuscript hollandois; Melchisedec Thevenot. – [S.l.: s.n., 1696?]. – p. 28-40; 37 cm. – Esta obra é constituída por 2 volumes divididos em quatro partes cada uma delas constituída por várias peças nem todas completas. O rosto comum aos 2 volumes é «*Relations de divers voyages curieux qui n'ont point este publie'es Et qu'on a traduit ou tiré des Originaux des Voyageurs François, Espagnols, Allemands, Portugais, Anglois données au public par les soins de feu M. Melchisedec Thevenot*»

BPNM 1-32-12-5 (9º)

486. RELATION DE L'ESTAT PRESENT DU COMMERCE DES HOLLANDOIS & DES PORTUGAIS DANS LES INDES ORIENTALES, Od LES PLACES QU'ILS TIENNENT SONT MARQUÉES, & LES LIEUX Od ILS TRASSIQUENT

Relation de l'estat present du commerce des hollandois & des portugais dans les indes orientales, où les places qu'ils tiennent sont marquées, & les lieux où ils trassiquent: Melchisedec Thevenot. – [S.l.: s.n., 1696?]. – [6] p.; 37 cm. – Esta obra é constituída por 2 volumes divididos em quatro partes cada uma delas constituída por várias peças nem todas completas. O rosto comum aos

2 volumes é «Relations de divers voyages curieux qui n'ont point este publie'es Et qu'on a traduit ou tiré des Originaux des Voyageurs François, Espagnols, Allemands, Portugais, Anglois données au public par les soins de feu M. Melchisedec Thevenot»

BPNM 1-32-12-5 (19º)

487. RELATIONS DE L'EMPIRE DV IAPON...

Relations de l'empire dv Iapon...: revue & augmentée par láuther... / Melchisedec Thevenot; Mr. Caron. – [S.l.: s.n., 1696?]. – 48 p.; 37 cm. – Esta obra é constituída por 2 volumes divididos em quatro partes cada uma delas constituída por várias peças nem todas completas. O rosto comum aos 2 volumes é «*Relations de divers voyages curieux qui n'ont point este publie'es Et qu'on a traduit ou tiré des Originaux des Voyageurs François, Espagnols, Allemands, Portugais, Anglois données au public par les soins de feu M. Melchisedec Thevenot*»

BPNM 1-32-6-5 (25º)

488. RELATIONS DES ISLES PHILIPPINES FAITE PAR UN RELIGIEUX QUI Y A DEMEURÉ 18 ANS

Relations des Isles Philippines faite par un Religieux qui y a demeuré 18 ans; Melchisedec Thevenot. – [S.l.: s.n., 1696?]. – 16 p.; 37 cm. – Esta obra é constituída por 2 volumes divididos em quatro partes cada uma delas constituída por várias peças nem todas completas. O rosto comum aos 2 volumes é «*Relations de divers voyages curieux qui n'ont point este publie'es Et qu'on a traduit ou tiré des Originaux des Voyageurs François, Espagnols, Allemands, Portugais, Anglois données au public par les soins de feu M. Melchisedec Thevenot*». – Erro de paginação

BPNM 1-32-6-5 (24º)

489. RELATION DES VOYAGES DU SIEUR... DANS LA RIVIERE DE LA PLATA, & DE LÀ PAR TERRE AU PEROU, & DES OBSERVATIONS QU'IL Y A FAITES

Relation des voyages du sieur... dans la riviere de la Plata, & de là par terre au Perou, & des observations qu'il y a faites. – [S.l.: s.n., s.d.]. – 24 p.: 36 cm. – Esta obra é constituída por 2 volumes divididos em quatro partes, cada uma delas constituídas por várias peças nem todas completas. O rosto comum aos dois volumes é «*Relations de divers voyages curieux qui n'ont point este publie'es, Et qu'on a traduit ou tiré des Originaux des Voyageurs François,*

Espagnols, Allemands, Portugais, Anglois données au public par les soins de feu M. Melchisedec Thevenot»

BPNM 1-32-12-6 (6º)

490. RELATION DU VOYAGE DE SA MAJESTÉ BRITANNIQUE EN HOLLANDE, ET DE LA RECEPTION QUI A ÉTÉ FAITE

Relation du Voyage de Sa Majesté Britannique en Hollande, et de la Reception qui a été faite. – A La Haye: Chez Arnout Leers, 1692. – [8], 108 p., [15] grav.: il.; 41 cm

BPNM 1-36-4-1

491. RELATION DU VOYAGE D'ESPAGNE

Relation Du Voyage D'Espagne. – A Paris: Chez la Veuve Claude Barbin, 1699. – 3 vol. ([14], 336; 343; 419 p.); 16 cm. – Erro de paginação

BPNM 2-52-2-10/12

492. RELATIONS VERITABLES ET CURIEUSES DE L'ISLE DE MADAGASCAR, ET DU BRESIL

Relations veritables et curieuses de l'isle de Madagascar, et du Bresil: Avec l'histoire de la derniere guerre faite au Bresil, entre les portugais et les hollandois: trois relations d'Egypte, & une du Royame de Perse. – A Paris: Chez Augustin Courbe, 1651. – [14], 307, [18], 212, 158 p.; 25 cm. – Erro de paginação. – Na mesma encadernação mais 3 obras

BPNM 2-52-9-16 (1º)

493. Resende, Garcia de, 1470?-?

Chronica dos Valerosos e Insignes Feitos Del Rey Dom Ioao II: De gloriosa memoria em que se refere, sua Vida, suas Virtudes, seu Magnanimo Esforço, Excellentes Costumes, & seu Christianissimo Zelo / Per Garcia de Resende, com outras obras que adiante se seguem & vay acrescentada a sua Miscellania. – Em Lisboa: Por Antonio Aluarez Impressor, & Mercador de Liuros. E feyta a sua custa, 1622. – [9], 174 f.; 28 cm. – Existem 2 exemplares da obra. – Erro de paginação

BPNM 1-33-7-16/17

494. RITTER, Stephan

Cosmographia prosometrica: hoc est universi terrarum orbis regionum populonum, insularum, urbium, fluviorum, montium, marium... / M. Stephani Ritteri Grunbergensis. – Marpurgi: apud Paulum Egenolphum, Typogt. Acad., 1619. – 1253, [10] p.; 21 cm

BPNM 2-52-4-15

495. ROE, Thomas, 1581?-1644

Memoires / de Thomas Rhoe ambassadeur du roy d'anglaterre aupres du mongol pour les affaires de la compagnie angloise des indes orientales; Melchisedec Thevenot. – [S.l.: s.n., 1696?]. – 80 p.; 37 cm. – Esta obra é constituída por 2 volumes divididos em quatro partes cada uma delas constituída por várias peças nem todas completas. O rosto comum aos 2 volumes é «*Relations de divers voyages curieux qui n'ont point este publie'es Et qu'on a traduit ou tiré des Originaux des Voyageurs François, Espagnols, Allemands, Portugais, Anglois données au public par les soins de feu M. Melchisedec Thevenot*»

BPNM 1-32-12-5 (11º)

496. ROUTE DU VOYAGE DES HOLANDOIS A PEKIN

Route du voyage des holandois a Pekin. – [S.l.: s.n., 1696?]. – 27 p.; 36 cm. – Esta obra é constituida por 2 volumes divididos em quatro partes, cada uma delas constituidas por várias peças nem todas completas. O rosto comum aos dois volumes é «*Relations de divers voyages curieux qui n'ont point este publie'es, Et qu'on a traduit ou tiré des Originaux des Voyageurs François, Espagnols, Allemands, Portugais, Anglois données au public par les soins de feu M. Melchisedec Thevenot*»

BPNM 1-32-12-6 (2º)

497. ROY, Jaques de, 1633-1719

Le Grand Theatre Profane du Bravant-Wallon: contenant la Description generale & Abregée ce Païs; la Description des Villes, leur forme de gouvernement & les evenemens les plus remarquables arrivez jusques à l' année MDCXCII; la Description des principaux Villages, Châteaux, & Maisons Seigneuriales situées dans ce Païs, avec la suite des Seigneurs qui les ont possedés / Par Mr. Jaques Le Roy. – A La Haye: Chez Chrétien Van Lom, Libraire, 1730. – [2], 151, [12] p., [1] map.; 46 cm. – Os dois volumes estão encadernados juntos

BPNM 1-32-3-8 (2º)

498. ROY, Jaques le, 1633-1719

Le Grand Theatre Profane du Duché de Brabant: contenant la Description Générale & Abregée de ce Païs: la suite des Ducs de Brabant: la Description des Villes, leur forme de Gouvernement & les evenemens les plus remarquables arrivez jusques à present... / Par M. Jaques Le Roy. – A La Haye: Chez Chrétien Van Lom, Libraire, 1730. – [2], 64 p., [64] grav.: il.; 46 cm. – Os dois volumes estão encadernados juntos

BPNM 1-32-3-8 (1º)

499. RUDBECK, Olaüs, 1630-1702

Atland Eller Manheim: Taphets aftomne de förnemste Renserlige Rungelige Glechter ut till hela werlden henne att sinra utgängne aro sa och desse efterföliande fold utogade nembligen... Atlantica sive Manheim / Olavi Rudbeckii: Vera Japheti posterorum sedes ac patria, ex qua non tantum Monarchae & Reges ad totum fere orbem reliquum regendum ac domandum, Stirpesque suas in eo condendas.... – Upsalae: Excudit Henricus curio S. R. M. & Academiae Upsal. Bibliopola, [s.d.]. – [1] grav., [6], 8, 891 p.; 33 cm. – Edição bilingue em latim e alemão. – Erro de paginação

BPNM 1-32-12-11

500. RUSCELLI, Girolamo, ? – 1566

Espositioni et introduttioni universali, Di Girolamo Ruscelli sopra tutta la Geografia di Tolomeo / Girolamo Ruscelli. – Venetia: Appresso Giordano Ziletti, 1573. – [52] p.: il.; 22 cm. – Na mesma encadernação mais 2 obras "*La Geografia Di Claudio Tolomeo Alessandrino*" e "*Discorso Di M. Gioseppe Moleto*"

BPNM 2-52-7-16 (2º)

S

501. S. FRANCISCO, Eugenio de, Frade

Relicario, y Viage, de Roma, Loreto, y Jerusalen / P. Fr. Eugenio de S. Francisco. – En Cadiz: Por el Alferez Bartolomé Nuñez de Castro, [1693]. – [22], 277, [1] p., [3] grav. desdobr.; 20 cm. – Erro de paginação

BPNM 2-52-6-14

502. S. Paulo, Carolo

Geographia Sacra, sive notitia antiqua Diocesium Omnium Patriarchalium, Metropoliticarum et Episcopalium... / Auctore Reverendiss. Carolo A S. Paulo: accesserunt in hac editione notae et animadversiones Lucae Holstenii. – Amstelaedami: Excudit Franciscus Halma, 1704. – [6], 332, 72 p., [9] map., [1] map. desdobr., [2] grav; 45 cm. – Erro de paginação

BPNM 1-32-3-11

503. Sá, Joaquim Francisco de, 17— -18—

[*Nova Relaçao da Victoria, que Alcançaram Bandeiras Portuguezas em Moçambique, e como se Houveram as Companhias, que em duas Naos partirao para aquella terra, e sahirao desta Corte em o dia 16 de Abril de 1751*] / Joachim Francisco de Sá. – Lisboa: Na Officina de Domingos Rodrigues, 1754 . – 8 p.; 21 cm. – Na mesma encadernação mais 44 obras. – Título e menção de responsabilidade atribuídas pelo catalogador. – Dados relativos à impressão retirados do colofão. – Pertence à colecção Biblioteca Volante

BPNM 2-55-8-5 (6º)

504. Salazar y Olarte, Ignacio de

Historia de la Conquista de Mexico: poblacion, y progressos de la America Septentrional conocida por el nombre de Nueva españa: segunda parte / escriviala Don Ignacio de Salazar y Olarte. – En Cordoba: en la Imprenta de D. Gonzalo Antonio Serrano por Fernando de Ros, 1743. – [35], 474 p.; 31 cm. – Erro de paginação

BPNM 1-35-10-18

505. Sanctos, Manuel dos, Benedictino Cisterciense, 1672-1740

Historia Sebastica: contem a vida do Augusto Principe o Senhor D. Sebastiao Rey de Portugal e os successos memoraveis do reyno, e conquistas no seu tempo / Author Fr. Manoel dos Santos Benedictino Cisterciense. – Lisboa Occidental: Na Officina de Antonio Pedrozo Galram, 1735. – [27], 504 p.; 31 cm

BPNM 1-33-8-4

506. Sanderus, Antoine, 1586-1664

Affligenium, vulgo affligem, celeberrima ordinis S. Benedicti, ac primaria per barbantiam abbatia, brevi compendio / descripta ab Antonni Sandero. –

Bruxellae: Apud Philippum Vleugartium,Typg. juratum, 1658. – 20 p.: il.; 46 cm. – Na mesma encadernação mais 23 obras do mesmo autor

BPNM 1-32-3-10 (3º)

507. SANDERUS, Antoine, 1586-1664

Basilica bruxellensis... / descripta Antonni Sanderi. – Bruxellae: Apud Philippum Vleugartium,Typg. juratum, 1658. – 20 p.: il.; 46 cm. – Na mesma encadernação mais 23 obras do mesmo autor

BPNM 1-32-3-10 (2º)

508. SANDERUS, Antoine, 1586-1664

Catholici regis in belgio conciliis dissertatiuncula: ad illstrissimos amplissimos, prudentissimosque dominos eorumdem concilioum praesides et adsessores / Antonii Sanderi. – Bruxellae: Apud Philippum Vleugartium, Typog. juratum , 1659. – 24 p.: il.; 46 cm. – Na mesma encadernação mais 23 obras do mesmo autor

BPNM 1-32-3-10 (23º)

509. SANDERUS, Antoine, 1586-1664

Coenobiographia abbatiae S. Salvatoris in civitate et diocesi antuerpiensi sacri cisterciensis ordinis: quae fundationem accepit... / Antonni Sandero. – Bruxellae: Apud Philippum Vleugartium, Typog. juratum, 1660 . – [6], 52 p.: il.; 46 cm. – Na mesma encadernação mais 23 obras do mesmo autor

BPNM 1-32-3-10 (11º)

510. SANDERUS, Antoine, 1586-1664

Chorographia sacra asperi collis: augusta b. mariae virginis basilica , signis prodigiisque divinis, illig per invocationem ejusdem deiparae matris... / Antonii Sanderi. – Bruxellae: Apud Philippum Vleugartium, Typog. juratum., 1658. – 30 p.; 46 cm. – Na mesma encadernação mais 23 obras do mesmo autor

BPNM 1-32-3-10 (18º)

511. SANDERUS, Antoine, 1586-1664

Chorographia sacra: coenobii S. Michaelis antuerpiae quae celeberrima, et omnium in brabantia est antiquissima praemonstratensis ordinis... / descripta ab Antonni Sandero. – Bruxellae: Apud Philippum Vleugartium,Typg. juratum, [s.d.]. – 43 p.: il.; 46 cm. – Na mesma encadernação mais 23 obras do mesmo autor

BPNM 1-32-3-10 (4º)

512. SANDERUS, Antoine, 1586-1664

Chorographia sacra beginagii bruxellensis... / Antonii Sanderi. – Bruxellae: Apud Philippum Vleugartium, Typog. juratum., 1658. – 16 p.; 46 cm . – Na mesma encadernação mais 23 obras do mesmo autor

BPNM 1-32-3-10 (19º)

513. SANDERUS, Antoine, 1586-1664

Chorographia sacra celebris et antiqui coenobii S. Jacobi de Caldenberga vulga covdenberch... / Antonii Sanderi. – Bruxellae: Apud Philippum Vleugartium, Typog. juratum., 1658. – 7 p.; 46 cm. – Na mesma encadernação mais 23 obras do mesmo autor

BPNM 1-32-3-10 (20º)

514. SANDERUS, Antoine, 1586-1664

Chorographia sacra: abbatiae grimbergensis in ordine praemonstratensi.../ descripta ab Antonni Sandero. – Bruxellae: Apud Philippum Vleugartium, Typg. juratum, 1659. – 25 p.: il.; 46 cm. – Na mesma encadernação mais 23 obras do mesmo autor

BPNM 1-32-3-10 (5º)

515. SANDERUS, Antoine, 1586-1664

Chorographia sacra: averbodij quae celebris est, et in agro campiniensi antiquissima canonicorum... / descripta ab Antonni Sandero. – Bruxellae: Apud Philippum Vleugartium,Typg. juratum, 1659. – 18 p.: il.; 46 cm. – Na mesma encadernação mais 23 obras do mesmo autor

BPNM 1-32-3-10 (6º)

516. SANDERUS, Antoine, 1586-1664

Chorographia sacra brabantiae: sive celebrium aliquot in ea provincia ecclesiarum et coenobiorum descriptio imaginibus aeneis illustrata... / Antonni Sanderi. – Bruxellae: Apud Philippum Vleugartium,Typg. juratum, 1659. – 4, [4] p.; 46 cm. – Na mesma encadernação mais 23 obras do mesmo autor

BPNM 1-32-3-10 (1º)

517. SANDERUS, Antoine, 1586-1664

Chorographia Sacra Brabantiae: sive Celebrium Aliquot in e a Provincia Abbatiarum, Coenobiorum, Monasteriorum, Ecclesiarum, Piarumque Fundationum Descriptio / Antonii Sanderi. – Hagae Comitum: Apud Christianum Van Lom, Bibliopolam, 1726-1727. – 3 vol. ([6], 569, [1] p., [20] grav.; 370, [1] p., [20] grav.; 385, [1] p., [20] grav., [1] grav. desdobr., [1] planta): il.; 46 cm

BPNM 1-32-3-5/7

518. SANDERUS, Antoine, 1586-1664

Chorographia sacra: coenobij de foresto, quae nobilis et antiqua sanctimonialium / descripta ab Antonni Sandero. – Bruxellae: Apud Philippum Vleugartium, Typog. juratum, 1660. – 6 p.; 46 cm. – Na mesma encadernação mais 23 obras do mesmo autor

BPNM 1-32-3-10 (10º)

519. SANDERUS, Antoine, 1586-1664

Chorographia sacra insignis canonicae B. Mariae et S. Ioannis Baptistae in viridi valle vulgo groenendael... / Antoni Sanderi. – Bruxellae: Apud Philippum Vleugartium, Typographum juratum, 1659. – 28 p.: il.; 46 cm. – Na mesma encadernação mais 23 obras do mesmo autor

BPNM 1-32-3-10 (15º)

520. SANDERUS, Antoine, 1586-1664

Chorographia sacra insignis canonicae S. Pauli rubeae vallis in zonia... / Antonni Sandero. – Bruxellae: Apud Philippum Vleugartium, Typographum juratum, 1659. – 27 p.; 46 cm. – Na mesma encadernação mais 23 obras do mesmo autor

BPNM 1-32-3-10 (12º)

521. SANDERUS, Antoine, 1586-1664

Chorographia sacra nobiluis et antiqui coenobii S. Gertrudes lovanii... / Antonni Sandero. – Bruxellae: Apud Philippum Vleugartium, Typographum juratum, 1659. – 10 p.: il.; 46 cm. – Na mesma encadernação mais 23 obras do mesmo autor

BPNM 1-32-3-10 (13º)

522. SANDERUS, Antoine, 1586-1664

Chorographia sacra praepositurae vallis liliorum: quod celebre et antiquum est coenobium monialium canonicarum ord. praemonstratensis... / Antoni Sanderi. – Bruxellae: Apud Philippum Vleugartium, Typog. juratum., 1659. – 10 p.; 46 cm. – Na mesma encadernação mais 23 obras do mesmo autor

BPNM 1-32-3-10 (16º)

523. SANDERUS, Antoine, 1586-1664

Chorographia sacra: ulierbaci quae celebris et antiqua est abbatia ordinis / descripta ab Antonni Sandero. – Bruxellae: Apud Philippum Vleugartium,Typg. juratum, 1659. – 23 p.: il.; 46 cm. – Na mesma encadernação mais 23 obras do mesmo autor

BPNM 1-32-3-10 (8º)

524. SANDERUS, Antoine, 1586-1664

Chorographia sacra: villarij quod est celeberrium... / descripta ab Antonni Sandero. – Bruxellae: Apud Philippum Vleugartium,Typg. juratum, 1659. – 394 p.: il.; 46 cm. – Na mesma encadernação mais 23 obras do mesmo autor

BPNM 1-32-3-10 (7º)

525. SANDERUS, Antoine, 1586-1664

Coenobiographia carthusiae bruxellensis: quae olim nostrae dominae de gratia in schevt vocat fvit... / ab Antonio Sandero. – Bruxellae: Apud Philippum Vleugartium, Typog. juratum., 1659. – 14 p.; 46 cm. – Na mesma encadernação mais 23 obras do mesmo autor

BPNM 1-32-3-10 (21º)

526. SANDERUS, Antoine, 1586-1664

Coenobiographia sacra celebris et antiquae... / descripta ab Antonni Sandero. – Bruxellae: Apud Philippum Vleugartium,ad Fontem caeruleum, [s.d.]. – 20 p.: il.; 46 cm. – Na mesma encadernação mais 23 obras do mesmo autor

BPNM 1-32-3-10 (9º)

527. SANDERUS, Antoine, 1586-1664

Coenobium S. Petri apostoli canonicarum regularium ordinis sancti augustini: quod celebre et antiquum est coenobium monialium canonicarum ord. praemonstratensis... / ab Antonio Sandero. – Bruxellae: Apud Philippum Vleugartium, Typog. juratum., 1658. – 8 p.; 46 cm. – Na mesma encadernação mais 23 obras do mesmo autor

BPNM 1-32-3-10 (17º)

528. SANDERUS, Antoine, 1586-1664

Laca parthenia mariani cultus antiquitate: et miraculorum gloria illustris... / Antonius Sanderus. – Bruxellae: Apud Philippum Vleugartium, 1659. – 363 p.: il.; 46 cm. – Na mesma encadernação mais 23 obras do mesmo autor

BPNM 1-32-3-10 (14º)

529. SANDERUS, Antoine, 1586-1664

Regiae domus belgicae: sive palatium bruxellense cum aliis ad ducem brabantiae et comitem flandriae... / descripsit, et in aes incidi curavit Antonius Sanderus Gandavensis. – Bruxellae: Apud Philippum Vleugartium, 1659. – [4], 44 p.: il.; 46 cm. – Na mesma encadernação mais 23 obras do mesmo autor

BPNM 1-32-3-10 (22º)

530. SANDERUS, Antoine, 1586-1664

Status aulicus seu brevis designatio illustrium quarumdam et magis eminentium personarum quae in honoratioribus aulae belgicae ministeriis fuere: sub serenissimis e burgundica et austriaca familia principibus,brabantiae ducibus, flandriae comitibus / ab Antonio Sandero. – Bruxellae: Apud Philippum Vleugartium, Typog. juratum , 1660. – 34, [2] p.: il.; 46 cm. – Na mesma encadernação mais 23 obras do mesmo autor

BPNM 1-32-3-10 (24º)

531. SANDOVAL, Alfonso de, Padre, 1576-1652

Historia de Etiopia en que se refieren sus ritos costunbres: yechos Famosos de Etiopes / Por el P. Alonso Sandoval. – [Madrid: s.n.], 1646. – [24], 520, [96] p.; 29 cm

BPNM 1-35-10-14

532. SANSON, Nicolas, 1600-1667

Atlas de la Geographie Ancienne, Sacrée, Ecclesiastique et Profane: ou l'on voit la Terre Sainte, avec ses Differentes Divisions... / Par Nicolas Sanson...: corrigé & mis en Ordre par Mr. Le Clerc. – A Amsterdam: Chez Jean Covens & Corneille Mortier, [s.d.]. – 6 p., [91] map., [1] f. desdobr., [1] f., [1] planta: toda il.; 55 cm. – Esta obra tem 2 folhas de rosto uma em latim e outra em francês. – O catalogador optou pela utilização da folha de rosto francesa

BPNM 2-42-15-12

533. SANSON, Nicolas, 1600-1667

Geographia Sacra Ex veteri et Novo Testamento Desmunta et in Tabulas Quatuor concinnata... additae sunt descriptio Terrae Chanaan, sive Terrae Promissae... / Auctore Nic. Sanson: Accesserunt in Indicem Geographicum Notae Joannis Clerici, cujus etiam praefixa est Praefatio. – Amstelaedami: Excudit Franciscus Halma Typograph. & Bibliop., 1704. – 15, [10], 111, 15, 51 p., [1] grav., [4] map. desdobr.; 45 cm. – Na mesma encadernação a obra «Onomasticon urbium et locorum Sacrae Scripturae...»

BPNM 1-32-3-12 (1º)

534. SANTA TERESA, Giovanni Gioseppe de, Carmelita Descalço

Istoria delle gverre del regno del brasile accadvte tra la corona di Portogallo e la repvblica di Olanda: parte prima / dal P. F. Gio: Gioseppe di S. Teresa Carmelitano Scalzo. – In Roma: Nella stamperia degl'Eredi del Corbelletti, 1698. – 2 vol. ([26], 232 p., [11] map. desdobr., [2] grav. desdobr., [2] plantas desdobr.; 211, [20] p., [1] grav., [5] grav. desdobr., [3] plantas desdobr.): il.; 33 cm. – A 1ª e a 2ª parte estão juntas na mesma encadernação

BPNM 1-33-11-18

535. SANTOS, João dos, ?-1622

Primeira parte da Ethiopia Oriental: em qve se da relacam dos principaes Reynos desta larga regiao, dos custumes, ritos, & abusos de seus habitadores, dos animaes, bichos, & feras, que nelles se criao... / [Joao dos Sanctos]. – Eoura: Conuento de S. Domingos, 1608. – [6], 140 f.; 26 cm. – A autoria foi atribuída pelo catalogador após ter consultado obras de referência. – Erro de paginação. – Na mesma encadernação a obra "Varia Historia de covsas notaves do Oriente..."

BPNM 1-33-12-1 (1º)

536. SANTOS, João dos, Padre Frei, ?-1622

Varia Historia de covsas notaveis do oriente e da Christandade que os Religiosos da Orde dos Pregadores nelle fizerao: segunda parte / composta pollo P. Fr. Ioam dos Santos. – Euora: Impressa no Conuento de S. Domingos, com licença da Santa Inquisiçao, & Ordinario & priuilegio Real, por Manoel de Lyra, 1609. – [1], 123 f.; 26 cm. – A folha de rosto dá-nos a data de 1609 e o colofão a de 1608

BPNM 1-33-12-1 (2º)

537. SAVONAROLA, Innocenzo Raffaele, 1680-1748

Universus terrarum orbis scriptorumcalamo delineatus: hoc est auctorum fere omnium... / studio, et labore Alphonsi Lasor A Varea. – Patavii: Ex Typographia olim Frambotti, nunc Jo Baptistae Conzatti, 1713. – 2 vol. ([4], 536, 68, [4] p., [26] grav.; 687 p., [18] grav.): il.; 35 cm. – O nome do autor que surge na folha de rosto é um pseudónimo

BPNM 2-52-16-1/2

538. SCHERER, Henrico, Padre Jesuíta

Atlas marianvs sive praecipuae totius orbis habitati imagines et statuae magnae dei matris beneficiis ac prodigiis inclytae succincta historia propositae et mappus geographicis expressae / authore P. Henrico Scherer, Societatis Jesu Sacerdote. – August.Vindel.& Dilingae: Sumptibus Joannis Caspari Bencard, Viduae & Consort, 1737. – 130, [16] p., [23] map. desdobr.; 29 cm. – Erro de paginação

BPNM 1-32-1-3

539. SCHERER, Henrico, Padre Jesuíta

Atlas novus exhibens orbem terraqueum per naturae opera, historiae novae ac veteris monumenta, artisquae geographicae leges et praecepta hoc est: geographia universa in septem partes contracta et instructa ducentis fere chartis geographicis ac figuris... / authore R. P. Henrico Scherer, Societatis Jesu. – August.Vindel. & Dilingae: Sumptibus Joannis Caspari Bencard, Viduae & Consort, 1737. – [23], 137 p., [1] grav., [11] map. desdobr.; 29 cm. – Existem duas folhas de rosto e optou-se pela primeira para se fazer a catalogação. – Erro de paginação

BPNM 1-32-1-1

540. SCHERER, Henrico, Padre Jesuíta

Critica quadri-partita in qua plura recens inventa, et emendata circa geographiae artificium, techicam, et astrologiam scitu dignissima explicantur / authore P. Henrico Scherer, Societatis Jesu. – August.Vindel & Dilingae: Sumptibus Joannis Caspari Bencard, Viduae & Consort, 1737. – 228, [19] p., [8] map. desdobr., [8] map.; 29 cm

BPNM 1-32-1-8

541. SCHERER, Henrico, Padre Jesuíta

Geographia artificialis sive globi terraquei geographice repraesentandi artificium / authore P.Henrico Scherer, Societatis Jesu. – August.Vindel. & Dilingae: Sumptibus Joannis Caspari Bencard, Viduae & Consort, 1737. – 240, [20] p., [3] grav., [2] grav. desdobr.; 29 cm

BPNM 1-32-1-6

542. SCHERER, Henrico, Padre Jesuíta

Geographia hierarchica sive status ecclesiastici romano-catholici per orbem universum distributi succincta descriptio historico-geographica / authore P.Henrico Scherer, Societatis Jesu. – August.Vindel. & Dilingae: Sumptibus Joannis Caspari Bencard, Viduae & Consort, 1737. – [18], 257 p., [20] map. desdobr.; 29 cm

BPNM 1-32-1-2

543. SCHERER, Henrico, Padre Jesuíta

Geographia politica sive historia geographica exhibens totius orbis terraquei statum et regimen politicum cum adjectis potissimarum nationum, regnorum ac provinciarum geniis et typis geographicis / authore P. Henrico Scherer, Societatis Jesu. – August.Vindel & Dilingae: Sumptibus Joannis Caspari Bencard, Viduae & Consort, 1737. – 2 vol. ([4], 696 p., [22] map. desdobr., [16] grav.; p. 697-841, [37] p., [6] grav., [16] map. desdobr.); 29 cm. – Erro de paginação

BPNM 1-32-1-4/5

544. SCHERER, Henrico, Padre Jesuíta

Tabellae geographicae hoc est: regionum, provinciarum locorumque memorabilium in orbe terrarum succinta dispositio et ordo politico-geographicus / avthore P.Henrico Scherer, Societatis Jesu. – August.Vindel.&

Dilingae: Sumptibus Joannis Caspari Bencard, Viduae & consort, 1737. – 309, [38] p., [15] map. desdobr.; 29 cm. – Erro de paginação

BPNM 1-32-1-7

545. SCHEUCHZER, Jean-Jacques, 1672-1733

Oypesiphoiths Helveticus, sive Itinera per Helvetiae Alpinas Regiones / Johanne Jacobo Scheuchzero. – Lugduni Batavorum: Typis ac Sumptibus Petri Vander Aa, 1723. – 4 vol. ([14], 167, [1] p., [45] grav., [7] grav. desdobr., [1] map. desdobr.; p. 169 -350, [12] grav., [1] grav. desdobr., [2] map., [2] map. desdobr., [1] planta desdobr.; [2] p, p. 353-520, [18] grav., [16] grav. desdobr., [7] map. desdobr.: [2] p., p. 523-635, [53] p., [12] grav., [4] grav. desdobr., [2] map. desdobr., [1] planta desdobr.): il.; 26 cm. – Quatro tomos encadernados em dois volumes. – Foi feita a transliteração do grego para o latim para caracteres romanos da primeira palavra do título. – Contém uma gravura do autor. – Erro de paginação

BPNM 2-52-9-14/15

546. SCHOTT, Andrea, Jesuíta, 1552-1629

Hispaniae Illvstratae sev Vrbivm Rervmqve Hispanicarvm, Academiarvm, Bibliothecarvm...: Tomus IIII / studio & opera Andreae Schotti Antverp., Societatis Iesv. – Francofvrti: Apud Claudium Marnium & heredes Ioan. Aubrii, 1608. – [6], 479 p.; 36 cm. – Só existe este tomo. – Erro de paginação

BPNM 1-35-2-9

547. SCHOUTEN, Gautier

Voiage de Gautier Schouten aux Indes Orientales: commencé l'an 1658 & fini l'an 1665. – A Amsterdam: Aux dépens d' Estienne Roger, 1707. – 2 vol. (508; 515 p.): il.; 16 cm. – Antes da folha de rosto os dois volumes têm a mesma gravura, que representa uma cena indiana

BPNM 2-52-3-7/8

548. SCOTTI, Francesco

Itinerario D'Italia:...ove si descrivono tutte le principali Città d'Italia, e Luoghi celebri, con le loro origini, Antichità, e Monumenti singolari, che nelle medesime si ammirano / di Francesco Scotto. – In Roma: A spese di Fausto Amidei Mercante di Libri al Corso, 1747. – 479, [21] p., [1] map. desdobr., [24] grav. desdobr.; 17 cm. – Erro de paginação

BPNM 2-52-2-9

549. SEBASTIAO, Rei de Portugal, 1554-1578

Relaçao da Primeira Jornada que fez a Africa no anno de 1574 o Serenissimo Rey D. Sebastiao / Escrita pelo mesmo Principe. – [S.l.: s.n., s.d.]. – 63 p.; 30 cm. – Na mesma encadernação a obra "Memorias para a Historia de Portugal..."

BPNM 1-33-8-3 (2º)

550. SERAFINS, Angelo dos, Padre Franciscano, fl. 1751

Relaçao da viagem, que o Ilustrissimo, e Excellentissimo Marquez de Tavora, Vice-Rey do Estado da India: fez do porto desta Cidade de Lisboa, donde partio no dia 28 de Março de 1750 até o Moçambique, aonde portou em 22 de Junho com 87 dias de viagem, e detendo se alli dous mezes, continuou a sua viagem, partindo em 22 de Agosto, portou em 22 de Setembro na barra de Goa; aonde fez a sua entrada Publica, e deo principio ao seu feliz governo / Em Huma carta, que do mesmo Estado mandou o P. Fr. Angelo dos Serafins. – Lisboa: Na Officina de Miguel Rodrigues , 1751. – 8 p.: 22 cm. – Na mesma encadernação mais 3 obras. – Pertence à colecção Biblioteca Volante

BPNM 2-55-7-24 (2º)

551. SILVA, Caetano Paes de

Relaçam e Noticia da gente, que nesta segunda monçao chegou ao sitio do Grao Pará, e as Terras de Matogrosso, caminhos que fizerao por aquellas Terras, com outras muitas curiosas, e agradaveis de Rios, Fontes, fructos, que naquelle Paiz acharao / Caetano Paes da Silva. – Lisboa: Na Offic. de Bernardo Anton. de Oliveira, 1754. – 7 p.: 22 cm. – Na mesma encadernação mais 10 obras. – Existe outro exemplar desta obra com a cota 2-55-8-9 (3º). – Pertence à colecção Biblioteca Volante

BPNM 2-55-3-28 (1º)

552. SILVA, José Antonio da

Collecçam dos Documentos com que se authorizam as memorias para a vida DelRey D. Joao o I... / Escritas nos primeiros tres tomos... como tambem agora esta collecçam pelo Academico Joseph Soares da Sylva.... – Lisboa Occidental: Na Officina de Joseph Antonio da Sylva, 1734. – [21], 506 p.; 30 cm

BPNM 1-33-7-14

553. SILVA, José Soares da, 1672-1739

Memorias para a Historia de Portugal que comprehendem o Governo delRey D. Joao I do anno de mil e trezentos e oitenta e tres, até o anno de mil e quatrocentos e trinta e tres... / Escritas pelo Academico Joseph Soares da Sylva . – Lisboa Occidental: Na Officina de Joseph Antonio da Sylva, 1730-1732. – 3 vol. ([89], 522 p., [2] f. desdobr.; [13] p., p. 523- 980; [19] p., p. 981-1524); 30 cm

BPNM 1-33-7-11/13

554. SILVA, Rodrigo Mendes, 1607-1670

Poblacion General de España svs Trofeos, Blasones y Conqvistas Heroycas: descripciones Agradables, Grandezas notables... / por Rodrigo Mendez Silva, Historiador destes Reynos.... – En Madrid: Por Diego Diaz de la Carrera a costa de Pedro Coello mercader de libros, 1645. – [11], 301 f.; 31 cm. – Contém uma gravura do autor. – Erro de paginação

BPNM 1-35-1-5

555. SILVA, Silvestre Ferreira da, fl. 1748

Relaçao do sitio, que o Governador de Buenos Aires D. Miguel de Salcedo poz no anno de 1735 à Praça da Nova Colonia do Sacramento... / por Silvestre Ferreira da Sylva. – Lisboa: Na Officina de Francisco Luiz Ameno, 1748. – [6], 107 p., [1] grav., [2] plantas desdobr., [1] map. desdobr., [1] grav. desdobr.; 22 cm. – Na mesma encadernação mais 10 obras. – Pertence à colecção Biblioteca Volante

BPNM 2-55-3-28 (10º)

556. SINARUM SCIENTIA POLITICO-MORALIS, SIVE SCIENTIAE SINICAE LIBER...

Sinarum scientia politico-moralis, sive scientiae sinicae liber.... – Paris: [s.n.], 1672. – 24 p.; 37 cm. – Esta obra é constituída por 2 volumes divididos em quatro partes cada uma delas constituída por várias peças nem todas completas. O rosto comum aos 2 volumes é «*Relations de divers voyages curieux qui n'ont point este publie'es Et qu'on a traduit ou tiré des Originaux des Voyageurs François, Espagnols, Allemands, Portugais, Anglois données au public par les soins de feu M. Melchisedec Thevenot*»

BPNM 1-32-12-6 (9º)

557. SIONITE, Gabriel, 1564-1648

Geographia nubiensis idest accuratissima totius orbis in septem climata divisú descriptio, contienens praesertim exactam universae Asiae, & Africae, rerumq; in ijs hactenus incognitarum explicationem... / A Gabriele Sionita: Ioanne Hesronita. – Parisiis: Ex Typographia Hieronymi Blageart, prope Collegium Rhemeuse, 1619. – [10], 278, [12], 54 p.; 28 cm

BPNM 2-52-7-17

558. SLESWICENSIS ET HOLSATIAE DUCATUUM

Sleswicensis et holsatiae ducatuum: descriptio nova. – Amstelodami: Apud Aegidium Janssonium Valckenier, 1655. – 95, [12] p., [16] map.; 14 cm. – Na mesma encadernação a obra «*Regnorvm Daniae & Norwegiae*...»

BPNM 2-52-2-3 (2º)

559. SMITS, Guillaume, 1704-1770

Nouveau Voyage de Guinée: contenant une description exaxcte des coûtumes, des manieres, du Terrain, du Climat, des Habillements, des Bâtiments, de l' Educations,des Arts manuels, de l' Agriculture, du Commerce, des Emplois, des Langages, des Rangs de distinction, des Habitations, des Dvertissemens, des Mariages, & généralement de tout ce qu' il y a de remarquable parmi les Habitans, & c / Guillaume Smith. – A Paris: Chez Durand: Chez Pissot, 1751 . – 2 vol. ([6], 258 p. ; 313, [1] p., [5] grav. desdobr.): il.; 17 cm

BPNM 2-52-2-28/29

560. SOLIS, Antonio de, 1610-1686

Historia de la Conquista de Mexico: poblacion, y progressos de la America Septentrional, conocida por el nombre de Nueva España / escrivióla Don Antonio de Solis...;...y aumentada con la Vida del Autor, que escrivió Don Juan de Goyeneche. – Nueva Edicion. – En Brusselas: A Costa de Marcos--Miguel Bousquet y Compañia, 1741. – [20] p., [2] map., [10] grav. desdobr., [2] grav.; 40 cm. – Existem mais 2 exemplares desta obra com datas diferentes (1704 e 1732), sem gravuras, com dimensões diferentes e com as seguintes cotas 1-35-10-17 e 1-35-10-19. – Erro de paginação

BPNM 1-35-10-20

561. Sousa, Manuel de Faria e, 1590-1649

Asia Portuguesa / de Manvel de Faria Y Sovsa. – Lisboa: En la Officina de Bernardo da Costa: En la Officina de Antonio Craesbeeck, 1674-1703. – 2 vol. ([74], 396; [8], 968 p., [4] grav. desdobr., [2] plantas desdobr.): il.; 30 cm. – A data do 1º volume é posterior à data do 2º volume

BPNM 1-33-11-12/13

562. Speed, Jean, 1552-1629

Theatrum imperii magnae britaniae: exactam regnorum augliae, scotiae hiberniae et insularum... / Ioanne Spedo. – London: Apud Ioann Sudbury et Georg. Humbl, 1616. – [14], 146, [12] p.: il.; 38 cm

BPNM 1-32-3-13

563. Stuckio, Guilielmo, ? – 1607

Arriani Historici et Philosophi Maris Érythrei Periplus ad Adrianum Caesarem August: Nunc primùm è Graeco sermone in Latinum versus, plurimísque mendis repurgatus. Accesserunt e Scholia, quae luculetam Regionum, Gentium, Infularum, Oppdorum, Fluminum, Mercium, caeterarúmque rerum memorabilium utriusque Peripli...: Addita est praeter loca, que folers Lusitanorum penetravit navigatio, omnium cùm Oppidorum, quae Danubius irrigat... / Guilielmo Stuckio Tigurino. – Genevae: Apud Eustathium Vignon, 1577. – [36], 109, [18] p.; 32 cm. – Foi realizada uma intervenção de restauro, embora de forma muito imperfeita. – Edição bilingue em latim e grego. – Na mesma encadernação a obra "Arriani historici et philosophi ponti..."

BPNM 1-32-1-10 (2º)

564. Stuckio, Guilielmo, ? – 1607

Arriani Historici et Philosophi Ponti Euxini e maris Erythrei Periplus, ad Adrianum caesarem: Numc primùm è Graeco Sermone in Latinum versus, plurimísque mendis repargatus. Accesserunt e Scholia, quae luculêtam Regionum, Gentium, Infularum, Oppidorum, FLuminun, Mercium, caeterarúmque rerum memorabilium utriusque Peripli descriptionem continet...: Addita est praeter loca que folers Lusitanorum penetravit navigatio, omnium cùm Oppidorum, quae Danubius irrigat... / Guilielmo StuckioTigurino . – Genevae: Apud Eustathium Vignon, 1577. – [10], [16], 193, [25] p., [1] map.; 32 cm. – Edição bilingue em latim e grego. – Na mesma encadernação a obra "Arriani historici et philosophi maris..."

BPNM 1-32-1-10 (1º)

565. Swift, Jonathan, 1667-1745

Viagens de Gulliver a varios paises remotos: traduzidas por J. B. G.. – Nova ediçao. – Lisboa: Na Typographia Rollandiana, 1816-1822. – 3 vol. (XVI, 128, 125 p.; 112, 167 p.; XXIV, 125, 137 p., p. 113-118); 15 cm. – Há um erro de encadernação, as folhas 113 a 118 da terceira parte estão no fim do volume

BPNM 2-53-2-21/23

566. SYNOPSIS CHRONOLOGICA MONARCHIAE SINICAE AB ANNO POST DILUVIUM CC. LXXV

Synopsis chronologica monarchiae sinicae ab anno post diluvium cc. lxxv. – [S.l.: s.n., s.d.]. – 76 p.: 37 cm. – Esta obra é constituída por 2 volumes divididos em quatro partes cada uma delas constituída por várias peças nem todas completas. O rosto comum aos 2 volumes é *«Relations de divers voyages curieux qui n'ont point este publie'es Et qu'on a traduit ou tiré des Originaux des Voyageurs François, Espagnols, Allemands, Portugais, Anglois données au public par les soins de feu M. Melchisedec Thevenot»*

BPNM 1-32-12-6 (21º)

567. SYSTEME MODERNE DE COSMOGRAPHIE ET DE PHYSIQUE GÉNÉRALE

Systeme Moderne de Cosmographie et de Physique Générale: Cosmographia sicut Geographia. – A Paris: Chez Charles- Antoine Jombert, Libraire du Roy, 1747. – VIJ, 82 p., [4] grav. desdobr., [2] f. desdobr.; 26 cm

BPNM 2-52-12-5

T

568. Tagiste, Elisio

Del Sito di Cupra Montana Antiga Citta del Piceno: Dissertazione / Elisio Tagiste. – In Roma: Nella Stamperia de Rossi, [1764]. – [14], 59, [1] p.; 22 cm

BPNM 2-52-13-7

569. TASMAN, Abel Jansson

Voyage / D' Abel Tasman. – [S.l.: s.n., s.d.]. – 4 p.; 37 cm. – Esta obra é constituída por 2 volumes divididos em quatro partes cada uma delas constituída por várias peças nem todas completas. O rosto comum aos 2 volumes é «*Relations de divers voyages curieux qui n'ont point este publie'es Et qu'on a traduit ou tiré des Originaux des Voyageurs François, Espagnols, Allemands, Portugais, Anglois données au public par les soins de feu M. Melchisedec Thevenot*»

BPNM 1-32-12-6 (17º)

570. TEIXEIRA, Domingos, Frade Agostinho, 1675 ou 1680-1726

Vida de Gomes Freyre de Andrada, General da Artelharia do Reyno do Algarve, & Capitao General do Maranhao, Pará & Rio das Amazonas no Estado do Brazil / composta por Fr. Domingos Teyxeyra, Eremita de Santo Agostinho. – Lisboa Occidental: Na officina de Antonio Pedrozo Galram, 1727. – [14], 504 p.; 15 cm. – Só existe o 2º volume. – Erro de paginação

BPNM 2-55-1-6

571. LA TERRE AUSTRALE DESCOUVERTE PAR LE CAPITAINE PELSART, QUI Y FAIT NAUFRAGE

La terre australe descouverte par le Capitaine Pelsart, qui y fait naufrage; Melchisedec Thevenot. – [S.l.: s.n., 1696?]. – p. 50-52, [1] map. desdobr.; 37 cm. – Esta obra é constituída por 2 volumes divididos em quatro partes cada uma delas constituída por várias peças nem todas completas. O rosto comum aos 2 volumes é «*Relations de divers voyages curieux qui n'ont point este publie'es Et qu'on a traduit ou tiré des Originaux des Voyageurs François, Espagnols, Allemands, Portugais, Anglois données au public par les soins de feu M. Melchisedec Thevenot*»

BPNM 1-32-12-5 (18º)

572. TERRI, Edoüard

Voyage de Edoüard Terri aux Indes Orientales; Melchisedec Thevenot. – [S.l.: s.n., 1696?]. – 30 p.; 37 cm. – Esta obra é constituída por 2 volumes divididos em quatro partes cada uma delas constituída por várias peças nem todas completas. O rosto comum aos 2 volumes é «*Relations de divers voyages curieux qui n'ont point este publie'es Et qu'on a traduit ou tiré des Originaux des Voyageurs François, Espagnols, Allemands, Portugais, Anglois données au public par les soins de feu M. Melchisedec Thevenot*»

BPNM 1-32-12-5 (12º)

573. LE THEATRE DU MONDE

Le Theatre du Monde: contenant les Cartes Generales et Particulieres des Empires, Royaumes et Etats qui le composent. – A Paris: Chez le Sr. Chabaud, [s.d.]. – 3 vol. ([66] map., [1] f. desdobr.; [84] map., [6] map. desdobr., [12] plantas, [3] plantas desdobr.; [87] map., [14] map. desdobr., [4] plantas): toda il.; 55 cm

BPNM 2-42-15-7/9

574. THEATRO DELLE CITTA D' ITALIA

Theatro delle citta d'Italia: Con le sue figure intagliate in Rame, & descrittioni di esse in qvesta terza impressione accrescivto di nova aggivnta di molte figvre, e dichiarationi.... – In Padova: Appresso Francesco Bertelli, 1629 . – [18], 242, 40 p.: il.; 15 x 21 cm. – Erro de paginação

BPNM 2-52-5-2

575. THEATRVM STATVVM REGIAE CELSITVDINIS SABAVDIAE DVCIS, PEDEMONTII PRINCIPIS CYPRI REGIS

Theatrvm statvvm Regiae Celsitvdinis Sabavdiae Dvcis, Pedemontii Principis Cypri Regis. – Amstelodami: Apud Haeredes Ioannis Blaev, 1682. – 2 vol. ([32], 123, [5] p., [3] map., [5] grav. desdobr., [62] grav.; [14], 165, [7] p., [2] map., [7] grav. desdobr., [61] grav.); 58 cm. – No 1º volume *"Pars prima Exhibens Pedemontivm et in eo Avgvstam Tavrinorvm & Loca Viciniora"*. – No 2º volume *"Pars altera Illustrans Sabavdiam, et Caeteras Ditiones cis & transalpinas, Priore Parte derelictas"*

BPNM 2-42-15-17/18

576. THEVENOT, Melchisedec, 1621-1692

Description des animaux et des plantes des indes: avec une relation de l'isle taprobane, tirée de la topographie chrestienne de cosmas le solitaire / Melchisedec Thevenot. – [S.l.: s.n., 1696?]. – p. 10-24, [2] map. desdobr.; 37 cm . – Esta obra é constituída por 2 volumes divididos em quatro partes cada uma delas constituída por várias peças nem todas completas. O rosto comum aos 2 volumes é «*Relations de divers voyages curieux qui n'ont point este publie'es Et qu'on a traduit ou tiré des Originaux des Voyageurs François, Espagnols, Allemands, Portugais, Anglois données au public par les soins de feu M. Melchisedec Thevenot*»

BPNM 1-32-12-5 (14º)

577. THEVENOT, Melchisedec, 1621-1692

Extrait du voyage des hollandois, enuoyez és années 1656 & 1657 en qualité d'ambassadeurs vers l'empereur des Tartares, maintenant maistre de la Chine: traduit du manuscript hollandois; Melchisedec Thevenot. – [S.l.: s.n., 1696?]. – p. 26-29; 37 cm. – Esta obra é constituída por 2 volumes divididos em quatro partes cada uma delas constituída por várias peças nem todas completas. O rosto comum aos 2 volumes é «*Relations de divers voyages curieux qui n'ont point este publie'es Et qu'on a traduit ou tiré des Originaux des Voyageurs François, Espagnols, Allemands, Portugais, Anglois données au public par les soins de feu M. Melchisedec Thevenot*». – A paginação não se apresenta sequencial

BPNM 1-32-12-5 (8°)

578. THEVENOT, Melchisedec, 1621-1692

Informatione della Giorgia data alla santita di nostro signore Papa Urbano VIII da pietro della valle il pellegrino l'anno 1627 / Melchisedec Thevenot. – [S.l.: s.n., 1696?]. – 16 p.; 37 cm. – Esta obra é constituída por 2 volumes divididos em quatro partes cada uma delas constituída por várias peças nem todas completas. O rosto comum aos 2 volumes é «*Relations de divers voyages curieux qui n'ont point este publie'es Et qu'on a traduit ou tiré des Originaux des Voyageurs François, Espagnols, Allemands, Portugais, Anglois données au public par les soins de feu M. Melchisedec Thevenot*»

BPNM 1-32-12-5 (5°)

579. THEVENOT, Melchisedec, 1621-1692

Relation des cosaqves / Melchisedec Thevenot. – [S.l.: s.n., 1696?]. – 13 p.; 37 cm. – Esta obra é constituída por 2 volumes divididos em quatro partes cada uma delas constituída por várias peças nem todas completas. O rosto comum aos 2 volumes é «*Relations de divers voyages curieux qui n'ont point este publie'es Et qu'on a traduit ou tiré des Originaux des Voyageurs François, Espagnols, Allemands, Portugais, Anglois données au public par les soins de feu M. Melchisedec Thevenot*»

BPNM 1-32-12-5 (2°)

580. THÉVET, André, 1502-1590

La Cosmographie Universelle D'Andre Thevet, Cosmographie du Roy Illustree de diverses figure des choses plus remarquables veves par l'Auteur, e incogneus de noz Anciens e Modernes / André Thevet. – A Paris: Chez

Guillaume Chaudiere, 1575. – 2 vol. ([42], 467, [28] f., [1] map.; [14] f., f. 469 - 1025, [32] f., [1] map.): il.; 37 cm

BPNM 1-32-7-11/12

581. Tosi, D. Clemente, Abade

L' India Orientale Descrittione Geografica, & Historica: Volume Primo, Duoe si tatta della Parte Intra Gangem Contenente li Regni foggetti all'Impero Del Gran Mogol... / Del P. Abbate D. Clemente Tosi. – In Roma: Per Felice Cefaretti, 1676. – 2 vol. ([6], 896, 58 p.; [6], 927, [1] p.); 23 cm. – No rosto «Con licenza de Superiori». – Erro de paginação no 2º volume

BPNM 2-52-6-2/3

582. Tournefort, Joseph Pitton de, 1656-1708

Relation d' Un Voyage du Levant, fait par Ordre du Roy: Contenant L' Histoire Ancienne & Moderne de plusieurs Isles de l' Archipel, de Constantinople, des Côtes de la Mer Noir, de l' Armenie, de la Georgie, des Frontieres de Perse & de l' Asie Mineure / Par M. Pitton de Tournefort. – A Lyon: Chez Anisson et Posuel, 1717. – 3 vol. ([20], 379, [4] p., [48] grav., [1] grav. desdobr., [2] map. desdobr.: [2], 448 p., [7] map., [31] grav., [3] grav. desdobr.; [2], 404, [60] p., [60] grav., [1] grav. desdobr., [1] map.); 20 cm

BPNM 2-52-6-6/8

583. TRAICTÉ DE LA SPHERE ET DE SES PARTIES OU SONT DECLAREZ LES NOMS ET OFFICES DES CERCLES TANT GRANDS QUE PETITS, & LEUR SIGNIFICATION & UTILITÉ. PLUS LE PLAMSPHERE UNIVERSEL...

Traicté de la sphere et de ses parties ou sont declarez les noms et offices des cercles tant grands que petits, & leur signification & utilité. Plus le plamsphere universel.... – A Roven: Chez Iacques Cailloue, dans le Cour du Palais, 1631. – [10], 175, 78 p., [1] f. desdobr.; 19 cm

BPNM 2-52-5-24

584. TRAITÉ DE LA CONSTRUCTION DES CHEMINS...

Traité de la construction des chemins.... – nouvelle edition, revûe, corrigée, & augmentéede tous les edits, déclarations, arrests, ordonnances... / par le Sieur H. Gautier. – A Paris: Chez André Cailleau, 1721. – [6], 334, [2] p., [1] map. desdobr., [6] grav. desdobr.; 20 cm

BPNM 2-52-5-23

Índice Alfabético de Autores e de Obras Anónimas 157

585. TSCHUDI, Gilles

Aegidii Tschvdi Claronensis, viri apvd Helvetios clarissimi de prisca ac uera Alpina Rhaetia: cum caetero Alpinarum gentium tractu, nobilis ac erudita ex optimis quibut [.] ac probatissimis autoribus descriptio / Aegidii Tschvdi. – Basileae: apud Mich. Isingrinium, 1538. – [6], 134 p.; 22 cm

BPNM 2-52-5-3

U

586. URBIUM TOTIUS BELGII SEV GERMANIAE INFERIORIS NOBILIORUM & ILLUSTRIORUM TABULAE ANTIQUAE & NOVAE ACCURATISSIMÈ ELABORATAE

Urbium Totius Belgii sev Germaniae Inferioris nobiliorum & illustriorum tabulae antiquae & novae accuratissimè elaboratae. – Amstelodami: Apud Joannem Janssonium, 1657. – 2 vol. ([268]; [220] p.): il.; 49 cm.

BPNM 1-32-2-3/4

587. URBIUM TOTIUS GERMANIAE SVPERIORIS ILLUSTRIORUM CLARIORUMQUE TABULAE ANTIQUAE & NOVAE ACCURATISSIME ELABORATAE

Urbium Totius Germaniae Svperioris illustriorum clariorumque tabulae antiquae & novae accuratissimè elaboratae. – Amstelodami: Apud Joannem Janssonium, 1657. – 2 vol. ([4], 79 f., [79] grav.; [7] f., f. 80-159, [75] grav., [1] grav. desdobr.); 49 cm

BPNM 1-32-2-1/2

V

588. VALLE, Pietro della, 1586-1652

Nel funerale di sitti maani gioerida sua consorte / Pietro della Valle, il peregrino. – [S.l.: s.n., 1696?]. – p. 17-26; 37 cm. – Esta obra é constituída por 2 volumes divididos em quatro partes cada uma delas constituída por várias peças nem todas completas. O rosto comum aos 2 volumes é «*Relations de divers voyages curieux qui n'ont point este publie'es Et qu'on a traduit ou tiré des Originaux des Voyageurs François, Espagnols, Allemands, Portugais, Anglois données au public par les soins de feu M. Melchisedec Thevenot*»

BPNM 1-32-12-5 (6º)

589. VARENIUS, Bernhardus, 1621-1680

Geographia Generalis, In qua Affectiones Generales Telluris Explicantur, Summa cura quam plurimis in locis Emmendata, & XXXIII Schematibus Novis, Aere incifis, unà cum Tabb. aliqot quae defiderabrantur Aucta & Illustrata / Bernhardi Varent. – Cantabrigiae: Ex Officina Joann Hayes, Celeberrimae Academiae Typographi, Sumptibus Henrici Dickinson Bibliopolae, 1681. – [30], 511 p., [5] f. desdobr.: il.; 19 cm. – Contém anotações manuscritas nas margens

BPNM 2-52-4-11

590. VASCONCELOS, Agostinho Manuel e, 1584-1691

Vida de Don Dvarte de Meneses, Tercero Conde de Viana: y sucessos notables de Portugal en su tiempo / por Don Avgvstin Manuel i Vasconcelos. – En Lisboa: Por Pedro Craesbeeck, Impressor del Rey, 1627. – [2], 167, [3] f.; 19 cm. – Erro de paginação

BPNM 2-55-3-2

591. VAUGONDY, A. Robert de, 1688-1766

Atlas portatif universel et militaire: composé d'aprés les meilleurs cartes, tant gravées que manuscrites des plus célébres geographes et ingenieurs / par M. Robert, geographe ordinaire du Roi. – Paris: Chez l'Auteur: Chez Durand, libraire: Chez Pissot Fils, 1748. – 2 vol. (4 p., 209 map.: 4 p., 80 map.); 25 x 35 cm. – O 2º volume mede apenas 20 cm

BPNM 2-52-7-1/2

592. VEGA, Garcilaso de la, 1501?-1536

Commentarios Reales, que Tratan del Origen de los Yncas, Reyes que fueron del Peru, de su Idolatria, Leyes, y govierno en paz y en guerra: de sus vidas y conquistas, y de todo lo que sue aquel Imperio y su Repubica, antes que los Españoles passaran a el / Escritos por el Ynca Garcilasso de la Vega, natural del Cozco, y Capitan de su Magestad. – En Lisboa: En la officina de Pedro

Crasbeeck, 1609. – [10], 264 f.; 27 cm. – Nesta obra aparecem duas datas de publicação a primeira na folha de rosto (1609) e uma outra no colofão (1608). – Erro de paginação

BPNM 1-35-12-2

593. VEGA, Garcilaso de la

La Florida del Inca: Historia del Adelantado Hernando de Soto, Governador, y Capitan General del reino de la Florida y de otros heroicos Caballeros Españoles, e Indios / Escrita por el Inca Garcilaso de la Vega. – En Madrid: En la Oficina Real, y à costa de Nicolas Rodriguez Franco, 1723. – [30], 268, [12] p.; 31 cm. – Na mesma encadernação a obra «Ensayo Cronologico para la Historia General de la Florida...»

BPNM 1-35-11-2 (2º)

594. VIAGENS D'ALTINA NAS CIDADES MAIS CULTAS DA EUROPA E NAS PRINCIPAES POVOAÇOES DOS BALINOS, POVOS DESCONHECIDOS DE TODO O MUNDO

Viagens D'Altina nas Cidades mais cultas da Europa e nas principaes povoaçoes dos Balinos, povos desconhecidos de todo o mundo: Tomo IV. – Segunda Ediçao. – Lisboa: Na Officina da Viuva Neves e Filhos, 1828. – 298 p.; 17 cm. – Só existe este volume

BPNM 2-53-2-20

595. VILLA PAMPHILIA EIVSQVE PALATIVM

Villa Pamphilia eivsqve Palativm: cvm svisprospectibvs, statvae, fontes, vivaria, theatra, areolae, plantarvm, viarvmqve ordines cum eiusdem Villae absoluta Delineatione. – Romae: Formis Io. Iacobi de Rubeis, apud Templum S. Mariae de Pace, [s.d.]. – [2] p., [77] grav., [7] grav. desdobr.; 45 cm

BPNM 1-32-1-16

596. VOYAGE DES AMBASSADEURS DE LA COMPAGNIE HOLLANDOISE DES INDES ORIENTALES, ENUOYÉS L'AN 1656 EN LA CHINE, VERS L'EMPEREUR DES TARTARES, QUI EN EST MAINTENANT LE MAISTRE, TRADUIT D'UN MANUSCRIT HOLANDOIS

Voyage des ambassadeurs de la compagnie hollandoise des indes orientales, enuoyés l'an 1656 en la chine, vers l'empereur des tartares, qui en est maintenant le maistre, traduit d'un manuscrit holandois. – [S.l.: s.n., 1696?].

– p. 31-68, [5] grav. desdobr.: il.; 37 cm. – Esta obra é constituída por 2 volumes divididos em quatro partes cada uma delas constituída por várias peças nem todas completas. O rosto comum aos 2 volumes é «*Relations de divers voyages curieux qui n'ont point este publie'es Et qu'on a traduit ou tiré des Originaux des Voyageurs François, Espagnols, Allemands, Portugais, Anglois données au public par les soins de feu M. Melchisedec Thevenot*». – Gravuras reproduzindo cenas da vida chinesa, nomeadamente trajes e habitações

BPNM 1-32-12-6 (1º)

597. VOYAGE LITTERAIRE DE DEUX RELIGIEUX BENEDICTINS DE LA CONGREGATION DE SAINT MAUR...

Voyage Litteraire de deux religieux Benedictins de la Congregation de Saint Maur.... – A Paris: Chez Florentin Delaulne [etc.], 1717- 1724. – 2 vol. ([6], 312, 296 p., [2] grav., [2] grav. desdobr.: 401, [21] p.): il.; 27 cm. – Esta obra encontra-se dividida em duas partes. – O 2º volume inclui «*Le Voyage de Nicolas de Bosc*», «*Iter Indicum Balthasaris Spinger*» e «*Descriptio Apparatus Bellici*». – Existe outro exemplar do 1º volume com a cota 2-52-9-3. – Erro de paginação nos 2 volumes. – Entre a página 308 e 309 aparece 1/4 de página com assinaturas (Qqiij), esta parece ter sido colocada propositadamente uma vez que não há quebra de paginação

BPNM 2-52-9-1/3

W

598. WAGNERI, Tobiae

Tobiae Wagneri D. Cancellari turbingens: Breviarivm totivs orbis terrarum geographicum. – Ulmae: Typis et sumptibus Cunaeis, 1663. – [4], 144, [8] p.; 17 cm

BPNM 2-52-2-8

599. WEESELINGIO, Petro

Vetera Romanorum Itineraria sive Antonini Augusti Itinerarium, cum Integris Jos. Simleri, Hieron. Suritae, et And. Schotti notis. Itinerarium Hierosolymitanum et Hieroclis Grammatici Synecdemus / Curante Petro Wesselingio. – Amstelaedami: Apud J. Wetstenium & G. Smith, 1735. – [20], 762, [56] p.; 29 cm. – A partir da página 621 apresenta algumas frases com caracteres gregos

BPNM 2-52-11-3

600. WENDELINI, Marc Friderich, 1584-1652

Admiranda Nili: Commentatione Philologica Geographica, historica phisica, e hieroglyphica, ex CCCXVIII. / Marci Friderici Wendelini. – Francofurti: Typis Wechelianis, Sumptibus Danielis ac Davidis Aubriorum, e Clementis Schleichij, 1623. – [62], 255 p., [1] f. desdobr.: il.; 17 cm. – Erro de paginação

BPNM 2-52-6-17

601. WYTFLIET, Cornelio

Descriptionis Ptolemaicae Augmentum, Sive Occidentis Notitia: Brevi commentario illustrata, et hac secunda editione magna sui parte aucta / Cornelio Wytfliet Louaniensi. – Duaci: Apud Franciscum Fabri Bibliopolam iuratum, 1603. – [6], 191, [1] p., [19] map.; 31 cm

BPNM 2-52-10-20

Z

602. ZEILLER, Martin, 1588-1661

Anhang zu defz Martini Zeilleri anno 1643 getruchter Topographia Alsatiae, Oder Derter Befchreibung durch oder and bnter Elfafz, Brifzgom, Gundgom, and andere anbende Landfchafften.... – Franckfurt: Merianifchen Erben, 1654. – 64, [6] p., [2] grav.: il.; 33 cm. – Na mesma encadernação mais 4 obras

BPNM 1-32-10-7 (5º)

603. ZEILLER, Martin, 1588-1661

Anhang zu des M. Z. anno 1644 getruchten Topographia Bavariae: oder Derter Beschreibung , durch Ober annd Nider Banern, der Obern Psalk, and andern, zum hochoblichsten Banerischen Craisse, gehorigen Landschafften.... - Franckkfurt: Merianischen Erben, 1656. – 49, [6] p., [1] grav. desdobr., [4] grav.: il.; 33 cm. – Na mesma encadernação a obra "Topographia Bavariae..."

BPNM 1-32-10-10 (2º)

604. ZEILLER, Martin, 1588-1661

Anhang zu defz Martin Zeillers anno 1646. aufzgangner Topographia Archiepiscopatuum Moguntinensis, Trevirensis, & Coloniensis: Oder Beschreibung der dornchmsten Gtatte, und Plake, in denen Ersbistumbern, Manns, trier.... – Franckfurt: Merianischen Erben, 1654. – 41, [4] p.; 33 cm. – Na mesma encadernação mais 3 obras

BPNM 1-32-10-13 (4º)

605. ZEILLER, Martin, 1588-1661

Anhang zu der anno 1646. aufzgegangenen Topographia Hassiae, et Vicinarum Regionum, oder Befchreibung der aornchmften Oerterin Heffen, and Benachbarten Landfchafften... / Martinum Zeillerum. – Franckfurt: Merianifchen Erben, 1655. – 64, [6] p.; 33 cm. – Na mesma encadernação as obras "Topographia Westphaliae..." e "Topographia Hassiae et Regionum Vicinarum..."

BPNM 1-32-10-8 (3º)

606. ZEILLER, Martin, 1588-1661

Anhang zu defz Martin Zeillers im Jahr 1648. ersilich getrucfter Topographia Franconaie: Oder Beschreibung der furnehmsten Gtatte und Plake defz Franctenlandts, und deren, so zu dem hochloblichen Franctischen grange gerechnet werden,.... – Franckfurt: Matthaei Meriani, 1656. – 56, [8] p., [1] grav.: il.; 33 cm. – Erro de paginação. – Na mesma encadernação mais 3 obras

BPNM 1-32-10-13 (2º)

607. ZEILLER, Martin, 1588-1661

Anhang zu defz Martin Zeillers Belchreibung Der Indern Bfaltz, Bnd anderer Landfchafften, wie folche anno 1645. ander dem zitul, Topographia Palatinatus Rheni et Vicinarum regionum, heraufz tommen. – Franckfurt: Merianifchen Erben, 1654. – 45, [5] p.; 33 cm. – Na mesma encadernação mais 4 obras

BPNM 1-32-10-7 (3º)

608. ZEILLER, Martin, 1588-1661

Anhang zu der Topographia Helvetiae, Rhaetiae, & Valesiae: Oder Derter Beschreibung defz Gchweiber: Graubunter: and Ballisser Landes... / Martin Zeillern. – [Frankfurt: s.n.], 1653. – 29, [6] p., [2] grav. desdobr., [19] grav.: il.;

33 cm. – Na mesma encadernação a obra "Topographia Helvetiae, Rhaetiae, et Valesiae..."

BPNM 1-32-10-12 (2º)

609. ZEILLER, Martin, 1588-1661

Anhang zu der Topographia Sveviae, oder Derter Beschreibung defz Gchmabenlands... / Martin Zeillerum. – Franckfurt: Marianiscdhen Erben, 1654 . – 127, [13] p.; 33 cm. – Na mesma encadernação a obra *"Topographia Sveviae..."*

BPNM 1-32-10-9 (2º)

610. ZEILLER, Martin, 1588-1661

Topographia Alsatie, &c.: Das ist, Belchreibung annd engentliche Ubbildung der bornchmbften Gtatt and Derther.... – Franckfurt: Matthaeum Merianum, 1644. – [2], 53, [7] p., [2] map., [2] grav. desdobr., [34] grav.: il.; 33 cm. – Na mesma encadernação mais 4 obras

BPNM 1-32-10-7 (4º)

611. ZEILLER, Martin, 1588-1661

Topographia Archiepiscopatu um Moguntinensis, Treuirensis, et Coloniensis, Das ist Beschreibung dezbornembsten Statt and Platz in denen Erzbistumen.... – Franckfurt: Matthaie Merian, 1646. – 54, [6] p., [4] map., [1] grav. desdobr., [40] grav.: il.; 33 cm. – Na mesma encadernação mais 3 obras

BPNM 1-32-10-13 (3º)

612. ZEILLER, Martin, 1588-1661

Topographia Bavariae das ist Beschreib: und Aigentliche Abbildung der vornembsten statt und orth in oberund Nieder Henrn der obern Kfaltz, und andern zum hochloblichen Hanrischen Craisze gehorigen Landschafften. – [Franckfurt]: Matthaeum Merian, 1644. – 138, [8] p., [3] map., [3] grav. desdobr., [56] grav.: il.; 33 cm. – Na mesma encadernação a obra "Anhang zu des M. Z. anno 1644..."

BPNM 1-32-10-10 (1º)

613. ZEILLER, Martin, 1588-1661

Topographia Bohemiae Moraviae et Silesiae. Das ist, Beschreibung und eigentliche Abbildung der vornehmsten und bekanddisten statte und Platze

indem Konigreich Boheimund einverleibten Landern Mahrer und schlesten / Martinum Zeillerum. – Franckfurt: Matthaeum Merian , 1650. – 192, [18] p., [3] map., [5] grav. desdobr., [29] grav.: il.; 33 cm

BPNM 1-32-10-17

614. ZEILLER, Martin, 1588-1661

Topographia Circuli Burgundici das ist Beschreibung desz Burgundish und viederlandischen craises; oder der XVII Niderlandischen provinszen und was denselben einverleibet ist: zusampt der graffschaff hoch burgund: der selben allerseits statte, auch anderer vornehmen in solchen Landern sich befindenden oerther... / Martin Zeillern. – Franckfurt: Caspar Merian, 1654. – 283, [23] p., [11] map., [10] grav. desdobr., [97] grav.: il.; 33 cm. – Erro de paginação

BPNM 1-32-10-16

615. ZEILLER, Martin, 1588-1661

Topographia Electoratus Brandeburgici, et Ducatus Pomeraniae, &c. Das ist, Beschreibung der vornembsten und bekantisten statte und platz indem hochloblichsten Churfurstenthum, und march, Brandenburg; und dem hertzogtum Pomaren... / Martinum Zeillerum. – [Franckfurt]: Matthaei Merian, [s.d.]. – [4], 129, [7] p., [2] map. desdobr., [16] grav. desdobr., [46] grav.: il.: 33 cm. – Na mesma encadernação as obras "Topographia Prussiae, et Pomerelliae..." e "Topographia Livoniae..."

BPNM 1-32-11-1 (1º)

616. ZEILLER, Martin, 1588-1661

Topographia Franconaie das ist Beschreibung und Engentliche contrafactur dez vornemsbsten statte und Platze des Franckenlandes und deren die zu dem spochhoblichen Franckischen craize gezogen werden. – Franckfurt: Matthaeus Merian, [s.d.]. – [4], 78, [10] p., [1] map., [7] grav. desdobr., [36] grav.: il.; 33 cm. – Na mesma encadernação mais 3 obras

BPNM 1-32-10-13 (1º)

617. ZEILLER, Martin, 1588-1661

Topographia Galliae. Oder Beschreibung und Contrafaitung der Voornehmbsten, und bekantisten gerter, in dem aus engner Erfahung, und den besten, und beruhmbtesten scribenten so in underschiedlichen spraachen

davon aus gangen senn, auch aus erlangten Bericht.... / Martinum Zeillerum. – Franckfurt: In Derlag Gaspar Merians , 1655. – [8], 97, [7] p., [1] map., [4] map. desdobr., [109] grav.: il.; 33 cm

BPNM 1-32-10-2

618. ZEILLER, Martin, 1588-1661

Topographia Galliae. Oder Beschreibung und Contrafeytung des Machtigen Konigreich Franckreich zwenter theil. Diefurnehmste und bekantiste statte und Blatze inder Provinc Picardi... / Martinum Zeillerum. – Franckfurt: Caspar Merians , 1656. – 3 vol. ([5], 35 p., [1] map., [29] grav.; [6], 38 p., [1] map., [50] grav., [2] grav. desdobr.; [5], 25 p., [1] map. desdobr., [19] grav., [3] grav. desdobr.): il.; 33 cm. – O 2º volume refere-se às regiões de Champagne e Brie. – O 3º volume refere-se às regiões de Bresse, Nivernois e Dombes. – Os três volumes estão juntos na mesma encadernação

BPNM 1-32-10-3

619. ZEILLER, Martin, 1588-1661

Topographia Galliae: Oder Beschreibung Contrafaitung des Matchtigen KonigreichsFranckreich. Funffer theil: Die furnehmste und bekantiste statte und blatze in der Landern. Lyonnois, Forests, Beaviolois, und Bourbonnais, abhandelend und fur gesteldt / Martinum Zeillerum. – Franckfurt: Caspar Merians , 1657. – 4 vol. (24, [2] p., [1] map., [1] grav. desdobr., [11] grav.; 26, [4] p., [3] map., [2] grav.; 71, [5] p., [1] map., [1] grav. desdobr., [17] grav.; 47, [9] p., [1] map., [3] grav. desdobr., [12] grav.): il.; 33 cm. – O volume 1º refere-se às regiões de Lyonnais, Forests, Beaviolois e Bourbonnois. – O volume 2º refere-se às regiões de Berry, Avergne e Limosin. – O 3º volume refere-se às regiões de Beausse, Chartrain, l' Angov, le Maine, le Perche Vandosme, le Blaisois, Dunois, la Touraine, l' Orleanois, Poictov, l' Aunis e l' Angoumois. – O 4º volume refere-se à região da Normandie. – Os quatro volumes estão encadernados juntos

BPNM 1-32-10-4

620. ZEILLER, Martin, 1588-1661

Topographia Galliae: Oder Beschreibung and Abbiltung der furnhmsten and bekantisten statten and Blatzen, in dem Machtigen Konigreich. IX theil, Item X. XI. XII. and XIII Letzte theilen. / Martinum Zeillerum. – Franckfurt: Caspar Merian, 1661. – 5 vol. (28 p., [1] map., [1] grav. desdobr., [5] grav.; 58, [6] p., [1] map., [1] grav. desdobr., [9] grav.; 80, [4] p., [1] map., [17] grav.; 39, [3] p., [1] map., [1] grav. desdobr., [5] grav.; 37, [5] p., [1] map., [1] grav. desdobr., [6] grav.): il.; 33 cm. – O 2º volume refere-se às regiões de Guienne, Guascoigne, Saintonge, Bearn.... – O 3º volume refere-se às regiões de Languedoc, Albigeois, Foix, Giuaudan, Lauraguez, Velay, Vivarez, Quercy e Roüergue. – O 4º volume refere-se às regiões de Provence, Venaiscin, Veniscy, Avignon.... – O 5º volume refere-se à região da Terra Dauphiné. – Os cinco volumes estão encadernados juntos. – Erro de paginação

BPNM 1-32-10-5

621. ZEILLER, Martin, 1588-1661

Topographia Hassiae et Regionum Vicinarum: Das ist Befchreibung der aornebften Statte and Blabe in.... – Franckfurt: Matthaeum Merian, [s.d.]. – [1], 91, [5] p., [3] map., [60] grav.: il.; 33 cm. – Na mesma encadernação as obras "*Topographia Westphaliae...*" e "*Anhang zu der anno 1646...*"

BPNM 1-32-10-8 (2º)

622. ZEILLER, Martin, 1588-1661

Topographia Helvetiae, Rhaetiae, et Valisiae: das ist , Beschereibung unnd engentliche Abbildung der vornehmsten statte und Plake in der hochloblichen Endgnoszschafft, Graubundten, Wallis, und etlicher zugewandten orthen: in dieser andern Edition mit sonderm fleisz durchgangen, und von vorigen Fehlern corrigirt, vermehrt und gegessert / Martinum Zeillerum. – Franckfurt: Marianischen Erben, 1654. – 90, [10] p., [2] map., [5] grav. desdobr., [73] grav.: il.; 33 cm. – Na mesma encadernação a obra "Anhang zu der Topographia Helvetiae, Rhaetiae, & valesiae..."

BPNM 1-32-10-12 (1º)

623. ZEILLER, Martin, 1588-1661

Topographia Livoniae, Das ist, Beschreibung der vornchmsten Gtatte, and Derter, in Lissland / Martinum Zeillerum. – [S.l.: s.n., s.d.]. – 36, [4] p., [1] map. desdobr., [2] grav.: il.; 33 cm. – Na mesma encadernação as obras "*Topographia Electoratus Brandeburgici, et Ducatus Pomeraniae...*" e "*Topographia Prussiae, et Pomeralliae...*"

BPNM 1-32-11-1 (3º)

624. ZEILLER, Martin, 1588-1661

Topographia Palatinatus Rheni et vicinarum regionum: das ist Beschreibung und Eigentliche Abbildungder vornemsten statte platz der untern pfalkam Khein und Benachbarten land scafften, alsder bistumer wormbs und spener der Bergstrasz des wessterzeichs, hundruchs, swenbruggen etc: sampt einer zugabe Ettlicherdes H. Rom. Reichs Zudem Ober Reinischen cransz gezogenen standen als Bisantz, Wietz, Tull, Verdum, Lothringen, Savonett, etc. / Martinum Zeillerum. – Franckfurt: Mattheum Merian, 1645. – 67, [5] p., [1] map., [3] grav. desdobr., [58] grav.: il.; 33 cm. – Na mesma encadernação mais 4 obras

BPNM 1-32-10-7 (1º)

625. ZEILLER, Martin, 1588-1661

Topographia Provinciarum Austriacaru Austriae Styriae, Carinthiae, Tyrolis, etc: das ist Beschreibung und Abbildung der furn embsten statt und Blats in den Osterzeichischen Landen Bitderyng Ober Osterzeich, Stener, Karndten crain und tarol. Antag gegeben und berlegt / Martinum Zeillerum. – Franckfurt: Mathaeum Merian, 1649. – 155, [13] p. , [8] map., [7] grav. desdobr., [81] grav.: il.; 33 cm. – Na mesma encadernação mais 3 obras

BPNM 1-32-10-6 (1º)

626. ZEILLER, Martin, 1588-1661

Topographia Provinciarum Austriacarum; Oder Belchreibung der furnchmften ort, in Drt, in Defterzeich, Gtener, Rarndten, Crain, Inrol, annd einberleibten, Landfchfften, Darinn Richtalleinderborige Iertbnterlchiedlich corrigirt; Gondern, was man ferners darzugefunden, und berichtet worden, auch angezeiget wird / Martinum Zeillerum. – Franckfurt: Matthaei Meriani, 1651. – 52, [8] p., [2] map., [18] grav.: il.; 33 cm. – Na mesma encadernação mais 3 obras

BPNM 1-32-10-6 (2º)

627. ZEILLER, Martin, 1588-1661

Topographia Prussiae, et Pomerelliae: Das ist Beschreibung der vornechmsten Gtatte, and Derter, in Preussen, and Pomerellen / Martinum Zeillerum. – [S.l.: s.n., s.d.]. – 53, [3] p., [1] map., [1] grav. desdobr., [5] grav.: il.; 33 cm. – Erro de paginação. – Na mesma encadernação as obras "Topographia Electoratus Brandeburgici, et Ducatus Pomeraniae..." e "Topographia Livoniae..."

BPNM 1-32-11-1 (2º)

628. ZEILLER, Martin, 1588-1661

Topographia Saxoniae Inferioris das ist Beschreibung der vorttehmsten statte unnd Platz indem hochlob lichsten Nider sachsischen craisse / Martinum Zeillerum. – Franckfurt: Matthaeu Merians , 1653. – 242, [5] p., [4] map., [11] grav. desdobr., [27] grav.: il.; 33 cm

BPNM 1-32-10-15

629. ZEILLER, Martin, 1588-1661

Topographia Superioris Saxoniae Thuringiae Misniae Lusatiae, etc: Das ist Beschreibung der vorn. Und platz in churfurstenthum sachsen, hurigen, meissen, ober und Nider Lausznifz und einverleibten Landen; auch in andern zu dem Hochloblichsten sachsischen craisze gehorigen Fursten thumen auszner Brandenburg und pommeren sraff und herz ich afften, etc. – Franckfurt: Matthaeum Merian , 1650. – [4], 210, [14] p., [5] map., [12] grav. desdobr., [48] grav.: il.; 33 cm

BPNM 1-32-10-14

630. ZEILLER, Martin, 1588-1661

Topographia Sveviae: das ist Beschreib: und Aigentliche Abcontrafeitungder furnembste statt und Platz in ober und Nider Schwaben herkogthum wurtenberg Marggraffschfft Baden und andern zudem Hochsobl: schwabischen Iraize gehorigen Landtschafften und Orten. – Franckfurt: Matthaeum Merian, 1643. – [6], 100, [10] p., [2] map., [1] grav. desdobr., [56] grav.: il.; 33 cm. – Na mesma encadernação a obra "Anhang zu der Topographia Sveviae...2

BPNM 1-32-10-9 (1º)

631. ZEILLER, Martin, 1588-1661

Topographia und Eigentliche Beschreibung Der Bornembsten statte schlosser auch anderer Platze und Orter in denen hertzogthumer Braunschweig und Luneburg und denen dazu gehorende Brafschafften herzschafften und Landen. – Franckfurt: Matthaei Merians , 1654. – [4], 220, [10] p., [3] map., [96] grav., [38] grav. desdobr.: il.; 33 cm.

BPNM 1-32-10-11

632. ZEILLER, Martin, 1588-1661

Topographia Westphaliae: Das ist, Befchreibung der Bornembften, and belantiften Statte, and Blatz, im Sochlobl: Beftahalifchen Craibe. – [Franckfurt]:

Matthaeo Merian, [s.d.]. – 94, [5] p., [1] map., [3] grav. desdobr., [47] grav.: il.; 33 cm. – Na mesma encadernação as obras "Topographia Hassiae et Regionum Vicinarum..." e "Anhang zu der anno 1646..."

BPNM 1-32-10-8 (1º)

633. ZEILLER, Martin, 1588-1661

Topographia Windhagiana: das ist Ingentliche Delineation, Oder Contrafaitur, Perspectiv, Inffug, Grund: and Ibrib auff anderfchiedliche Profpecten und Formen, mit bengfekter furker hiftorifcher Befchreibung bender hersfchafften, KIndbaag and Keichenau.... – Franckfurt: Caspar Merian: Getrucht im Zahr, 1651. – 18, 5, [1] p., [2] map., [19] grav.: il.; 33 cm. – Na mesma encadernação mais 3 obras

BPNM 1-32-10-6 (3º)

634. ZEILLER, Martin, 1588-1661

Ubfonderliche Belchreibung Der Herzfchafften, Statte and Gchloffer, Bindbaag, Zeichenau, Born, Drofendorff, und Petronell, Fampt derfelben Ungchorungen. – Franckfurt: Ben Mathaei Meriani Geel. Erben, 1651. – 14, [2] p., [3] grav.: il.; 33 cm. – Na mesma encadernação mais 3 obras

BPNM 1-32-10-6 (4º)

635. ZEILLER, Martin, 1588-1661

Zuegab, Don etlichen defz Benl. Rom. Reichs Gtanden, die auch zu dem Hochloblichen Ober Kheinischen Cransse gezogenwerden, zufz: Bisang, Defz, Tull, Derdun, Lothringen, Gaboia, and anderen. – Franckfurt: Matthaeum Merianum, [s.d.]. – 17, [3] p., [2] map., [1] grav. desdobr., [11] grav.: il.; 33 cm. – Na mesma encadernação mais 4 obras

BPNM 1-32-10-7 (2º)

ÍNDICE GERAL DE OBRAS

A ordem numérica que acompanha este índice geral remete para informação completa de autor, local, data etc.

Admiranda Nili – 2
Admiranda Orbis Christiani Quae Ad Christi Fidem Firmandam ... – 25
Aegidii Tschvdi Claronensis, viri apvd Helvetios clarissimi de prisca ac uera Alpina Rhaetia – 585
Affligenium, vulgo affligem, celeberrima ordinis S. Benedicti, ac primaria per barbantiam abbatia, brevi compendio – 506
Ambassade de S' Chahrok, fils de Tamerlan et d' autres princes ses voisins, a l' empereur du Khatai – 1
America, Quae Est Geographiae Blavianae Pars Qvinta – 44
Anales de la Corona de Aragon... – 134
Anhang zu defz Martin Zeillers anno 1646 aufzgangner Topographia Archiepiscopatuum Moguntinensis, Trevirensis, & Coloniensis – 604
Anhang zu defz Martin Zeillers Belchreibung Der Indern Bfaltz, Bnd anderer Landfchafften, wie folche anno 1645. ander dem zitul, Topographia Palatinatus Rheni et Vicinarum regionum, heraufz tomen – 607
Anhang zu defz Martin Zeillers im Jahr 1648. ersilich getrucfter Topographia Franconaie; Oder Beschreibung der furnehmsten Gtatte und Plake defz Franctenlandts, und deren, so zu dem hochloblichen Franctischen grange gerechnet werden – 606
Anhang zu defz Martini Zeilleri anno 1643 getruchter Topographia Alsatiae, Oder Derter Befchreibung durch oder and bnter Elfafz, Brifzgom, Gundgom, and andere anbende Landfchafften – 602
Anhang zu der anno 1646. aufzgegangenen Topographia Hassiae, et Vicinarum Regionum, oder Befchreibung der aornchmften Oerterin Heffen, and Benachbarten Landfchafften... – 605
Anhang zu der Topographia Helvetiae, Rhaetiae, & Valesiae – 608
Anhang zu der Topographia Sveviae, oder Derter Beschreibung defz Gchmabenlands... – 609
Anhang zu des M. Z. anno 1644 getruchten Topographia Bavariae – 603

Annaes historicos do estado do Maranhao, em que se da noticia do seu descobrimento, e tudo o mais que nelle tem succedido desde o anno em que foy descuberto até o de 1718 – 41

Annal Indico Historico do Governo do Illustrissimo e Excellentissimo Senhor Marquez de Tavora... – 105

Annal indico-lusitano dos successos mais memoraveis, e das acçoens mais particulares do primeiro ano do felicissimo Governo Do Illustrissimo, e Excellentissimo Senhor Francisco de Assis de Tavora – 458

Antonini Iter Britanniarum – 189

Archontologia cosmica sive imperiorvm, regnorvm principatvvm, rervmque pvblicarvm omnivm per totum terrarum orbem commentarii lucvlentissimi qvibvs cvm jpsae regiones, arvmqve... – 269

Arriani Historici et Philosophi Maris Érythrei Periplus ad Adrianum Caesarem August – 563

Arriani Historici et Philosophi Ponti Euxini e maris Erythrei Periplus, ad Adrianum caesarem – 564

L' Asia del S. Giovanni di Barros, Consigliero del Christianissimo Re di Portogallo – 31

Dell' Asia la Seconda Deca del S. Giovanni di Barros Consigliero del Christianissimo Re di Portogallo – 33

Asia of Naukeurige Beschryving van Het Rijk des Grooten Mogols En een groot gedeelte van Indien... – 139

Asia Portuguesa – 561

Asiae Evropae [.] elegantiss descriptio mira festiuitate tum uetentum recentium res memoratu dignas complectens – 16

Asiae nova descriptio in qva praeter provinciarvm sitvs, et popularvm mores, mira detegvntvr, et hactenvs inedita ... – 17

L' Asie de Barros ou l' histoire des conquestes des portugais aux indes orientales –18

Athanasii Kircheri e Soc. Jesu China Monumentis, qua Sacris quà Profanis, nec non variis naturae & artis spectaculis, aliarumque rerum memorabilium argumentis illustrata auspiciis Leopoldi Primi, Roman. Imper. Augusti, Munificentissimi Meceanatis – 311

Atland Eller Manheim – 499

Atlante Partenopeo – 19

El atlas abreviado ò compendiosa geographia del mundo antiguo, y nuevo conforme à las ultimas pazes Generales del Haya ilustrada con quarenta y dos Mapas – 2

Atlas anglois ou description generale de L'Angleterre – 20

L' Atlas Curieux le Monde Réprésente dans des cartes générales et particuliéres du ciel et de la terre – 173

Índice Geral de Obras

Atlas de la Geographie Ancienne, Sacrée, Ecclesiastique et Profane – 532
Atlas Historique ou Nouvelle Introduction A l'Histoire, à la Chronologie & à la Geographie Ancienne & Moderne... – 77
La Atlas del Mundo o El Mundo Aguado – 22
Atlas marianvs sive praecipuae totius orbis habitati imagines et statuae magnae dei matris beneficiis ac prodigiis inclytae succincta historia propositae et mappus geographicis expresase – 538
Atlas Mayor o Geographia Blavia que Contiene les Cartes, y descripciones de Partes Orientales de Europa – 45
Atlas Mayor o Geographia Blaviana que contiene las cartas y descripciones de Francia y Helvetia – 46
Atlas Minor sive Geographia Compendiosa qua Orbis Terrarum – 23
Atlas novus exhibens orbem terraqueum per naturae opera... – 539
Atlas nuevo de la Extrema Asia, o descripcion geographica del Imperio de los Chinas – 394
Atlas ô compendio geographico del globo terrestre – 21
Atlas portatif universel et militaire – 591
Atlas sive Cosmographicae Meditationes de farica Mundi et Fabricati Figura – 409
[El Atlas Universal y Cosmographico de los Orbes Celestes y Terrestre] – 47
Avis sur la navigation d'Anthoine Ienkinson en la mer Caspienne – 300
Basilica bruxellensis... – 507
Batavia Illustrata seu de Batavorum Insula, Hollandia, Zelandia, Frisia, Territorio Traiectensi et Gelria – 34
Beschryving Des Keizerryks van Taising of Sina – 140
Beschryving van Spanjen en Portugal... – 42
Breve Relaçam do Estado prezente da Ilha de Malta – 185
Briefve relation de la chine, et de la notable conversion des personnes royales de cet estat – 63
Britannia Magna sive Angliae, Scotiae, Hiberniae & adjacentium Insularum – 286
Britannia sive Florentissimorvm Regnorvm Angliae Scotiae, Hiberniae, et Insularum adiacentium ex intima antiquitate Chorographica descriptio – 81
Bullarum Collectio Quibus : Serenissimis Lusitaniae, Algarbiorumque Regibus Terrarum omnium, atque Insularum ultra mare transcurrentium, sive jam acquirentur... – 76
Casparis Barlaei, rervm octennivm in brasilia et alibi nuper gestarum, sub praefectura illustrissimi comitis I. Mavritii, nassoviae, &c. comitis, nunc vesaliae gubernatoris & equitatus foe deratorum belgii ordd. Sub Avriaco Ductoris, historia. – 29
Castrioto Lvsitano – 308
Catholici regis in belgio conciliis dissertatiuncula – 508
La Chine – 312

Christophori Clauii Bambergensis, ex Societate Iesu In Sphaeram Joannis De Sacro Bosco Comentarius Nunc tertio ab ipso auctore recognitus, e plerisque in locis locupletatus – 112

Chorographia de alguns lugares que estao em hum caminho, que fez Gaspar Barreiros o anno de MDXXXVJ – 30

Chorographia sacra : abbatiae grimbergensis in ordine praemonstratensi – 514 – 207

Chorographia sacra asperi collis – 510

Chorographia sacra : averbodij quae celebris est, et in agro campiniensi antiquissima canonicorum... – 516

Chorographia sacra beginagii bruxellensis... – 512

Chorographia Sacra Brabantiae : sive Celebrium Aliquot in e a Provincia Abbatiarum, Coenobiorum, Monasteriorum, Ecclesiarum, Piarumque Fundationum Descriptio – 517

Chorographia sacra brabantiae : sive celebrium aliquot in ea provincia ecclesiarum et coenobiorum descriptio imaginibus aeneis illustrata... – 516

Chorographia sacra celebris et antiqui coenobii S. Jacobi de Caldenberga vulga covdenberch... – 513

Chorographia sacra : coenobij de foresto, quae nobilis et antiqua sanctimonialium – 519

Chorographia sacra : coenobii S. Michaelis antuerpiae quae celeberrima... – 511

Chorographia sacra insignis canonicae B. Mariae et S. Ioannis Baptistae in viridi valle vulgo groenendael... – 520

Chorographia sacra insignis canonicae S. Pauli rubeae vallis in zonia... – 521

Chorographia sacra nobiluis et antiqui coenobii S. Gertrudes lovanii... – 522

Chorographia sacra praepositurae vallis liliorum – 523

Chorographia sacra : ulierbaci quae celebris et antiqua est abbatia ordinis – 525

Chorographia sacra : villarij quod est celeberrium... – 524

Chronica DelRey D. Ioam I de Boa Memoria e dos Reys de Portvgal o Decimo – 380

Chronica do muito alto, e muito esclarecido Principe D. Sebastiao Decimosexto Rey de Portugal : Primeira parte que contém os sucessos deste Reyno, e Conquistas em sua menoridade – 408

Chronica do principe D. Joam – 264

Chronica do Serenissimo Senhor Rei D. Manoel – 265

Chronica dos Feytos, Vida, e morte do Infante Santo D. Fernando, que morreo em Fez – 109

Chronica dos Valerosos e Insignes Feitos Del Rey Dom Ioao II – 493

[Chronica, e Vida DelRey Dom Affonso o V de Portvgal deste nome, e dos Reys o Dvodecimo] – 110

Los cinco libros postreros de la primera parte de los Anales de la Corona de Aragon – 135

Los cinco Libros Primeros Dela Coronica general de España... – 111

Cinco livros da decada doze da Historia da India – 126
Civitates orbis terrarrum – 66
Coenobiographia abbatiae S. Salvatoris in civitate et diocesi antuerpiensi sacri cisterciensis ordinis – 509
Coenobiographia carthusiae bruxellensis – 525
Coenobiographia sacra celebris et antiquae... – 527
Coenobium S. Petri apostoli canonicarum regularium ordinis sancti augustini – *514*
Collecçao de Livros Ineditos de Historia Portugueza... – 115
Collecçao de Livros Ineditos de Historia Portugueza, dos Reinados de D. Joao I, D. Duarte e D. Joao II – 114
Collecçam dos Documentos com que se authorizam as memorias para a vida DelRey D. Joao o I – 552
Collecçao de Livros Ineditos de Historia Portugueza, dos Reinados de D. Dinis, D. Affonso IV e D. Fernando – 116
Comentarios de los Hechos de los Españoles Franceses, y Venecianos en Italia, y de otras Republicas, Potentados, Principes, y Capitanes famosos Italianos, desde el año de 1281 hasta el de 1559 – 287
Commentarios Reales, que Tratan del Origen de los Yncas, Reyes que fueron del Peru, de su Idolatria, Leyes, y govierno en paz y en guerra – 592
Commentarios do Grande Afonso Alboqverqve, Capitam Geral qve foy das Indias Orientaes em tempo do muito poderoso Rey dom Manuel, o primeiro deste nome – 6 *Compendio de Geografia-Historica Antiga e Moderna, e Chronologica : para uso da Mocidade Portugueza* – 260
Compendio Geographico, I Historico De El Orbe Antiguo – 402
Compendio de las Historias de los Descvbrimientos, conqvistas, y Gverras de la India Oriental, y sus islas – 393
Compendio Geographico Distribuido Em Tres Tratados, O Primeiro, da projecçam das Espheras em plano, construcçam dos Mappas universais, & particulares, & fabrica das Cartas Hydrographicas – 124
Conquista De Las Islas Malucas – 15
Corografia Portugueza e Descripçam Topografica do famoso reyno de Portugal, com as noticias das fundaçoes das Cidades, Villas, & Lugares – 125
Las cosas memorables de España – 391
Cosmographia prosometrica – 494
Cosmographia, sue descriptio vniversi orbis... – 13
La Cosmographie Universelle... – 580
La cosmographie universelle de tout ce monde... – 38
La cosmographie vniuersale de tout le monde ... – 425
La cosmographie vniverselle, contenant la situation de toutes les parties du monde, avec leirs proprietez & appartenances – 424

Cosmographicvs liber Petri Apiani mathematici, iam denuo integritatircstitutus per Gemmam Phrysium – 12
Creta, Cyprus, Rhodus sive de Nobilissimarum harum insularum rebus & antiquitatibus – 411
Critica quadri-partita in qua plura recens inventa, et emendata circa geographiae artificium, techicam, et astrologiam scitu dignissima explicantur – 540
Coronica de los moros de España – 55
Coronica General de toda España ... – 43
Cronicas DelRey Do Ioam de Gloriosa Memoria o I – 132
Danubius Pannonico-Mysicus – 392
Decada primeira da Asia de Ioao de Barros – 32
Decadas da Asia – 127
Decouverte de quelques pays qui sont entre l' empire des Abyssins & la coste de Melinde – 156
Descripçao da famoza Ilha de Malta – 158
Descripcion de las Indias Occidentales – 288
Descripcion de las Islas, y Tierra Firme del Mar Oceano, que llaman Indias Occidentales – 289
Descripcion general del mundo y notables sucessos que han sucedido en el con la armonia de sus tiempos, ritos, ceremonias, costumbres, y trages de sus naciones, y varones ilustres... – 133
Descriptio Totius Italiae – 3
Description Abregée, Géographique et Historique du Bravant Holandois et de la Flandre Hollandoise – 159
Description de la Ville de Lisbonne – 160
Description D'Ukranie, Qui Sont plusiers Prouinces du Royaume de Pologne – 37
Description de l'Univers contenant les diferents systemes du Monde, les cartes generales & particulieres dela geographie ancienne & moderne – 387
Description de Tous les Pays-Bas, autrement appellez la Germanie Inferieure ou Basse Allemagne – 279
Description des animaux et des plantes des indes – 576
Description des pyramides d'Egypte – 271
Description Exacte de l' Univers ou l' Ancienne Geographie Sacrée et Profane... – 297
Description exacte des Isles de L'Archipel, et de quelques autres adjacentes – 161
Description generale de l'Afrique, seconde partie dv monde avec tovs ses empires, royames estats, et repvbliqves... – 148
Description generale de l'Amerique, troisieme partie dv monde avec tovs ses empires, royames estats, et repvbliqves... – 149

Description generale de l'Asie, premiere partie dv monde avec tovs ses empires, royames estats, et repvbliqves... – 150
Description generale de l'Evrope, quatriesme partie dv monde avec tovs ses empires, royames estats, et repvbliqves... – 151
Description geographique de l'empire de la Chine – 395
Description geographique historique chronologique politique et physique de l' empire de la Chine et de la Tartarie Chinoise – 282
Description Historique des Chateau Bourg et Forest de Fontainebleau... – 280
Description Historique et Geographique de la France Ancienne et Moderne – 379
Descriptionis Ptolemaicae Augmentum, Sive Occidentis Notitia – 601
Descrittione Di M. Lodovico Guicciardini Patritio Fiorentino, Di Tutti i Paesi Bassi, Altriment Detti Germania Inferiore, Con tutti le carte di Geographia del paese e col ritratto naturale di molte terre principali – 278
Descrittione di tvtta Italia... – 5
Descrittione Di Tutta L'Italia e Isole pertinenti ad essa – 4
El devoto peregrino, viage de tierra santa – 94
Dicaearchi Geographica quaedam sive de vita graeciae... – 162
Diccionario Geografico-Estadistico de España y Portugal – 413
Diccionario Geographico : o Descripcion de Todos los Reynos, Provincias, Islas, Patriarchados, Obispados, Ducados, Condados, Marquesados, Ciudades Imperiales, y Anseaticas, Puertos, Fortalezas, Ciudadelas, y otros lvgares considerables de las qvatro partes del Mvndo, con la noticia de los Reynos, Provincias, y Territorios en que se hallan... – 165
Diccionario Geografico, ou Noticia Historica de todas as Cidades, Villas, Lugares e Aldeas, Rios, Ribeiras, e Serras dos Reynos de Portugal, e Algarve, com todas as cousas raras, que nelle se encontrao, assim antigas, como modernas... – 84
Dictionnaire géographique-portatif – 166
Dionysii Alex et Pomp. melae Situs orbis descriptio. Aethici Cosmographia C.I. Solini Polyistor – 163
Discorso Di M. Gioseppe Moleto Medico, Filosofo, et Matematico eccellentissimo – 416
Discouvrs de Geographia Contenant les Principales Pratiques pour les descriptions de la Terre, et de la Mer – 412
Discours Sur Les Causes Du Desbordement Du Nil – 103
Dvi libri del venneto senato – 56
Ek tes kosma monachoy chrstianikes topografias – 64
Elemens de geographie – 167
Elementa linguae tartaricae – 168
Elementos ou primeiras liçoes de Geographia e Astronomia – 117

Eléments de géographie extraits des leçons de géographie de l'abbé Gaultier – 257
Ensaio economico sobre o comercio de Portugal e suas colónias... – 129
Ensayo Cronologico para la Historia General de la Florida – 82
Entretenimentos Cosmologicos, Geographicos, e Historicos : Tomo I – 437
Epanaphora Indica na qual se dà noticia da viagem, que o Illuustrissimo, e Excellentissimo Senhor Marquez de Castelo Novo fez com o Cargo de Vice-Rey ao Estado da India, e dos primeiros progessos do seu governo; e se referem também os successos da viagem do Excellentissimo, e Rev. mo Senhor D. Fr. Lourenço de Santa Maria, Arcebispo Metropolitano de goa, Primaz da Azia Oriental, Sua chegada, e suas funçoens Archiepiscopaes – 396
Epanaphora Indica : parte II – 397
Epanophora Indica : parte III – 398
Epanaphora Indica : parte IV – 399
Espejo geographico – 298
Espositioni et introduttioni universali, Di Girolamo Ruscelli sopra tutta la Geografia di Tolomeo – 500
Explicacion de un Lugar de Suetonio, y Examen de la Deidad que Consulto Vespasiano en el Carmelo – 405
Extrait du voyage des hollandois, enuoyez és années 1656 & 1657 en qualité d'ambassadeurs vers l'empereur des Tartares, maintenant maistre de la Chine – 577
Le Fabriche, e Vedute di Venetia – 91
Fastos Politicos, e Militares da Antigua, e Nova Lusitania : em que se descrevem as acçoens memoraveis, que na Paz, e na guerra obrarao os Portuguezes nas quatro partes do Mundo... – 386
El Felicissimo Viaie D' El Muy Alto y Muy Poderoso Principe Don Phelippe, Hijo d'el Emperador Don Carlos Quinto Maximo, desde España à sus tierras dela baxa Alemaña: con la descripcion de todos los Estados de Brabante y Flandes : escrito en quatro libros – 80
La Florida del Inca – 593
Nel funerale di sitti maani gioerida sua consorte – 588
La Galerie Agreable du Monde... : Tome Premier, qui comprend Les Roiaumes De Portugal & d'Algarve – 190
La Galerie Agreable du Monde... : Tome Premier, qui comprend le Roiaume d' Espagne – 191
La Galerie Agreable du Monde... : Cette Partie comprend le Tome Second, du Roiaume d' Espagne – 192
La Galerie Agreable du Monde... : Cette Partie comprend le Tome Premier du Roiaume de France -193
La Galerie Agreable du Monde... : Cette Partie comprend le Tome Second du Roiaume de France – 194

La Galerie Agreable du Monde... : Cette Partie comprend le Tome Troisieme du Roiaume de France – 195
La Galerie Agreable du Monde... : Cette Partie comprend le Tome Quatrieme du Roiaume de France – 196
La Galerie Agreable du Monde... : Cette Partie comprend le Tome Cinquieme du Roiaume de France – 197
La Galerie Agreable du Monde... : Cette Partie comprend Tome Sixieme du Roiaume de France – 198
La Galerie Agreable du Monde... : Cette Partie comprend le Tome Premier du Grand Bretagne & d' Irlande – 199
La Galerie Agreable du Monde... : Cette Partie comprend Tome Second du Grand Bretagne & d'Irlande – 200
La Galerie Agreable du Monde... : Cette Partie comprend Tome Troisieme du Grand Bretagne & d' Irlande – 201
La Galerie Agreable du Monde... : Cette Partie comprend le Tome Premier des Païs-Bas Catholiques, ou X. Provinces – 202
La Galerie Agreable du Monde... : Cette Partie comprend le Tome Second des Païs-Bas Catholiques, ou X. Provinces – 203
La Galerie Agreable du Monde... : Cette Partie comprend le Tome Troisieme des Païs-Bas Catholiques, ou X. Provinces – 204
La Galerie Agreable du Monde... : Cette Partie comprend le Tome Quatrieme des Païs-Bas Catholiques, ou X. Provinces – 205
La Galerie Agreable du Monde... : Cette Partie comprend le Tome Premier de Holland – 206
La Galerie Agreable du Monde... : Cette Partie comprend le Tome Second de Hollande – 207
La Galerie Agreable du Monde... : Cette Partie comprend le Tome Troisieme de Hollande – 208
La Galerie Agreable du Monde... : Cette Partie comprend le Tome Premier de Zeelande – 209
La Galerie Agreable du Monde... : Cette Partie comprend le Tome Second de Zeelande – 210
La Galerie Agreable du Monde... : Cette Partie comprend le Tome Troisieme de Zeelande – 211
La Galerie Agreable du Monde... : Cette Partie comprend le Tome Premier d' Utrecht, Gelre, Zutphen, Overyssel, Groningue & Frise – 212
La Galerie Agreable du Monde... : Cette Partie comprend le Tome Second d' Utrecht, Gelre, Zutphen, Overyssel, Groningue & Frise – 213
La Galerie Agreable du Monde... : Cette Partie comprend le Tome Premier de Suisse – 214

La Galerie Agreable du Monde... : *Cette Partie comprend le Tome Second de Suisse* – 215
La Galerie Agreable du Monde... : *Cette Partie comprend le Tome Premier de Savoye, Piemont, Milanez, Pavesan, Cremonois, Parme & Mantoue* – 216
La Galerie Agreable du Monde... : *Cette Partie comprend le Tome Second, de Savoye, Piemont, Milanez, Pavesan, Cremenois, Parme & Manique* – 217
La Galerie Agreable du Monde... : *Cette Partie comprend le Tome Premier du Domaine des Venitiens* – 218
La Galerie Agreable du Monde... : *Cette Partie comprend le Tome Second du Domaine des Venitiens* – 219
La Galerie Agreable du Monde... : *Cette Partie comprend le Tome Troisieme du Domaine des Venitiens* – 220
La Galerie Agreable du Monde... : *Cette Partie comprend le Tome Quatrieme du Domaine des Venitiens* – 221
La Galerie Agreable du Monde... : *Cette Partie comprend le Tome Premier de Genes, Lucques, Toscane, & l' Etat de l' Eglise* – 222
La Galerie Agreable du Monde... : *Cette Partie comprend le Tome Premier du Campagne de Rome, & Rome Ancienne* – 223
La Galerie Agreable du Monde... : *Cette Partie comprend le Tome Second du Campagne de Rome, & Rome Ancienne* – 224
La Galerie Agreable du Monde... : *Cette Partie comprend le Rome Moderne* – 225
La Galerie Agreable du Monde... : *Cette Partie comprend le Roïaume de Naples, Pouzol, Baja, &c. .* – 226
La Galerie Agreable du Monde... : *Cette Partie comprend de Sicile, Sardegne & Corse* – 227
La Galerie Agreable du Monde... : *Cette Partie comprend le Tome Premier de l' Empire d' Allemagne* – 228
La Galerie Agreable du Monde... : *Cette Partie comprend le Tome Second de l' Empire d' Allemagne* – 229
La Galerie Agreable du Monde... : *Cette Partie comprend le Tome Troisieme de l' Empire d' Allemagne* – 230
La Galerie Agreable du Monde... : *Cette Partie comprend le Tome Quatrieme de l' Empire d' Allemagne* – 231
La Galerie Agreable du Monde... : *Cette Partie comprend le Danemarc, Norvegue & Suede* – 232
La Galerie Agreable du Monde... : *Cette Partie comprend le Pologne, Prusse, Courlande & Moscovie* – 233
La Galerie Agreable du Monde... : *Cette Partie comprend le Tome Premier d' Hongrie, Turquie en Europe, Grece, Archipel & Moree* – 234
La Galerie Agreable du Monde... : *Cette Partie comprend le Tome Second d' Hongrie, Turquie en Europe, Grece, Archipel & Moree* – 235

La Galerie Agreable du Monde... : Cette Partie comprend le Tome Troisieme d' Hongrie, Turquie en Europe, Grece, Archipel & Moree – 236
La Galerie Agreable du Monde... : Cette Partie comprend le Tome Premier d' Arabie, Terre Sainte, Natolie & Assyrie – 237
La Galerie Agreable du Monde... : Cette Partie comprend le Tome Second d' Arabie, TerreSainte, Natolie & Assyrie – 238
La Galerie Agreable du Monde... : Cette Partie comprend le Tome Troisieme d' Arabie, Terre Sainte, Natolie & Assyrie – 239
La Galerie Agreable du Monde... : Cette Partie comprend le Tome Quatrieme d' Arabie, TerreSainte, Natolie & Assyrie – 240
La Galerie Agreable du Monde... : Cette Partie comprend le Tome Premier de Perse & Mongol – 241
La Galerie Agreable du Monde... : Cette Partie comprend le Tome Second de Perse & Mongol – 242
La Galerie Agreable du Monde... : Cette Partie comprend le Tome Premier des Indes Orientales – 243
La Galerie Agreable du Monde... : Cette Partie comprend le Tome Second des Indes Orientales – 244
La Galerie Agreable du Monde... : Cette Partie comprend le Tome Premier de Chine & Grande Tartarie – 245
La Galerie Agreable du Monde... : Cette Partie comprend le Tome Second de Chine & Grande Tartarie – 246
La Galerie Agreable du Monde... : Cette Partie comprend le Tome Troisieme de Chine & Grande Tartarie – 247
La Galerie Agreable du Monde... : Cette Partie comprend le Japon & Païs d' Eso – 248
La Galerie Agreable du Monde... : Cette Partie comprend le Tome Premier d' Afrique – 249
La Galerie Agreable du Monde... : Cette Partie comprend le Tome Second d' Afrique – 250
La Galerie Agreable du Monde... : Cette Partie comprend le Tome Troisieme d' Afrique – 251
La Galerie Agreable du Monde... : Cette Partie comprend comprend le Tome Premier d' Amerique – 252
La Galerie Agreable du Monde... : Cette Partie comprend le Tome Second d' Amerique – 253
La Galerie Agreable du Monde... : Cette Partie comprend le Tome Troisieme d' Amerique – 254
La Galerie Agreable du Monde... : Cette Partie comprend le Tome Quatrieme d' Amerique – 255

Gedenkweerdige Brasiliaense zeeen lant-reize, behelzende al het geen op de zelve is voorgevallen beneffens een bondige beschrijving van gantisch neerlants Brasil... – 442
Gedenkwaerdige gesantschappen der oost-indische maatschappy in't vereenigde nederland, aan kaisaren van Japan – 418
Gedenkwaerdig Bedryf Der Nerderlandsche Oost-Indische Maetschappye, op de Kuste en in het Keizerrijk van Taising of Sina Behelzende Het Tweede Gezandschap aen den Onder-koning Singlamong en Veldheer Taising Lipoui Door Jan van Kampen en Konstantyn Nobel... – 141
Generalis Geographia cosmica, Mathematica, Naturalis, Politica, cum Speciali Sacri Imperii Romano- Germanici et Sacri Romani Imperii Pontifici Hierarchia Per totum Orbem Terrarum... – 438
La Geografia Di Claudio Tolomeo Alessandrino – 466
Geografia Historica de Castilla la Vieja, Aragon, Cathaluña, Navarra, Portugal, y otras Provincias España – 427
Geografia Historica, de Francia, Italia, y sus Islas : con el catalogo de los Pontifices, y Antipapas, y de varios Reyes – 428
Geografia Historica de todos os Estados Soberanos de Europa – 375
Geografia moderna de Portugal, e Hespanha – 471
Geographia artificialis sive globi terraquei geographice repraesentandi artificium – 541
Geographia ecclesiastica, in qva provinciae metropoles episcopatus, siue vrbes titulo Episcopali illustres – 415
La Geographia Facil – 369
Geographia Generalis, In qua Affectiones Generales Telluris Explicantur, Summa cura quam plurimis in locis Emmendata, & XXXIII Schematibus Novis, Aere incifis, unà cum Tabb. aliqot quae defiderabrantur Aucta & Illustrata – 589
Geographia generalis politica imperiorum, regnorum, dominiorum in totio terrarum orbe, ex pluribus probatis authoribus collecta, & juventi academicae wirceburgenci – 439
Geographia hierarchica sive status ecclesiastici romano-catholici per orbem universum distributi succincta descriptio historico-geographica – 542
Geographia Historica, de Alemania, Flandes, Inglaterra, Dinamarca, Noruega, Suecia, Moscovia, y Polonia – 426
Geographia Historica de Hungria, Thracia, Grecia, y las Islas Adyacentes – 429
Geographia Historica de las Islas Philipinas, del Africa, y de sus Islas Adyacentes – 430
Geographia Historica de Persia, del Mongol de la India, y sus Reynos, de la China, de la Grande Tartaria, de las Islas de la India y del Japón – 431
Geographia historica, donde se describen los reynos, provincias, ciudades, for-

talezas, mares, montes, ensenadas, cabos, rios, y puertos, con la mayor individualidad, y exactitud, y se refieren las guerras, las batallas, las paces, y sucessos memorables, los frutos, las riquezas, los animales, los comercios, las conquistas, la religion, los concilios, las sectas, los goviernos, las lenguas, las naciones, y su carácter... – 432 Geographia historica en que se hace una compendiosa memoria de los varones mas insignes de el mundo en virtud, letras, armas, y empleos – 433

Geographia Historica : Libro VI del Asia en General y Particular – 434

Geographia historica : libro IX de la America, y de las islas adyacentes, y de las tierras arcticas, y antarcticas, y islas de los mares del norte, y sur – 435

Geographia Naturalis Absoluta, sive Architectura Terraquae et Mundi Sublunaris... – 440

Geographia nubiensis idest accuratissima totius orbis in septem climata divisú descriptio, contienens praesertim exactam universae Asiae, & Africae – 557

Geographia o moderna descripcion del mundo – 174

Geographia politica sive historia geographica exhibens totius orbis terraquei statum et regimen politicum cum adjectis potissimarum nationum, regnorum ac provinciarum geniis et typis geographicis – 543

Geographia Sacra Ex veteri et Novo Testamento Desmunta et in Tabulas Quatuor concinnata... – 533

Geographia Sacra, sive notitia antiqua Diocesium Omnium Patriarchalium, Metropoliticarum et Episcopalium... – 502

Geographia specialis politica in duas partes divisa, prima pars Imperium Sacrum Romano-Germanicum, secunda pars hierarchia sacri Imperii Romano-Pontifici per totum orbem terrarum, ex pluribus probatis Authoribus Collecta – 441

La geographie moderne, naturelle, historique & politique, divisée en quatre tomes, avec plusieurs cartes & une table des matieres... – 57

Géographie moderne, précédée d'un petit traité de la sphére & du Globe – 131

Geographie ordine litterarum disposita – 35

Géographie Sacrée, et Historique de l'ancien & du noveau- Testament – 259

Geographie universelle, historique et chronologique ancienne et moderne – 444

Germania Topo=Chrono=Stemmato=Graphica Sacra et Prophana – 75

Giro Del Mondo : Parte Prima Contenente le cose píu ragguardevoli vedute Nella Turchia – 85

Giro Del Mondo : Parte Seconda Contenente le cose píu ragguardevoli vedute Nella Persia – 86

Giro Del Mondo : Parte Terza Contenente le cose píu ragguardevoli devute Nell'Indostaní – 87

Giro Del Mondo : Parte Quarta Contenente le cose píu ragguardevoli vedute Nella Cina – 88

Giro Del Mondo : Parte Quinta Contenente le cose píu ragguardevoli vedute Nell'Isole Filippine – 89

Giro Del Mondo : Parte Sesta Contenente le cose píu ragguardevoli vedute Nella Nuova Spagna – 90

Globi Celeste e Terraquco – 122

Le Grand Theatre Profane du Bravant-Wallon – 497

Le Grand Theatre Profane du Duché de Brabant – 498

Hispaniae Illutratae sev Rerum in Hispania et praesertim in Aragonia gestarum Scriptores varii... – 295

Hispaniae Illutratae sev Rerum Urbiumq. Hispaniae, Lusitaniae, Aethiopiae et Indiae Scriptores varii... – 292

Hispaniae Illvstratae sev Vrbivm Rervmqve Hispanicarvm, Academiarvm, Bibliothecarvm... – 546

Histoire de Barbarie et de ses Corsaires des Royavmes, et des villes D'Alger, de Tvnis; de Sal', & de Tripoly – 137

Histoire de la haute Ethiopie – 8

Histoire de l' empire mexicain, representée par figures. Relation du Mexique, ou de la nouvelle Espagne – 188

Histoire des découvertes et conquestes des Portugais dans le nouveau monde – 315

Histoire des derniers trovbles dv Bresil – 419

Histoire du monde – 107

Histoire Generale D' Angleterre, D' Escosse, et D' Irlande – 106

Histoire Generale D'Espagne – 390

Histoire Generale D'Espagne traduite de l'Espagnol de Jean de Ferreras... – 175

Histoire generale de Portugal, et des indes orientales – 293

Histoire generale des voyages ou nouvelle collection de toutes relations de voyages par mer et par terre... – 294

Historia da America portugueza, desde o anno de mil e quinhentos do seu descobrimento, até o de mil e setecentos e vinte e quatro – 463

Historia da India, no tempo em qve a Governovo Visorey Dom Luiz D'Atayde –

Historia de Etiopia en que se refieren sus ritos costumbres – 531

Historia de Tangere, que comprehende as noticias desde a sua primeira conquista até a sua ruina – 406

Historia del descubrimiento y Conquista dela India por los Portugueses – 92

Historia del Rey Don Hernando el Catholico de las Empresas, y Ligas de Italia – 136

Historia de la Conquista de México – 560

Historia de la Conquista de México: poblacion, y progressos de la America sepetentrional conocida por el nombre de Nueva españa – 504

Historia Delle Genti et Della Natura Delle Cose Settentrionali – 267

Historia do Descobrimento e Conquista da India pelos Portuguezes – 93

Historia General de las Indias Ocidentales, ò de los Hechos de los Castellanos en las Islas y Tierra firme del Mar Océano – 291
Historia General de los Hechos de los Castellanos en las Islas y Tierra Firme del Mar Oceano – 290
Historia Geral de Ethiopia a Alta ov Preste Ioam e do qve nella obraram os Padres da Companhia de Iesvs – 9
Historia Olai Magni Gothi Archiepi Scopi Upsalensis, de Gentium Septentrionalium uariis conditionibus statibusúe, & de morum, rituum, superstitionum, exercitiorum, regiminis – 268
Historia Sebastica : contem a vida do Augusto Principe o Senhor D. Sebastiao Rey de Portugal e os successos memoraveis do reyno, e conquistas no seu tempo – 505
Historia Tragico-Maritima : em que se escrevem chronologicamente os Naufragios que tiverao as Naos de Portugal, depois que se poz em exercicio a Navegaçao da India – 73
Illustriorum Hispaniae Urbium tabulae cvm appendice celebriorum alibi aut olim aut nunc Parentivm Hispanis aut eorum Civitatum Commerciis florentium – 301
Illustriorum Italiae Urbium Tabulae cum appendice celebriorum in Maris Mediterranei insvlis civitatum – 302
Illustriorum Regni Galliae Civitatum Tabulae ut Helvetiae Confoederatae Civitates Celebriores – 303
Illvstriorvm Principumque Urbium Septentrionalium Evropae Tabulae – 304
L' India Orientale Descrittione Geografica, & Historica – 581
L'Indien ou portrait au naturel des indiens – 455
Informatione della Giorgia data alla santita di nostro signore Papa Urbano VIII da pietro della valle il pellegrino l'anno 1627 – 578
Instruction des vents qui se rencontre, & regnent plus frequenmment entre les Pais Bas & Isle de Iava – 305
Introduction a la Fortification – 306
Iornada dos vassalos da coroa de Portvgal, pera se recuperar a cidade de Saluador, na bahia de todos os santos – 276
Iornal de Pierre Will Floris – 176
De la islas de Salomon – 153
Istoria delle gverre del regno del brasile accadvte tra la corona di Portogallo e la repvblica di Olanda – 534
Istorica descrizione de tre regni Congo, Matamba et Angola – 307
Iobi Lvdolfi aliàs Leutholf dicti ad suam Historiam Aethiopicam antehac editam Commentarivs in quo Multa breviter dicta fusius narrantur – 383
Itinerario D'Italia – 548
De Iusto imperio lusitanorum asiatico – 186

Joan Nieuhofs Zee en Lantreize, door verscheide Gewesten van Oostindien Behelzende veele zeltzaame en wonderliske voorvallen en geschiedenisten... – 443

Joannis Luyts, Philosophia Professoris, Introductio ad geographiam novam et veterem – 384

Jornada que António de Albuquerque Coelho, governador, e Capitao General da Cidade do nome de Deus de Macao na China, fez de Goa até chegar à dita cidade no ano de 1718 – 277

Journal d'un Voyage fait aux Indes Orientales... – 309

Laca parthenia mariani cultus antiquitate – 528

Latium. Id est nova & parallela latii tum veteris tum novi descriptio – 313

Lições Elementares de Geographia e Chronologia com seu Atlas appropriado – 374

Mappa de Portugal – 99

Mappa de Portugal : Parte Primeira comprehende a situaçao, etymologica, e clima do Reino ; memoria de algumas povoaçoes que se extinguirao – 95

Mappa de Portugal : Segunda Parte contém a origem, e situaçao dos primeiros povoadores da Lusitania – 96

Mappa de Portugal : Terceira Parte trata do estabelecimento, e progressos da Religiao em Portugal – 97

Mappa de Portugal : Quarta Parte mostra a origem das Letras, e Universidades neste Reino – 98

Marca Hispanica sive Limes Hispanicvs : Hoc est Geographica & historica descrptio Cataloniae, Ruscinonis, & circumjacentium popularum – 389

Memoires de Monsieur D'Ablancourt,... – 460

Memoires de Thomas Rhoe ambassadeur du roy d'anglaterre aupres du mongol pour les affaires de la compagnie angloise des indes orientales – 495

Memoires du voyage aux indes orientales – 36

Memoires Historiques & Geographiques du Royaume de la Moree, Negrepont, & des Places Maritimes jusques à Thessalonique... – 123

Memoires historiques, politiques et litteraires, concernant le portugal et tous ses dependances – 164

Memorias Historicas Geograficas e Politicas Observadas de Pariz a Lisboa – 454

Memorias para a Historia de Portugal que comprehendem o Governo delRey D. Joao I do anno de mil e trezentos e oitenta e tres, até o anno de mil e quatrocentos e trinta e tres... – 553

Memorias para a Historia de Portugal que comprehendem o Governo DelRey D. Sebastiao unico em o nome, e Decimo Sexto entre os Monarchas Portuguezes... – 385 *Methode pour etudier la Geographie* – 185

Methodo geografico facil – 182

Le monde ou la description general de ses qvatre parties auec tous ses empires, royaumes, etats et repvbliqves... – 152

Il Mondo Antigo, Moderno, e Novissimo, Ovvero Trattato dell' Antiga, e Moderna Geografia – 108

Mundi Mirabilis Tripartiti : Oder wunderbaren Welt, In einer furben Cosmographia... – 283

Naauwkeurige Beschryvinge van Malabar en Choromandel Der zelver aangrenzende Ryken – 27

Naufragio da Nao N. Senhora de Belem : feito na terra do Natal no cabo de Boa Esperança – 79

Naukerige Beschryving der Afrikaensche Eylanden: als Madagaskar, of Sant Laurens, Sant Thomee d'eylanden van Kanarien, kaep ver, Malta en andere – 142

Naukerige Beschryving der Eilanden in de Archipel der Middelantsche Zee en ontrent dezelve, gelegen – 144

Naukerige Beschryving van Asie Behelsende De Gewesten van Mesopotamie, Babylonie, Assyrie, Anatolie of Klein Asie – 145

Naukerige Beschryving van Morea, eertijts Peloponneseus en de Eilanden, gelegen onder de kusten van Morea, en binnen en buiten de Golf van Venetien – 147

Naukeurige Beschryving van gantsch Syrie, en palestyn of Heilige Lant – 146

Naukeurige Beschrijvinge der Afrikaensche Gewesten van Egypten, Barbaryen, Lybien, Biledulgerid... – 143

Le navigationi et viaggi nella Turchia – 157

De nieuve en onbekende weereld – 154

Notae & Castigationes In Stephanum Byzantium de Urbibus – 296

Noticia da Viagem, que fez segunda vez ao Estado da India o Ilustrissimo, e Excelentissimo Senhor Marquez do Louriçal, e seus primeiros progressos do seu Governo – 400

Noticia do descobrimento de huma nova terra, modernamente apparecida, e descoberta por huma nao Hespanhola... – 446

Notitia Orbis Antiqvi sive Geographia Plenior Ab Ortu Rerumpublicarum ad Constantinorum tempora Orbis terrarum faciem declarans... – 102

Nova Lusitania historia da guerra brasilica a purissima alma e savdosa memoria do serenissimo principe Dom Theodosio Principe de Portvgal e Principe do Brasil – 183 [*Nova Relaçao da Viagem, que fez o Corsario de Guerra Nossa Senhora da Estrella, para Cacheu, e derrota que seguio ao porto de Bizau, Capitulaçoens de paz que ahi fizemos com Gentio, e combate que depois com elle tivemos*] – 14

[*Nova Relaçao da Victoria, que Alcançaram Bandeiras Portuguezas em Moçambique, e como se Houveram as Companhias, que em duas Naos partirao para aquella terra, e sahirao desta Corte em o dia 16 de Abril de 1751*] – 503

Le nouveau et curieux atlas geographique et historique, ou le divertissement des empereurs roys, et princes, tant dans la guerre que dans la paix – 447
Nouveau theatre de la Grande Bretagne – 448
Nouveau Voyage de Guinée – 559
Nouvele Metode pour aprendre la Geographie Universele... – 130
Nouvelle Description de la France – 179
Novvm ac Magnvm Theatrum Vrbivm Belgicae Liberae ac foederatae... – 48
Nueva Descripcion del Orbe de la Tierra – 450
Nuevo Atlas de los Reynos de Escocia e Irlanda – 49
Nuevo Atlas del Reyno de Ingalaterra – 50
Observaçoes sobre as principaes causas da decadencia dos Portuguezes na Asia ... – 128
Observations faites, pendant le second voyage de M. Cook, dans L' Hémisphère Austral, et Autour du Monde – 180
Onomasticom Urbium et Locorum Sacrae Sripturae – 59
Osservazioni nel viaggio di D. Francesco Belli – 39
Oypesiphoiths Helveticus, sive Itinera per Helvetiae Alpinas Regiones – 545
Paises Baxos o Belgia dividida en dos partes – 51
Palaestina ex monumentis veteribus illustrata – 472
Palliot typographum regis, bibliopolam & calcographum Orbis Martini sive rervm in mari et littoribvs gestarvm generalis historia... – 420
Parallela Geographiae veteris et novae – 72
Parte del Atlas Mayor, o Geographia Blaviana, que contiene las tabelas y descripciones de Alemania – 54
Parte del Atlas Mayor o Geographia Blaviana que contiene las Cartas y Descripciones de Españas – 53
Parte del Atlas Mayor, o Geographia Blaviana, que contiene las cartas y descripciones de Italia – 52
Pausanias, ou Voyage Historique de La Grece – 258
Peregrinaçao – 462
Philippi Cluveri introductionis in universam geographiam, tam veterem quam novam libri VI cum integris Johannis Bunonis – 113
Poblacion General de España svs Trofeos, Blasones y Conqvistas Heroycas... – 554 *Pomponii Melae de orbis situ, libri III et C. Iulii Solini, polyhistor* – 404
Portugal cuidadoso, e lastimado com a vida, e perda do Senhor Rey Dom Sebastiao, o desejado de saudosa memoria – 26
De Praecipvis, totivs vniversi vrbibvs, liber secvndvs – 67
Primeira parte da Ethiopia Oriental – 535
Primeira parte da fvndaçao, antiguidades, e grandezas da mui insigne cidade de Lisboa e seus varoens illvstres em sanctidade, armas, & letras. Catalogo de sevs prelados e mais covsas ecclesiasticas, & politicas ate o ano 1147, em que foi ganhada aos Mouros por ElRey D. Afonso Henriques – 24

Prospecto do tratado completo de geografia histórica – 261
Rapport que les directeurs de la Compagnie Hollandoise des Indes Orientales ont fait a leurs hautes puissances, premierement de bouche, & en suit deliuré par écrit, touchant l'estat des affaires dans les Indes Orientales – 468
Rebelion de Ceylon, y los Progressos de su Conquista en el Gobierno de Constantino de Saa, y Noroña – 407
Recueil des voyages qui ont servi a l'etablissement et aux progres de la Compagnie des Indes Orientales, formée dans les Provinces Unies des Pais-Bas – 469
Regiae domus belgicae ... – 529
Il Regno Tutto di Candia – 61
Regnorvm daniae & norwegiae ut & ducatuum regionvmqve ad ea spectantium – 470
Relaçam curioza do sitio do Grao Para Terras de Mato-Grosso bondade do clima, e fertilidade daquellas terras – 473
[Relaçam da embaixada que o sunda, depois de vencido das armas portuguezas madou ao illustrissimo e excellentissimo Marquez de Tavora Vice-Rei da India e Capitam general daquelle Estado] – 474
Relaçam da Viagem do Galeam Sao Lovrenço e sua perdiçao nos bayxos de Moxincale em 3. de Setembro de 1649 – 83
Relaçam da Viagem, e Sucesso que teve a Nao Capitania Nossa Senhora do Bom Despacho – 118
Relaçam das muitas e singulares victorias que contra o rey sunda e outros regulos consinates tem alcançado o incrivel valor doIllustri.º e Excellentis.º Senhor Francisco de Assis e Tavora – 477
Relaçam do Naufragio que fizeram as Naos Sacramento, & nossa Senhora da Atalaya, vindo da India para o Reyno, no Cabo de Boa Esperança; de que era Capitao mòr Luis de Miranda Henriques, no anno de 1647 – 172
Relaçam do sitio que os Mouros puzérao a Praça de Ceuta... – 478
Relaçam e Noticia da gente, que nesta segunda monçao chegou ao sitio do Grao Pará, e as Terras de Matogrosso, caminhos que fizerao por aquellas Terras, com outras muitas curiosas, e agradaveis de Rios, Fontes, fructos, que naquelle Paiz acharao – 551
Relacam em que se tratam as guerras e grandes victorias que alcançou o grade Rey da Persia XaAbbas do grao turco Mahometto, & seu filho Amethe – 270
Relaçam ou noticia certa dos estados da India – 479
Relaçam verdadeira dos felices sucessos da India e victorias que alcansaram as armas portuguesas naquelle Estado – 480
Relaçao da chegada, que teve a gente de Mato Groço, e agora se acha em companhia do Senhor D. Antonio Rolim desde o Porto de Araritaguaba ate a esta Villa Real do Senhor Bom Jesus do Cuyaba – 481

Relaçao da Primeira Jornada que fez a Africa no anno de 1574 o Serenissimo Rey D. Sebastiao – 549

Relaçao da Viagem, que do Porto de Lisboa fizerao à India os ILL.mos e Exc.mos Senhores Marquezes de Tavora – 459

Relaçao da viagem, que o Ilustrissimo, e Excellentissimo Marquez de Tavora, Vice-Rey do Estado da India : fez do porto desta Cidade de Lisboa, donde partio no dia 28 de Março de 1750 até o Moçambique, aonde portou em 22 de Junho com 87 dias de viagem, e detendo se alli dous mezes, continuou a sua viagem, partindo em 22 de Agosto, portou em 22 de Setembro na barra de Goa; aonde fez a sua entrada Publica, e deo principio ao seu feliz governo – 550

Relaçao das proezas, e vitorias que na India Oriental tem conseguido o inexplicavel valor do ilustris., e excellentiss senhor D. Francisco de Tavora – 482

Relaçao de hum famoso descobrimento da Ilha Pinés... – 475

Relaçao de hum grande combate, e vitoria que contra o gentio e arabio conseguio a armada que do porto de Goa sahio de guarda costa em Julho de 1753 commandada pelo valeroso Ismalcan, commandante de dez Galias – 177

Relaçao de hum novo descobrimento de huma ilha, mandada por hum Capitao de hum Navio de Dieppe – 476

Relaçao do Novo Caminho que fez por Terra, e Mar, vindo da India para Portugal no anno de 1663 – 263

Relaçao do sitio, que o Governador de Buenos Aires D. Miguel de Salcedo poz no anno de 1735 à Praça da Nova Colonia do Sacramento... – 555

[Relaçao dos felicissimos sucessos obrados na India Oriental em o ViceReinado do illustrissimo e excellentissimo Marquez de Tavora] – 178

Relaçao que trata de como em cincoenta e oito gráos do Sul foy Descuberta huma Ilha por huma Nao Franceza, a qual obrigada de hum temporal, que lhe sobreveyo, no Cabo da Boa Esperança, foy a parar na dita ilha – 483

[Relaçam das muitas e singulares victorias que contra o Rey Sunda e outros Regulos Consinates tem alcançado o incrivel valor doillustri.º e Excellentis.º Senhor Francisco de Assis e Tavora...] – 477

Relacion historica del viage a la America Meridional hecho de orden de S. Mag. para medir algunos grados de Meridiano terrestre, y venir por ellos en conocimiento de la verdadera figura, y magnitud de la tierra, con otras varias observaciones astronomicas, y phisicas – 310

Relation de l'empire des Abyssins, des sources du Nil, de la Licorne, &c – 376

Relation de l'estat present du commerce des hollandois & des portugais dans les indes orientales, où les places qu'ils tiennent sont marquées, & les lieux où ils trassiquent – 486

Relation de la colchide ov mengrellie – 316

Relation de la cour du mongol – 299

Relation de la découvert de la Terre d'Eso, au nord du Iapon – 484
Relation de la prise de l'isle Formosa par les Chinois, le cinquiesme Iuillet 1661 –Relation des chrestiens de S. Iean – 155
Relation des cosaqves – 579
Relation des Royaumes de Golconda, Tannassery, Pegu, Arecan – 410
Relation des tartares percopites et nogaies des circassiens, mangreliens, et geogriens – 381
Relation des Voyages du Sieur ... dans la riviere de la Plata, & de là par terre au ou Perou, & des observations qu'il y a faites – 489
Relation des Voyages Enterpris par Ordre de Sa Majesté Britannique, actuellment regnante, pour faire des Découvertes dans L' Hémisphère Mèridional – 284
Relation Du Voyage D'Espagne – 491
Relation du Voyage de Sa Majesté Britannique en Hollande – 490
Relation du voyage du Sayd, ou de la Thebayde, fait en 1668 – 451
Relation d' Un Voyage du Levant, fait par Ordre du Roy – 582
Relation Historique D'Abissinie – 377
Relation nouvelle d'un voyage de Constantinople... – 272
Relation ou Iornal du voyage de Bontekoe aux Indes Orientales – 60
Relatione del reame di Congo et delle circonvicine contrade – 461
Relations de l'empire dv Iapon... – 487
Relations des Isles Philippines – 28
Relations des Isles Philippines faite par en religieux qui y a demeurér 18 ans – 488
Relations veritables et curieuses de l'isle de Madagascar, et du Bresil – 492
Relicario, y Viage, de Roma, Loreto, y Jerusalén – 501
Remarques sur les relations d' Ethiopie – 378
Rerum et Urbis Amstelodamensium Historia... – 464
Roteiro Terrestre de Portugal – 100, 101
Route du voyage des holandois a Pekin – 496
Routier pour la navigation des indes orientales – 421
Silesiographia renovata – 285
Sinarum scientia politico-moralis, sive scientiae sinicae liber... – 556
Del Sito di Cupra Montana Antiga Citta del Piceno – 568
De sitv orbis libri tres : Additae Hermolai Barbari Veneti & Fredenandi Nonij Pintiani castigationes – 403
Sleswicensis et holsatiae ducatuum – 558
Status aulicus seu brevis designatio illustrium quarumdam et magis eminentium personarum quae in honoratioribus aulae belgicae ministeriis fuere – 530
Strabonis Rerum Geographicarum Libri XVII – 171
Strabonis Rerum Geographicarum libri septem – 170

Succession De El Rey D. Phelipe V Nuestro Señor en la Corona De Espana – 401
Suplément a L'Atlas Historique – 78
Suplemento Al Diccionario Geografico-Estadístico de España y Portugal – 414
Svmmi Polyhistoris Godefridi Gvilielmi Leibnitii Protogaea sive de prima facie tellvris et antiqvissimae historiae vestigiis in. ipsis natvrae monvmentis dissertatio ex schedis manvscriptis viri illvstris – 281
Synopsis chronologica monarchiae sinicae ab anno post diluvium cc. Lxxv – 566
Systeme Moderne de Cosmographie et de Physique Générale – 567
Tabellae geographicae hoc est – 544
[In tartariam nomine Stephani i Polonie, regis legati] – 74
La terre australe descouverte par le Capitaine Pelsart, qui y fait naufrage – 571
Le Theatre du Monde... – 573
Le theatre du monde au roi contenant les cartes generales et particulieres des Royaummes et etats qui le composent avec plusieurs provinces subdiviséez en pays et autres divisions curieuses acompagné de remarques et observations geografiques politiques, et historiques les quelles en donnent l'intelligence et font connoistre l'utilité de cet ouvrage – 445
Theatri Praecipuarum Totius Mundi Urbium – 68
Theatro delle citta d'Italia – 574
Theatrum Europaeum... – 1
Theatrum imperii magnae britaniae – 562
Theatrvm statvvm Regiae Celsitvdinis Sabavdiae Dvcis, Pedemontii Principis Cypri Regis – 575
In theatrvm orbis terrarum – 452
[Thesavrvm Geograph] – 453
Tobiae Wagneri D. Cancellari turbingens – 598
Topographia Alsatie, &c. – 610
Topographia Archiepiscopatu um Moguntinensis, Treuirensis, et Coloniensis, Das ist Beschreibung dezbornembsten Statt and Platz in denen Erzbistumen... – 611
Topographia Bavariae das ist Beschreib – 612
Topographia Bohemiae Moraviae et Silesiae – 613
Topographia Circuli Burgundici das ist Beschreibung desz Burgundish und viederlandischen craises; oder der XVII Niderlandischen provinszen und was denselben einverleibet ist – 614
Topographia Electoratus Brandeburgici, et Ducatus Pomeraniae, &c. – 615
Topographia Franconaie das ist Beschreibung und Engentliche contrafactur dez vornemsbsten statte und Platze des Franckenlandes und deren die zu dem spochhoblichen Franckischen craize gezogen werden – 616
Topographia Galliae : Oder Beschreibung and Abbiltung der furnhmsten and bekantisten statten and Blatzen, in dem Machtigen Konigreich. IX theil, Item X. XI. XII. and XIII Letzte theilen. – 620

Topographia Galliae. Oder Beschreibung und Contrafaitung der Voornehmbsten, und bekantisten gerter, in dem aus engner Erfahung, und den besten, und beruhmbtesten scribenten so in underschiedlichen spraachen davon aus gangen senn, auch aus erlangten Bericht – 617

Topographia Galliae : Oder Beschreibung Contrafaitung des Matchtigen Konigreichs Franckreich. Funffer theil: Die furnehmste und bekantiste statte und blatze in der Landern. Lyonnois, Forests, Beaviolois, und Bourbonnais, abhandelend und fur gesteldt – 619

Topographia Galliae. Oder Beschreibung und Contrafeytung des Machtigen Konigreich Franckreich zwenter theil. Diefurnehmste und bekantiste statte und Blatze inder Provinc Picardi – 618

Topographia Hassiae et Regionum Vicinarum – 621

Topographia Helvetiae, Rhaetiae, et Valisiae – 622

Topographia Livoniae, Das ist, Beschreibung der vornchmsten Gtatte, and Derter, in Lissland – 623

Topographia Palatinatus Rheni et vicinarum regionum – 624

Topographia Provinciarum Austriacaru Austriae Styriae, Carinthiae, Tyrolis, etc – 625

Topographia Provinciarum Austriacarum; Oder Belchreibung der furnchmften ort, in Drt, in Defterzeich, Gtener, Rarndten, Crain, Inrol, annd einberleibten, Landfchfften, Darinn Richtalleinderborige Iertbnterlchiedlich corrigirt; Gondern, was man ferners darzugefunden, und berichtet worden, auch angezeiget wird – 626

Topographia Prussiae, et Pomerelliae – 627

Topographia Romae cum tabulis Geographicis, imaginibus Antiquae et Nouae Urbis, Inscriptionibus, marmoribus... – 58

Topographia Saxoniae Inferioris das ist Beschreibung der vorttehmsten statte unnd Platz indem hochlob lichsten Nider sachsischen – 628

Topographia Superioris Saxoniae Thuringiae Misniae Lusatiae, etc – 629

Topographia Sveviae – 630

Topographia und Eigentliche Beschreibung Der Bornembsten statte schlosser auch anderer Platze und Orter in denen hertzogthumer Braunschweig und Luneburg und denen dazu gehorende Brafschafften herzschafften und Landen – 631

Topographia Westphaliae – 632

Topographia Windhagiana – 633

Traité de la construction des chemins – 584

Traicté de la sphere et de ses parties ou sont declarez les noms et offices des cercles tant grands que petits, & leur signification & utilité. Plus le plamsphere universel – 583

Tratado completo de cosmographia, e geographia-historica, physica e commercial, antiga e moderna – 262

Tratado do Modo o mais Facil, e o mais exacto de fazer as Cartas Geograficas, assim da terra como do mar – 181
Tratado do Sucesso que teve a Nao S. Joam Baptista – 7
Tratado dos descobrimentos antigos, e modernos, feitos até a era de 1550 com os nomes particulares das pessoas que os fizerao – 256
Tratados Historicos, Politicos, Ethicos, y Religiosos de la Monarchia de China – 436
Tres-humble remontrance – 456
Troisiéme Voyage De Cook, ou Voyage a L' Ocean Pacifique – 119
Ubfonderliche Belchreibung Der Herzfchafften, Statte and Gchloffer, Bindbaag, Zeichenau, Born, Drofendorff, und Petronell, Fampt derfelben Ungchorungen – 634
Ulisses belgico-gallicus fidus tibi dux et achates por belgium hispan regnum gallae ducat sabavdiae... – 266
Universos terrarum orbis scriptorumcalamo delineatus – 537
Urbium Praecipuarum Totis Mundi – 71
Urbium Totius Belgii sev Germaniae Inferioris nobiliorum & illustriorum tabulae antiquae & novae accuratissimè elaboratae – 586
Urbium Totius Germaniae Svperioris illustriorum clariorumque tabulae antiquae & novae accuratissimè elaboratae – 587
Varia Historia de covsas notaveis do oriente e da Christandade que os Religiosos da Orde dos Pregadores nelle fizerao : segunda parte – 536
Vetera Romanorum Itineraria sive Antonini Augusti Itinerarium, cum Integris Jos. Simleri, Hieron. Suritae, et And. Schotti notis. Itinerarium Hierosolymitanum et Hieroclis Grammatici Synecdemus – 599
Viage de Armada da companhia do comercio, e frotas do Estado do Brasil a cargo do General Francisco de Brito Freyre – 184
Viage de el Mundo de Des-Cartes – 138
Viage de la Catholica Real Magestad del Rei D. Filipe III N. S. al Reino de Portugal I relacion del solene recebimiento que en el se le hizo – 368
Viagens D'Altina nas Cidades mais cultas da Europa e nas principaes povoações dos Balinos – 594
Viagens de Cyro : historia moral e politica, acompanhada de um discurso sobre a mythologia, e theologia dos antigos – 467
Viagens de Gulliver a varios paises remotos – 565
Viaggio: tornando per terra da China in Europa – 274
O viajante universal ou noticia do mundo antigo e moderno : tomo I – 317
O viajante universal ou noticia do mundo antigo e moderno : tomo II – 318
O viajante universal ou noticia do mundo antigo e moderno : tomo III – 319
O viajante universal ou noticia do mundo antigo e moderno : tomo IV – 324
O viajante universal ou noticia do mundo antigo e moderno : tomo V – 325
O viajante universal ou noticia do mundo antigo e moderno : tomo VI – 326

O viajante universal ou noticia do mundo antigo e moderno : tomo VII – 327
O viajante universal ou noticia do mundo antigo e moderno : tomo VIII – 330
O viajante universal ou noticia do mundo antigo e moderno : obra recopilada dos melhores viajantes : tomo IX – 320
O viajante universal ou noticia do mundo antigo e moderno : obra recopilada dos melhores viajantes : tomo X – 321
O viajante universal ou noticia do mundo antigo e moderno : obra recopilada dos melhores viajantes : tomo XI – 364
O viajante universal, ou noticia do mundo antigo, e moderno : obra recopilada dos melhores viajantes : tomo XII – 322
O viajante universal, ou noticia do mundo antigo e moderno : obra recopilada dos melhores viajantes : tomo XIII – 323
O viajante universal ou noticia do mundo antigo e moderno : tomo XIV – 328
O viajante universal ou noticia do mundo antigo e moderno : obra recopilada dos melhores viajantes : tomo XV – 329
O viajante universal, ou noticia do mundo antigo e moderno : obra recopilada dos melhores viajantes : tomo XVI – 331
O viajante universal ou noticia do mundo antigo e moderno : obra recopilada dos melhores viajantes : tomo XVII – 332
O viajante universal ou noticia do mundo antigo e moderno : obra recopilada dos melhores viajantes : tomo XVIII – 333
O viajante universal ou noticia do mundo antigo e moderno : obra recopilada dos melhores viajantes : tomo XIX – 334
O viajante universal ou noticia do mundo antigo e moderno : obra recopilada dos melhores viajantes : tomo XX – 335
O viajante universal ou noticia do mundo antigo e moderno : obra recopilada dos melhores viajantes : tomo XXI – 336
O viajante universal ou noticia do mundo antigo e moderno : obra recopilada dos melhores viajantes : tomo XXII – 337
O viajante universal ou noticia do mundo antigo e moderno : obra recopilada dos melhores viajantes : tomo XXIII – 338
O viajante universal ou noticia do mundo antigo e moderno : obra recopilada dos melhores viajantes : tomo XXIV – 339
O viajante universal ou noticia do mundo antigo e moderno : obra recopilada dos melhores viajantes : tomo XXV – 340
O viajante universal ou noticia do mundo antigo e moderno : obra recopilada dos melhores viajantes : tomo XXVI – 341
O viajante universal ou noticia do mundo antigo e moderno : obra recopilada dos melhores viajantes : tomo XXVII – 342
O viajante universal ou noticia do mundo antigo e moderno : obra recopilada dos melhores viajantes : tomo XXVIII – 343

O viajante universal ou noticia do mundo antigo e moderno : obra recopilada dos melhores viajantes : tomo XXIX – 344
O viajante universal ou noticia do mundo antigo e moderno : obra recopilada dos melhores viajantes : tomo XXX – 345
O viajante universal ou noticia do mundo antigo e moderno : obra recopilada dos melhores viajantes : tomo XXXI – 346
O viajante universal ou noticia do mundo antigo e moderno : obra recopilada dos melhores viajantes : tomo XXXII – 347
O viajante universal ou noticia do mundo antigo e moderno : obra recopilada dos melhores viajantes : tomo XXXIII – 348
O viajante universal ou noticia do mundo antigo e moderno : obra recopilada dos melhores viajantes : tomo XXXIV – 349
O viajante universal ou noticia do mundo antigo e moderno : obra recopilada dos melhores viajantes : tomo XXXV – 350
O viajante universal ou noticia do mundo antigo e moderno : obra recopilada dos melhores viajantes : tomo XXXVI – 351
O viajante universal ou noticia do mundo antigo e moderno : obra recopilada dos melhores viajantes : tomo XXXVII – 352
O viajante universal ou noticia do mundo antigo e moderno : obra recopilada dos melhores viajantes : tomo XXXVIII – 353
O viajante universal ou noticia do mundo antigo e moderno : obra recopilada dos melhores viajantes : tomo XXXIX – 354
O viajante universal ou noticia do mundo antigo e moderno : obra recopilada dos melhores viajantes : tomo XL – 355
O viajante universal ou noticia do mundo antigo e moderno : obra recopilada dos melhores viajantes : tomo XLI – 356
O viajante universal ou noticia do mundo antigo e moderno : obra recopilada dos melhores viajantes : tomo XLII – 357
O viajante universal ou noticia do mundo antigo e moderno : obra recopilada dos melhores viajantes : tomo XLIII – 358
O viajante universal ou noticia do mundo antigo e moderno : obra recopilada dos melhores viajantes : tomo XLIV – 359
O viajante universal ou noticia do mundo antigo e moderno : obra recopilada dos melhores viajantes : tomo XLV – 360
O viajante universal ou noticia do mundo antigo e moderno : obra recopilada dos melhores viajantes : tomo XLVI – 361
O viajante universal ou noticia do mundo antigo e moderno : obra recopilada dos melhores viajantes : tomo XLVII – 362
O viajante universal ou noticia do mundo antigo e moderno : obra recopilada dos melhores viajantes : tomo XLVIII – 363
O viajante universal ou noticia do mundo antigo e moderno : obra recopilada dos melhores viajantes : tomo XLIX – 365

O viajante universal ou noticia do mundo antigo e moderno : obra recopilada dos melhores viajantes : tomo L – 366
O viajante universal ou noticia do mundo antigo e moderno : obra recopilada dos melhores viajantes : tomo LI – 357
Vida de Don Dvarte de Meneses, Tercero Conde de Viana – 590
Vida de Dom Joao de Castro Qvarto Viso-Rey da India – 11
Vida de Gomes Freyre de Andrada, General da Artelharia do Reyno do Algarve, & Capitao General do Maranhao, Pará & Rio das Amazonas no Estado do Brazil – 570
Vida do infante D. Luiz – 465
Vida e Acçoens do Famoso e Felicissimo Sevagy da India Oriental – 275
La Vie de Michel de Ruiter Duc , Chevalier, Lieutenant Amiral Général de Hollande & de Oüest-Frise. Où est comprise L' Histoire Maritime des Provinces Unies, depuis l'An 1652 jusques à 1676 – 65
Villa Pamphilia eivsqve Palativm – 595
Voiage de Gautier Schouten aux Indes Orientales – 547
Voyage a la Chine – 273
Voyage au Levant, c'est à dire dans les principaux endroits de l'Asie Mineure dans les isles de Chio, de Rhodes, de Chypre &c – 370
Voyage au Levant, c'est à dire dans les principaux endroits de l'Asie Mineure dans les isles de Chio, de Rhodes, de Chypre &c – 371
Voyage D' Abel Tasman – 569
Voyage Dans L' Hémisphère Austral, et Autour du Monde – 120
Voyage de Corneille Le Brun par la Moscovie, en Perse et aux Indes Orientales – 373
Voyage de Edoüard Terri aux Indes Orientales – 572
Voyage de Guinée contenant une description nouvelle & trés-exacte de cette côte où l'on trouve & où l'on trafique l'or, les dents d'elephant, & les esclaves – 62
Voyage de la Baye de Hudson – 169
Voyage des ambassadeurs de la compagnie hollandoise des indes orientales, enuoyés l'an 1656 en la chine , vers l'empereur des tartares, qui en est maintenant le maistre, traduit d'un manuscrit holandois – 596
Voyage Du Sieur Paul Lucas, fait par Ordre Du Roi dans La Grece, L' Asie Mineure, La Macedoine Et L' Afrique – 382
Voyage Litteraire de deux religieux Benedictins de la Congregation de Saint Maur... – 597
Voyages celebres & remarcables faits de Perse aux Indes Orientales – 388
Voyages de Corneille Le Brun par la Moscovie, en Perse, et aux Indes Orientales... – 372
Voyages de François Bernier Docteur en Medecine de la Faculté de Montpellier Contenant la Description des Estats du Grand Mogol, De L'Hindoustan, du Royaume de Kachemire, &c. – 40

Voyages de François Coreal aux Indes Occidentales – 121
Voyages de Monsieur Le Chevalier Chardin, en Perse, et autres lieux de L'Orient... – 104
Voyages De Mr. De Monconys, Conseiller du Roi, & Lieutenant Criminel au Siege Presidial de Lyon – 417
Voyages du P. Labat de l'ordre des FF. Precheurs, en Espagne et en Italie – 314
Voyages du Sr. A. de la Motraye en Europe, Asie & Afrique – 422
Voyages en Anglois et en François D' A de la Motraye en diverses provinces et places de la Prusse Ducale et Royale, de la Russie, de la Pologne... – 423
Voyages très-curieux & très renommez faits en Moscovie, tartarie et perse – 449
Vrbivm praecipvarvm mvndi theatrvm qvintvm – 69
Vrbivm Praecipvarvm totivs mvndi – 70
Zuegab, Don etlichen defz Benl. Rom. Reichs Gtanden, die auch zu dem Hochloblichen Ober Kheinischen Cransse gezogenwerden, zufz: Bisang, Defz, Tull, Derdun, Lothringen, Gaboia, and anderen – 635

ÍNDICE REMISSIVO DOS AUTORES CITADOS

A indicação numérica dos autores remete para a informação completa que consta do "índice alfabético de autores e de obras anónimas".

A

ABELIN, Jean- Philippe – 1
AFFERDEN, Francisco de – 2
ALBERTI, Léandre – 5, 3, 4
ALBUQUERQUE, Afonso de - 6
ALMADA, Francisco Vaz de – 7
ALMEIDA, Manuel de – 8, 9
ANDRADE, Jacinto Freire de – 11
APIANUS, Petrus – 12, 13
ARAÚJO, António José da Costa – 14
ARGENSOLA, Bartolome Leonardo de – 15
ATTAMEN, Paucas – 23
AZEVEDO, Luís Marinho de – 24

B

BAGATTA, Giovanni Bonifazio – 25
BAIÃO, José Pereira – 26
BALDAEUS, Philippus – 27
BAÑUELOS Y CARRILLO, Hieronimo – 28
BARLAEUS, Gaspard – 29
BARREIROS, Gaspar – 30
BARROS, João de – 31, 33, 32
BAUDRAND, Michel Antoine – 35
BEAULIEV – 36 - 650 ???
BEAUPLAN, Guillaume de – 37
BELLE-FOREST, Francoys – 38
BELLI, Francesco – 39
BERNIER, François – 40
BERREDO, Bernardo Pereira de – 41

BEUTER, Pedro Antonio – 43
BLAEU, Jean – 45, 47, 48, 44, 49, 50, 54, 51, 46, 52, 53
BLEDA, Jaime – 55
BOCCARINI, Guglielmo – 56
BOIS, Abraham du – 57
BOISSARD, Jean Jacques – 58
BONFRERIUS, Jacques – 59
BONTEKOE, Willem Ysbrantsz – 60
BOSCHINI, Marco – 61
BOSMAN, Guillaume - 62
BOYM, Michel – 63, 64
BRANDT, Gerard – 65
BRAUN, George – 67, 69, 70, 66, 71, 68
BRIET, Philippe – 72
BRITO, Bernardo Gomes de – 73
BRONIOWSKI, Martinus – 74
BUCELIN, Gabriel – 75

C

C.*** - 77, 78
CABREIRA, José de – 79
CALVETE DE ESTRELLA, Juan Cristobal - 80
CAMBDEN, Guillaume – 81
CARDENAS Z CANO, Gabriel – 82
CARDIM, António Francisco – 83
CARDOZO, Luiz - 84
CARERI, Gio. Francesco Gemilli – 85, 86, 88, 89, 90, 87
CARLLEVARIIS, Luca – 91

CASTANHEDA, Fernão Lopes de – 92, 93
CASTILLO, Antonio de – 94
CASTRO, João Baptista de – 95, 96, 97, 100, 98, 99, 101
CELLARIUS, Christophe – 102
CHAMBRE, Marin. Cureau de la – 103
CHARDIN – 104
CHAVES, Baltazar Manuel de – 105
CHESNE, Andre du – 106
CHEVREAU, Urbain – 107
CHIUSOLE, Antonio – 108
CLAVIUS, Cristoph – 112
CLUVIER, Philippe – 113
COMMINGS, J. A. – 117
CONCEIÇÃO, Nuno da – 118
COOK, Jacques – 120, 119
COREAL, François – 121
CORONELLI – 122
CORONELLI, Marc Vincent – 123
COSTA, António Carvalho da – 124, 125
COUTO, Diogo do – 126, 127, 128
COUTINHO, José Joaquim da Cunha de Azeredo – 129
CROIX, De la – 130
CROIX, Nicolle de la – 131
CUBERO SEBASTIAN, Pedro – 133
CURITA, Geronimo – 134, 135, 136

D

DAN, Pierre – 137
DANIEL, Gabriel – 138
DAPPER, Olfert – 140, 141, 139, 142, 143, 146, 145, 144, 147
D'AVITY, Pierre – 148, 149, 150, 151, 152
DÉCHAUX, Ignace de Jesus Carme – 155
DELFINATO, Nicolo de Nicolai del – 157
DIONISIO DE ALEXANDRIA – 163
D'OLIVEIRA -164

E

ECHARD, Laurent – 165, 166
ELLIS, M. Henri – 169
ESTRABÃO – 170, 171

F

FEIO, Bento Teixeira – 172
FER., N. de – 173
FERNANDEZ DE MEDRANO, Sebastiá – 174
FERRERAS, Jean de – 175
FLORIS, Pierre Will – 176
FONSECA, Felix Feliciano da – 177, 178
FORCE, Piganiol de la – 179
FORSTER, M. – 180
FORTES, Manuel de Azevedo – 181
FRANÇOIS, M. – 182
FREIRE, Francisco de Brito – 184, 183
FREIRE, Manoel Thomas da Sylva – 185
FREITAS, Serafim de – 186
FRESNOY, Nicolas Lenglet du – 187

G

GAGE, Thomas – 188
GALE, Thomae – 189
GALVÃO, António – 256
GAULTIER, Aloïsius Édouard Camille – 257
GEDOYN, Nicolas – 258
GIRALDES, Joaquim Pedro Cardoso Casado – 261, 262, 260
GODINHO, Manuel – 263
GÓIS, Damião de – 264, 265
GÖLNITZI, Abraham – 266
GOTHO, Olao Magno – 267, 268
GOTHOFRIED, Johann Ludwig – 269
GOUVEIA, António de – 270
GREAVES, Jean – 271
GRELOT, Guillaume – 272
GRUEBER, I. – 273
GRUEBER, Giovanni – 274
GUARDA, Cosme da – 275
GUERREIRO, Bartolomeu – 276
GUERREIRO, João Tavares de Veléz – 277
GUICCIARDINI, M. Lodovico – 278
GUICHARDIN, Louis – 279
GUILBERT, Pierre – 280
GUILIELMI, Godefridi – 281

H

Halde, Jean-Baptiste du – 282
Happelii, Everhardi Gverneri – 283
Hawkesworth, J. – 284
Henelii, Nicolai – 285
Hermannidae, Rutgeri – 286
Herrera, Antonio de – 287, 290, 289, 291, 288
Holstenii, Lucae – 296
Hornius, George – 297
Hurtado de Mendoza, Pedro – 298
Hwkins – 299

I

Ienkison, Antoine – 300

J

Jesus, Rafael de – 308
Juan, Jorge – 310

K

Kircher, Athanasio – 311, 312, 313

L

Labat, Jean-Baptiste – 314
Lafitau, Joseph-François – 315
Lamberti, Archange – 316
Laporte – 317, 318, 319, 320, 321, 321, 323, 324, 325, 326, 327, 328, 329, 330, 331, 332, 333, 334, 335, 336, 337, 338, 339, 340, 341, 342, 343, 344, 345, 346, 347, 348, 349, 350, 351, 352, 353, 354, 355, 356, 357, 358, 359, 360, 361, 362, 363, 364, 365, 365, 367
Lavanha, João Baptista – 368
Launay, Gilles de – 369
Le Brun, Corneille – 370, 372, 371, 373
Lima, Luiz Caetano de – 375
Lobo, Jerónimo – 376, 378, 377
Longuerue, Louis Dufour de – 379

Lopes, Fernão – 380
Luca, Giovanni Battista – 381
Lucas, Paul – 382
Ludolf, Job – 383
Luyts, Jean – 384

M

Machado, Diogo Barbosa – 385
Machado, Ignácio Barbosa – 386
Mallet, Allain Manesson – 387
Mandelslo, Jean- Albert de – 388
Marca, Petro de – 389
Mariana, Jean de – 390
Marineo Siculo, Lucio – 391
Marsili, Luigi Ferdinando – 392
Martinez de la Puente, Ioseph - 393
Martini, Martin – 395, 394
Mascarenhas, Jozé Freire de Monterroio – 400, 396, 397, 398, 399
Medina, Antonio de Ubilla y – 401
Mela, Pomponius – 403, 404, 402
Mendoza, Gaspar de – 405
Menezes, Fernando de – 406
Menezes, João Rodrigues de Sá e – 407
Menezes, Manuel de – 408
Mercatoris, Gerardi – 409
Methold, William – 410
Meursi, Joannis – 411
Michelet, Jacques – 412
Miñano y Bedoya, Sebastián – 413, 414
Mire, Aubert – 415
Moleto, M. Giosepe – 416
Monconys, Balthasar – 417
Montano, Arnold – 418
Moreau, Pierre de – 419
Morisot, Claude- Barthelemy – 420
Mota, Aleixo – 421
Motraye, A. de la – 422, 423
Münster, Sebastien – 424, 425
Murillo Velarde, Pedro- 433, 426, 427, 428, 429, 430, 431, 432, 434, 435

N

NAVARRETE, Domingo Fernandez – 436
NEVES, José Acursio das – 437
NIDERNDORFF, Heinrich – 438, 439, 440, 441
NIEUHOFS, Johan – 442, 443
NOBLOT – 444
NOLIN, Jean Baptiste – 445

O

OLEARIUS, Adam – 449
OLMO, Ioseph Vicente Del – 450
ORLEANS, Charles- François – 451
ORTELIUS, Abraham – 452, 453

P

PADILHA, Pedro Norberto D' Aucourt e – 454
PALAFOX, Juan de – 455
PELSAERT, Francois – 456
PEREIRA, António Pinto – 457
PEREIRA, Francisco Raimundo de Moraes – 459, 458
PERROT, Nicolas – 460
PIGAFETTA, Filippo – 461
PINTO, Fernão Mendes – 462
PITA, Sebastião da Rocha – 463
PONTANUS, Jean-Isaac – 464
PORTUGAL, Jozé Miguel João de – 465
PTOLOMEU, Claudio – 466

R

RAMSAY, André-Michel de – 467
REGO, José António da Silva – 471
RELAND, Adrien – 472
RESENDE, Garcia de – 493
RITTER, Stephan – 494
ROE, Thomas – 495
ROY, Jaques le – 497, 498
RUDBECK, Olaüs – 499
RUSCELLI, Girolamo – 500

S

S. FRANCISCO, Eugenio de – 501
S. PAULO, Carolo – 502
SÁ, Joaquim Francisco de – 503
SALAZAR Y OLARTE, Ignacio de – 504
SANCTOS, Manuel dos – 505
SANDERUS, Antoine – 511, 500, 506, 507, 510, 512, 513, 514, 508, 515, 516, 517, 520, 521, 522, 523, 526, 527, 528, 529, 530, 519, 509, 503, 518
SANDOVAL, Alfonso de – 531
SANSON, Nicolas – 532, 533
SANTA TERESA, Giovanni Gioseppe de – 534
SANTOS, João dos – 535, 536
SAVONAROLA, Innocenzo Raffaelo – 537
SCHERER, Henrico – 538, 539, 540, 541, 542, 543, 544
SCHEUCHZER, Jean-Jacques – 545
SCHOTT, Andrea – 546
SCHOUTEN, Gautier – 547
SCOTTI, Francesco – 548
SEBASTIÃO, Rei de Portugal – 549
SERAFINS, Angelo dos – 550
SILVA, Caetano Paes de – 551
SILVA, José Antonio da – 552
SILVA, José Soares da – 553
SILVA, Rodrigo Mendes – 554
SILVA, Silvestre Ferreira da – 555
SIONITE, Gabriel – 557
SMITS, Guillaume – 559
SOLIS, Antonio de – 560
SOUSA, Manuel de Faria e – 561
SPEED, Jean – 562
STUCKIO, Guilielmo – 563, 564
SWIFT, Jonathan – 565

T

TAGISTE, Elisio – 568
TASMAN, Abel – 569
TEIXEIRA, Domingos – 570
TERRI, Edoüard – 572
THEVENOT, Melchisedec – 576, 577, 578, 579
THEVET, André – 580

Tosi, D. Clemente – 581
Tournefort, Joseph Pitton de – 582
Tschudi, Gilles – 585

V

Valle, Pietro della – 588
Varenius, Bernhardus – 589
Vasconcelos, Agostinho Manuel e – 590
Vaugondy, A. Robert de – 591
Vega, Garcilaso de la – 592, 593

W

Wagneri, Tobiae – 598
Weeselingio, Petro – 599
Wendelini, Marc Friderich – 600
Wytfliet, Cornelio – 601

Z

Zeiller, Martin – 602, 603, 604, 605, 606, 607, 608, 609, 610, 611, 612, 613, 614, 615, 616, 617, 618, 619, 620, 621, 622, 623, 624, 625, 626, 627, 628, 629, 630, 631, 632, 633, 634, 635

ÍNDICE DE DATAS DE PUBLICAÇÃO

As indicações numéricas deste índice remetem para uma informação completa, quer das obras não datadas [s.d.], quer das outras.

[s.d.] – 8, 1, 14, 18, 19, 22, 23, 45, 47, 48, 110, 138, 153, 155, 156, 168, 177, 273, 274, 301, 302, 303, 304, 305, 306, 376, 378, 395, 433, 455, 468, 473, 474, 477, 480, 482, 489, 499, 511, 527, 532, 549, 566, 569, 573, 595, 615, 616, 621, 623, 627, 632, 635
1531 – 16
[1533?] – 12
1538 – 585
1539 – 391
1550 – 5
1552 – 24, 80
1554 – 92
1561 – 30
1562 – 31, 33
1565 – 267
[1567] – 268
1567 – 3
[1568] – 424
1571 – 170
1572 – 403
1573 – 416, 500
1574 – 466
1575 – 38, 425, 580
[1576] – 404
1576 – 6
1577 – 163, 563, 564
1578 – 111
1581 – 4, 278
1583 – 56
1584 – 13
1585 – 112
1589 – 162
[1591?] – *461*
1595 – 74
[1595 ou 1624] – *452*
1596 – 453
[1599?] – 67
[1599] – 69, 70
1599 – 66, 71
1603 – 292, 601
1604 – 43
1606 – 295
1608 – 81, 409, 535, 546
1609 – 15, 34, 279, 536, 592
1610 – 134, 135, 136
1611 – 270, 464
1614 – 106
1615 – 412
1616 – 562
1617 – 293, 457
1618 – 55, 68
1619 – 494, 557
1620 – 415
1622 – 368, 493
1623 – 2
1624 – 287
1625 – 7, 186, 276
1627 – 58, 157, 590
1628 – 32
1629 – 574

1631 – 118, 583
1632 – 39
1636 – 79
1643 – 132, 148, 149, 150, 151, 152, 420, 630
1644 – 380, 402, 610, 612
[1645] – 61
1645 – 126, 554, 624
1646 – 103, 531, 611
1647 – 29
1648 – 72
1649 – 137, 269, 625
1650 – 172, 613, 629
1651 – 11, 83, 419, 492, 626, 633, 634
1653 – 608, 628
1654 – 94, 604, 602, 607, 609, 614, 622, 631
1655 – 266, 184, 470, 558, 605, 617
1656 – 17, 606, 603, 618
1657 – 586, 587, 619
1658 – 506, 392, 507, 510, 512, 513, 514
1659 – 394, 460, 508, 514, 515, 516, 518, 520, 521, 522, 523, 524, 525, 528, 529
1660 – 9, 37, 519, 509, 530
1661 – 286, 620
1662 – 44, 49, 50, 54, 75
1662 –1720 – *1*
1663 – 51, 598
1665 – 263
1667 – 311
1668 – 46
1669 – 52, 418
1670 – 140, 141, 312
1671 – 154, 313
1672 – 27, 53, 139, 556
1674 –1703 – 561
1675 – 183, 411
1676 – 142, 143, 436, 581
1677 – 146
[1678] – 405
1679 – 308
1680 – 145
1681 – 393, 407, 450, 589
1681-1682 – 35
1682 – 442, 443, 575
1683 – 387

1686 – 123, 124
1687 – 307
1688 – 144, 147, 389
1689 – 272
[1690?] – 190, 191, 192, 193, 194, 195, 196, 197, 198, 199, 200, 201, 202, 203, 204 205, 206, 207, 208, *209, 210, 211, 212, 213, 214, 215, 216, 217, 218, 219, 220, 221, 222, 223, 224, 225, 226, 227, 228, 229, 230, 231, 232, 233, 234, 235, 236, 237, 238, 239, 240, 241, 242, 243, 244, 245, 246, 247, 248, 249, 250, 251, 252, 253, 254, 255*
1691 – 298, 383
1692 – 296, 384, 490
[1693] – 501
1693 – 122
1695 – 417
[1696?] – 28, 36, 60, 63, 64, 176, 271, 299, 300, 316, 381, 410, 421, 451, 456, 484, 485, 486, 487, 488, 495, 496, 571, 572, 576, 577, 578, 579, 588, 596
1696 – 188
1697 – 133
1698 – 65, 534
1699 – 40, 85, 86, 491
[170?] – 445, 483
1700 – 370, 88, 89, 90, 87, 369
1701 – 460
1702-1707 – *469*
[1703] – 91
1703 – 161
1704 – 285, 401, 502, 533
1705 – 62
1706-1712 – 125
1707 – 42, 59, 76, 102, 171, 469, 547
1708 – 283
1709 – 174, 189
1711 – 104
1713 – 537
1713-1719 – *77*
1714 – 382, 472
1715 – 20
1715-1716 – 448
1717 – 107, 130, 582
1717-1724 – 597

1718 – 372
[1719] – 447
1719 – 179, 379
1720 – 78
1721 – 309, 584
1722 – 121, 181
[1723?] - 433
1723 – 82, 545, 593
1724 – 264
1725 – 2, 371, 373, 390, 444
1726 – 392
1726-1727 – *517*
1726-1730 – 290
1727 – 388, 422, 449, 570
1728 – 289, 291, 377
1729 – 113
1730 – 109, 160, 275, 288, 314, 408, 463, 497, 498
1730-1732 – 553
1731 – 256, 280
1731-1732 – *102*
1732 – 277, 406, 423
1733 – 258, 315
1734 – 552
1734-1736 – *375*
1735 – 282, 465, 505, 599
1735-1736 – *73*
1736 – 57, 127
1736-1751 – 385
1737 – 26, 538, 539, 540, 541, 542, 543, 544
1739 – 108, 438, 439, 440, 441
1740 – 167
1741 – 25, 297, 560
1741-1742 – *185*
1742 – 400
1743 – 164, 504
1745 – 95, 386
1746 – 96, 294, 396, 454
1747 – 97, 259, 397, 548, 567
1747-1751 – 84
1748 – 100, 159, 310, 398, 399, 555, 591
1749 – 41, 98, 169, 265, 281
[1750] – 165
1751 – 175, 185, 550, 559
1752 – 426, 427, 428, 429, 430, 431, 432, 434, 435, 459

1753 – 178, 458
1754 – 105, 182, 481, 503, 551
1756 – 21, 479
1757 – 166, 446, 478
1758 – 99, 476
1761 – 158, 475
1762 – 462
[1764] – 568
1767 – 101
1774 – 284
1777 –131
1778 – 120, 180
1785 – 119
1790 – 128
1790-1793 – 114
1794 – 129
1797 – 93
1800 – 317, 318, 319, 320 , 321 , 322 , 323
1801 – 324, 325, 326, 327, 328, 329
1802 – 330, 331, 332, 333, 334
1803 – 335, 336, 337, 338, 339, 340
1804 – 341, 342, 343, 344, 345
1805 – 346, 347, 348, 349, 350
1806 – 351, 352, 353, 354
1807 – 355, 356, 357, 358, 359, 360
1808 – 361, 362
1813 – 363
1814 – 364, 365, 366
1815 – 367
1816 – 116, 471
1816-1822 – 565
1817 – 467
1822 – 261
1824 – 115
1825-1828 – 262
1826 – 260, 437
1826-1828 – 413
1828 – 117, 594
1829 – 414
1830 – 374
1864 – 257

ÍNDICE DE LOCAIS DE IMPRESSÃO / EDIÇÃO

As indicações numéricas deste índice remetem para informação completa das obras.

[S.l.] – 8, 1, 10, 14, 16, 18, 21, 36, 47, 48, 60, 63, 64, 110, 153, 155, 156, 163, 167, 168, 184, 273, 274, 276, 299, 300, 305, 316, 376, 378, 395, 455, 468, 473, 474, 477, 480, 482, 489, 549, 566, 569, 623, 627, 16, 424, 163, 184, 28, 36, 60, 63, 64, 176, 271, 299, 300, 316, 381, 410, 421, 451, 456, 484, 485, 486, 487, 488, 495, 496, 571, 572, 576, 577, 578, 579, 588, 596,
Alcala de Henares – 391,111
Ambers – 174, 2, 289, 291
Amsterdão – 22, 23, 45, 301, 302, 303, 304, 532, 409, 279, 464, 29, 470, 558, 586, 587, 394, 286, 44, 49, 50, 54, 51, 311, 46, 52, 418, 140, 141, 312, 154, 313, 27, 53, 139, 411, 142, 143, 146, 145, 442, 443, 575, 123, 144, 147, 65, 40, 469, 161, 502, 533, 59, 171, 547, 104, 77, 382, 107, 372, 179, 78, 121, 392, 388, 449, 113, 258, 599
Antuérpia – 12, 403, 13,452, 453
Anvers – 80, 92, 278, 157
Arras – 293
Augsburg – 538, 539, 540, 541, 542, 543, 544, 496
Barcelona – 369
Basileia – 585, 268, 170, 404
Bolonha – 5, 307
Bratislavia – 285

Bruxelas – 511, 527, 506, 507, 510, 512, 513, 514, 508, 514, 516, 517, 520, 521, 522, 523, 525, 524, 525, 528, 529, 519, 509, 530, 560
Cadiz – 501
Cambridge – 589
Coimbra – 30, 457, 9, 101, 374
Colónia – 3, 74, 67, 69, 70, 66, 71, 68
Cordoba – 504
Delft – 370
Dijon – 420
Douai – 601
Évora – 535, 536
Frankfurt – 615, 616, 621, 632, 635, 292, 295, 546, 2, 58, 630, 610, 612, 624, 611, 269, 625, 613, 629, 626, 633, 634, 608, 628, 604, 602, 607, 609, 614, 622, 631, 605, 617, 606, 603, 618, 619, 620, 1, 383
Genebra – 563, 564, 162
Göttingen – 281
Hague – 517
Haia – 490, 460, 422, 497, 498, 423, 57, 297, 164
Leide – 190, 191, 192, 193, 194, 195, 196, 197, 198, 199, 200, 201, 202, 203, 204, 205, 206, 207, 208, 209, 210, 211, 212, 213, 214, 215, 216, 217, 218, 219, 220, 221, 222, 223, 224, 225, 226, 227, 228, 229, 230, 231, 232, 233, 234, 235, 236, 237, 238, 239, 240, 241, 242, 243, 244,

245, 246, 247, 248, 249, 250, 251, 252, 253, 254, 255
Leyden – 42, 545
Leipzig – 102
Lisboa – 177, 24, 6, 592, 270, 493, 7, 276, 590, 32, 118, 79, 132, 133, 172, 11, 83, 263, 561, 183, 308, 407, 124, 483, 125, 76, 181, 264, 570, 109, 275, 408, 463, 553, 256, 277, 406, 552, 375, 380, 465, 505, 73, 127, 385, 26, 400, 95, 386, 96, 396, 454, 97, 397, 84, 100, 398, 399, 555, 41, 98, 265, 185, 550, 459, 178, 458, 105, 481, 503, 551, 479, 446, 478, 99, 476, 158, 475, 462, 128, 129, 270, 129, 93, 570, 318, 319, 320, 321, 322, 323, 324, 325, 326, 327, 328, 329, 330, 331, 332, 333, 334, 335, 336, 337, 338, 339, 340, 341, 342, 343, 344, 345, 346, 347, 348 349, 350, 351, 352, 353, 354, 355, 356, 357, 358, 359, 360, 361, 362, 363, 364, 365, 366, 367, 116, 471, 565, 467, 115, 437, 117, 594
Londres – 81, 562, 62, 189, 20, 448
Lyon – 34, 415, 266, 296, 130, 582
Madrid – 138, 433, 15, 368, 287, 402, 554, 531, 94, 436, 393, 298, 401, 82, 593, 290, 288, 310, 165, 426, 427, 428, 429, 430, 431, 432, 434, 435, 413, 537, 414, 633

Marburg – 441, 494
Nápoles – 19, 85, 86, 88, 89, 90, 87
Pádua – 574, 537
Paris – 306, 573, 38, 425, 580, 106, 412, 557, 148, 149, 150, 151, 152, 126, 103, 72, 137, 419, 492, 17, 556, 35, 387, 389, 272, 417, 188, 491, 445, 597, 447, 379, 584, 390, 444, 377, 314, 160, 280, 315, 282, 185, 294, 259, 567, 159, 591, 169, 175, 559, 182, 166, 284, 131, 120, 180, 119, 262, 260, 257
Porto – 261
Roma – 112, 461, 581, 534, 548, 568, 595
Rouen – 583, 37, 309, 371, 373
Saragoça – 134, 135, 136
Sevilha – 405
Ulm – 75, 598, 283
Uppsala – 499
Utrecht – 384, 472
Valencia – 43, 55, 133, 450
Valladolid – 186
Veneza – 31, 33, 267, 416, 500, 466, 4, 56, 39, 61, 122, 91, 108
Würzburg – 438, 439, 440, 494